Thomas Richter

Warum man im Auto nicht Wagner hören sollte

Musik und Gehirn

Reclam

Für Chizuko und Charlotte

RECLAM TASCHENBUCH Nr. 20480
2012, 2017 Philipp Reclam jun. GmbH & Co. KG,
Siemensstraße 32, 71254 Ditzingen
Zweite, durchgesehene und ergänzte Auflage 2017
Umschlagabbildung: © iStockphoto.com
Druck und Bindung: GGP Media GmbH,
Karl-Marx-Straße 24, 07381 Pößneck
Printed in Germany 2018
RECLAM ist eine eingetragene Marke
der Philipp Reclam jun. GmbH & Co. KG, Stuttgart
ISBN 978-3-15-020480-1

www.reclam.de

Inhalt

Einführung – Thema mit Variationen 7

Trompeten Elefanten? – »Musik« in der Natur 9

Das Gehirn – 100 Milliarden Neuronen 13

Organisierte Schallereignisse oder emporgeschleuderte Ausstrahlung? – Was die Musik eigentlich ist 22

Im *Prestissimo* vom Neandertaler zu Nietzsche – Musik und Menschheitsgeschichte 27

Töne, Klänge, Harmonien, Intervalle und Tonleitern – Die Musik klingt so schön, weil die Instrumente falsch gestimmt sind 34

Musikalität – Von unbekümmert-talentfrei bis mystisch-genialisch 55

Das innere Gehör – Musik als Vorstellung 65

Gibt es eine Weltmusik? – Gefühle und Empfindungen 70

Erinnerung – Wie das Gedächtnis mit der Musik umgeht 90

Mechanische Aspekte des Musizierens, Musizieren als Handwerk – Gut, dass das Großhirn manche Aufgaben »nach unten« abgibt 98

Das abgelegene Komponierhäuschen und die Massenekstase – Musik und Gemeinschaft 119

Alpen oder Anden – Kommunizieren und manipulieren mit Musik 126

Was hätte Beethoven nicht komponiert, wäre er kein Trinker gewesen? – Alkohol und Drogen 136

Die Liebe – Erotische Musik 144

Männer und Frauen – Noch immer interessiert,
was die Dirigentin trägt 150

Mahler auf der Couch – Musik und
neurologisch-psychiatrische Erkrankungen 159

Musiktherapie – Schon die Bibel erzählt davon . . . 170

Synästhesien – Der Flieder riecht nach A-Dur,
und das Fis ist lila 177

Morendo 183

Die Zukunft der Musik; die Musik der Zukunft.
Die Zukunft des Gehirns; das Gehirn der Zukunft . . 193

Coda 205

Literatur 206
Namenregister 213
Zum Autor 219

Einführung – Thema mit Variationen

Musik und Gehirn: Physik trifft auf Biologie. Schallwellen, Aktionspotentiale, Biochemie und Neurophysiologie – entlang dieser streng naturwissenschaftlichen Kategorien hätte man das Thema gut angehen können; erst recht, wenn man sich vor Augen führt, dass nicht wenige Hirnforscher unserer Zeit der Ansicht sind, auch unsere Stimmungen und Gefühle seien letztlich nichts weiter als elektrische Muster, die man irgendwann nach Belieben wird steuern, produzieren und kontrollieren können.

Kann man womöglich die Schaltkreise für die Hirnelektrizität demnächst so einstellen, dass Brahms als schön und Mozart als weniger schön empfunden wird, oder umgekehrt, je nach Laune? Aber wessen Laune? Weitreichenden Manipulationen, wie man sie heute erst aus Science-Fiction-Filmen kennt, wären Tür und Tor geöffnet. Metaphysik, Philosophie, Theologie, Ethik, Moral, die Verantwortung der Wissenschaft und die Problematik selbstreferentieller Systeme (»Denken über Denken«) werden in solchen Denkansätzen beiseitegeschoben oder ignoriert.

Dieses Buch präsentiert eine deutlich erweiterte Sichtweise. Bei aller wissenschaftlichen Korrektheit bleibt die Musik ein Mysterium; und auch was das Gehirn betrifft, vertreten wichtige Forscher eine Gegenposition und glauben, dass es nicht alle Rätsel preisgeben wird. Führende deutsche Neurowissenschaftler stimmten bei allem optimistischen Forschergeist in ihrem »Manifest«, das im Juni 2004 in der Zeitschrift *Gehirn & Geist* abgedruckt wurde, denn auch deutlich nachdenklichere Töne an. Dieses Papier endet passenderweise so:

Aller Fortschritt wird aber nicht in einem Triumph des neuronalen Reduktionismus enden. Selbst wenn wir irgendwann einmal sämtliche neuronalen Vorgänge aufgeklärt haben sollten, die dem Mitgefühl beim Menschen, seinem Verliebtsein oder seiner moralischen Verantwortung zugrunde liegen, so bleibt die Eigenständigkeit dieser »Innenperspektive« dennoch erhalten. Denn auch eine Fuge von Johann Sebastian Bach verliert nichts von ihrer Faszination, wenn man genau verstanden hat, wie sie aufgebaut ist. Die Hirnforschung wird klar unterscheiden müssen, was sie sagen kann und was außerhalb ihres Zuständigkeitsbereiches liegt, so wie die Musikwissenschaft – um bei diesem Beispiel zu bleiben – zu Bachs Fuge einiges zu sagen hat, zur Erklärung ihrer einzigartigen Schönheit aber schweigen muss.

In diesem Sinne wenden wir uns dem Thema zu.

Trompeten Elefanten? – »Musik« in der Natur

Geräusche sind akustische Ereignisse aus zusammenhanglosen, nicht periodischen Frequenzen, die die Tonhöhe bestimmen, und chaotischen, allenfalls statistisch zu erfassenden Mustern von Amplituden, die den Schalldruck, also die Lautstärke festlegen. Sie kommen überall vor, sogar in der unbelebten Natur unter der Voraussetzung, dass eine Atmosphäre existiert, die den Schall leiten kann. In den Weiten des Alls können sich Geräusche gar nicht ausbreiten, auch wenn uns Science-Fiction-Filme mit ihren fantastischen Soundeffekten etwas anderes glauben machen wollen. Im Hinblick darauf sind sie also Fiktion im doppelten Sinne. Auch der Ur»knall« dürfte sich vollkommen lautlos vollzogen haben. Auf der Erde jedoch gibt es und gab es lange vor den ersten Lebewesen Gewitterdonner, Vulkanausbrüche, abgehendes Geröll im Gebirge, Lawinen, Wind, der durch den Wald oder über Gebirgskuppen pfeift, Wellen, die sich im flachen Wasser brechen, aufgewühltes Wasser, das vom Sturm gegen Felsen gepeitscht wird, Regen, Schmelzwasser, das abtropft – die unbelebte Natur ist alles andere als ruhig. Oft haben Komponisten versucht, ihre Beobachtungen und Vorstellungen in Programmmusik umzusetzen, so Friedrich Smetana in *Die Moldau*, Richard Strauss in seiner *Alpensinfonie* oder Claude Debussy in seiner symphonischen Tondichtung *La Mer*. Trotzdem würde niemand behaupten, dass die unbelebte Natur selbst Musik macht, auch wenn Dichter und Schriftsteller metaphorische Wendungen in diesem Sinne benutzt haben. Rainer Maria Rilke verglich die Musik mit dem »Wasser unsres Brunnenbeckens«, und die Nobelpreisträgerin Grazia Deledda vernahm im Wind die »Stimme Sardiniens«.

Die belebte Natur jedoch ist auch ohne den Menschen sehr reich an akustischen Phänomenen, die über Geräusche deutlich hinausgehen: Hunde bellen, Katzen miauen, Hühner gackern, Gänse schnattern, Schweine grunzen – ohne Mühe lassen sich mehrere Dutzend solcher onomatopoetischer Verben finden, die zeigen, dass der Mensch diese Lautäußerungen als Vorläufer von »Sprachen« deutet und ihnen damit etwas sehr Wichtiges zuerkennt: das Kommunizieren. Schon kleine Kinder benutzen lautmalerische Ausdrücke wie ›miau‹, ›wau-wau‹ oder ›kikerikih‹, die für Linguisten interessant sind, weil sie von Sprache zu Sprache variieren.

Tiere kommunizieren nicht nur untereinander; Haustiere kommunizieren auch mit den Menschen. Wenn die Katze schnurrt, lässt sie uns wissen, dass sie sich wohlfühlt, wenn sie faucht, verstehen wir, dass sie aggressiv ist. Hundebesitzer können Dutzende von Arten des Bellens unterscheiden, und Bauern erkennen am Muhen ihrer Kühe, ob sie zufrieden sind. Umgekehrt reagieren höhere Tiere auf die menschliche Sprache und »verstehen« Wörter oder kurze Sätze, wenngleich möglicherweise eher über die Sprachmelodie als über den lexikalischen Gehalt – so unterscheidet sich ein strenges »Sitz!« ja deutlich von einem freundlichen »Gassi gehen!«. Auch Menschen erkennen schließlich in ihnen vollkommen fremden Sprachen bereits am Tonfall, ob jemand wohlwollend oder abweisend ist.

Tiere reagieren auch auf Musik. Sogar eine »Hundeoper« – eine Collage aus Walgesängen, Pfiffen, elektronischen Klängen und anderem – wurde schon komponiert und in Australien aufgeführt. Das mag ein Gag sein, doch dass Hunde bei klassischer Musik eher entspannt sind und bei lautem Rock unruhig werden, ist wissenschaftlich verbrieft und dürfte auch den persönlichen Erfahrungen vieler Hundebesitzer entsprechen. Auf das Komponieren artgerechter Musik für Katzen hingegen hat sich der Cellist David Teie spezialisiert und weist den Einwurf, dies sei doch eher albern, energisch zurück. In manchen Kuhställen läuft klassische Musik, damit die Tiere mehr Milch geben. Längst hat sich aus solchen Beobachtungen und Erkenntnissen das Forschungsgebiet der Bio-Musikologie entwickelt, das sich unter anderem mit den gemeinsamen Grundlagen des Klangempfindens von Menschen und Tieren beschäftigt, und zwar besonders jenen, die die »Musikalität« lernen müssen, wie z. B. Singvögel, deren Trällern und Trillern keinesfalls angeboren ist und die deswegen auch in der Lage sind, »Fremdsprachen« zu erlernen, um Feinde zu verwirren. Aber machen Tiere Musik? Tatsächlich haben Tierlaute wohl eher etwas mit Sprache zu tun als mit Musik, obwohl Elefanten »trompeten«, Wale »singen« und Forscher, die die Gegenposition beziehen wollen, auf den »musikalischen Rhythmus« der sich vor die Brust trommelnden Gorillas verweisen könnten.

Der Vollständigkeit halber sei erwähnt, dass es zudem Tiere gibt, die Laute ausstoßen und hören, die wir nicht wahrnehmen können. Ein bekanntes Beispiel sind die Fledermäuse. Wir machen uns dieses Phänomen bei Hundepfeifen zunutze, deren Frequenzen von über 20 000 Hertz im Ultraschallbereich außerhalb des menschlichen Hörvermögens liegen. Wenn wir uns also der Definition von Musik nähern, stoßen wir dabei auf etwas so Banales wie die Tatsache, dass wir sie mit unserem von Natur aus limitierten Hörvermögen eben auch hören können müssen. Die oben erwähnte Hundeoper hatte den Mangel, ebenfalls für die Herrchen hörbar zu sein. Bei »richtiger« Hundemusik würden die Hundebesitzer zumindest über weite Strecken gar nichts hören! (Analog ist unser Sehspektrum auf die elektromagnetischen Wellen zwischen 380 und 750 nm [Nanometer] von Violett bis Rot eingeschränkt, während Bienen z. B. ultraviolettes Licht sehen.) Eine kleine Kuriosität: Das lauteste Lebewesen überhaupt ist der winzige Knall- oder Pistolenkrebs, der mit seinen Scheren Knallgeräusche von 200 Dezibel erzeugen kann – damit stört er spielend jedes U-Boot-Sonar.

Auch Pflanzen gehören zur belebten Welt, und längst nicht mehr überlässt man Esoterikern, sich damit zu befassen, ob sie Töne von sich geben. Natürlich waren die Geräusche von passiven Ereignissen wie dem Aufbrechen einer Knospe schon immer jedem offenkundig, aber seitdem die Klang- (neudeutsch Soundscape-) Ökologie als Zweig der Bio-Akustik oder gar (auch diesen Terminus gibt es wirklich) Öko-Musikwissenschaft auf dem Vormarsch ist, die beispielsweise Hunderte von

Richtmikrofone um Bäume herum aufstellt und hörbar machen kann, wie das Wasser in ihnen emporsteigt, hat sich hier ein neues, ernsthaftes Betätigungsfeld aufgetan. Im Regenwald von Borneo wurden schon ganze »Natursymphonien« aufgezeichnet, und das keinesfalls nur ihrer Schönheit wegen. Denn aus dem Belauschen größerer Waldgebiete können mathematische Algorithmen abgeleitet werden, die, ausgewertet über längere Zeiträume, Hinweise auf Bedrohungen des Ökosystems geben. Pflanzen machen aber nicht nur Geräusche, sie reagieren auch auf diese: gesichert ist, dass manche bei der Beschallung mit klassischer Musik besser wachsen. Im Jahre 2010 erschien unter dem frei übersetzten Titel – es ist auf Deutsch noch nicht veröffentlicht – »Der Rebenflüsterer« das Buch eines italienischen Winzers, der detailliert beschreibt, wie seine Trauben mit Musik schneller reifen und resistenter gegen Schädlinge werden. Anekdotisch wird sogar davon berichtet, dass Blüten sich zu einem Lautsprecher drehten und nicht zum Licht.

Klar ist allerdings, dass zu der Rezeption von Musik, wie wir sie verstehen, Fähigkeiten gehören, die nur dem Menschen eigen sind. Nur er kann Musik aufschreiben, so dass sie reproduzierbar wird; und nur er kann über das nachdenken und sprechen, was sie in ihm auslöst – Trauer, Freude, Erinnerungen: ein ungeheures Spektrum von Emotionen, das weit über das hinausgeht, was Literatur und Malerei bewirken können.

Man kann es auch so ausdrücken: Zur Musik gehört an allererster Stelle ein Gehirn, das so komplex ist wie das menschliche, um Musik »zu denken« und zu machen und um die Musik zu hören und mit einer Vielzahl von Reaktionen aufzunehmen und zu verarbeiten. Musik kommt aus dem Gehirn und wirkt auf dieses zurück.

Das Gehirn – 100 Milliarden Neuronen

Die Einführung in das Gehirn als eine der theoretischen Grundlagen des Buches soll bewusst einfach im guten (im Gegensatz zu simpel im schlechten) Sinne gehalten werden. Besonders wurde darauf geachtet, abgesehen von einer gewissen Grundsystematik, bis auf wenige Ausnahmen nur anatomische und neurophysiologische Begriffe einzuführen, die einen Bezug zum Thema haben und die uns später noch einmal begegnen.

Das Gehirn ist von drei Häuten umschlossen und bildet zusammen mit dem Rückenmark das Zentrale Nervensystem, während man die von ihm abgehenden Nerven das Periphere Nervensystem nennt. Morphologisch, nach Struktur und Form, und physiologisch, die Funktion betreffend, muss man Gehirn, Rückenmark und Nerven als zusammenhängende Einheit verstehen. Einfach und doch umfassend lässt sich die Aufgabe des Nervensystems mit der willkürlichen oder unwillkürlichen Aufnahme und Verarbeitung von inneren und äußeren Reizen, der Durchführung und Koordination zweckgerichteter bewusster oder unbewusster Aktionen auf diese Reize und der Steuerung sämtlicher Vorgänge beschreiben, die im Körper ablaufen, auch wenn wir sie »auf tieferer Ebene« mit einem anderen Organ in Verbindung bringen. So schlägt das Herz und pumpt dadurch Blut in den Kreislauf, aber seine Regulation ist Aufgabe des Nervensystems.

Mit einem Gewicht von 1,2 bis 1,3 Kilogramm ist das Gehirn zwar nicht das größte Organ, aber das mit weitem Abstand am komplexesten aufgebaute. Anatomisch betrachtet, besteht es aus fünf Hauptabschnitten: dem verlängerten Mark (Medulla oblongata, auch als Nachhirn [Myelencephalon] bezeichnet), dem Hinterhirn (Metencephalon) mit Brücke (Pons) und Kleinhirn (Cerebellum) – für diese Strukturen zusammen wird manchmal die Bezeichnung Rautenhirn (Rhombencephalon) verwendet –, dem Mittelhirn (Mesencephalon; zusammen mit Medulla oblongata und Pons bildet es den Hirnstamm), dem

Zwischenhirn (Diencephalon) und dem Großhirn (auch: Endhirn; Telencephalon) mit der Hirnrinde (Cortex) – der wenige Millimeter dünnen grauen Substanz, die unser Menschsein bestimmt. Der Ausdruck Riechhirn (Rhinencephalon), der uns noch begegnen wird, ist – jedenfalls beim Menschen – insofern irreführend, als es »nur« ein umschriebenes Gebiet dieser Großhirnrinde darstellt; phylogenetisch, also stammesgeschichtlich, ist die Bezeichnung jedoch gerechtfertigt.

Von oben sind bei dem aus dem Schädel herausgelösten Gehirn nur Teile des Großhirns zu erkennen. Dieses besteht aus zwei Halbkugeln, den Hemisphären, die nahezu vollständig voneinander getrennt sind und nur in der Tiefe durch den Balken, das Corpus callosum, verbunden werden.

Bei der Oberflächenbetrachtung fallen die zahlreichen, unregelmäßigen Hirnwindungen (Gyri) auf, die vier größere Einheiten, die Hirnlappen (Lobi), bilden: Stirnlappen (L. frontalis), Schläfenlappen (L. temporalis), Scheitellappen (L. parietalis) und Hinterhauptslappen (L. occipitalis). Üblich sind auch die sprachlich weniger schönen lateinisch-deutschen Mischbezeichnungen Frontallappen, Temporallappen, Parietallappen und Okzipitallappen. In der Heschlschen Querwindung des Schläfenlappens liegt das primäre Hörzentrum, der Endpunkt der Hörbahn, in der die Frequenzen abschnittsweise direkt repräsentiert sind. Bei einem 500-Hertz-Ton feuern also andere Neuronen (Nervenzellen) als bei einem 1000-Hertz-Ton. Wenn dieses Zentrum geschädigt ist, kommt es zur sogenannten Rindentaubheit, die bei nur einseitiger Störung allerdings nicht vollkommen ist, da die Hörbahnen von jedem Ohr zur Rinde beider Hemisphären ziehen. In enger Nachbarschaft liegen das sekundäre und tertiäre Hörzentrum, in denen Schalleindrücke mit früher Gehörtem verglichen werden, weswegen man auch (sehr vereinfachend, wie wir sehen werden) vom akustischen Erinnerungszentrum spricht; wenn dieses gestört ist, kann es zur Seelentaubheit kommen, der Unfähigkeit, Wörter und Töne zu verstehen, obwohl man sie im physikalischen Sinne einwandfrei hören kann.

Auch von der Seite gesehen ist das Großhirn dominierend; das Kleinhirn erscheint wie ein Anhängsel, das nur deskriptiv zu Recht »klein« genannt wird, denn in ihm befindet sich die Hälfte aller Nervenzellen des Gehirns. Den morphologisch kompliziertesten Aufbau zeigt das Gehirn bei der Ansicht von unten. Erst jetzt sieht man das Kleinhirn vollständig, während man die Brücke und das verlängerte Mark, die Verbindung zwischen Hirn und Rückenmark, überhaupt nur so betrachten kann. Bei entsprechender Präparation erkennt man auch die zwölf Hirnnerven, deren Austrittsstellen erst aus dem Gehirn und dann durch die Hirnhaut hindurch in die Peripherie bei Medizinstudenten seit jeher zu den gefürchtetsten Examensfragen gehören. Der achte von ihnen ist der Nervus vestibulocochlearis, der kombinierte Nerv für das Gleichgewicht und das Hören.

Deutlich komplexer werden die makroskopischen Strukturen des Gehirns, wenn man es in Horizontal- und Vertikalschnitten millimeterweise durchtrennt. Im Inneren besteht es aus weißer Substanz, den markhaltigen Nervenfasern, in denen zahlreiche graue Kerne liegen, Zusammenballungen von Nervenzellkörpern, deren größter der Thalamus im Zwischenhirn ist, der wiederum aus weit über 100 kleineren Kerngebieten besteht. Auch die Basalganglien des Großhirns sind graue Kerne; das Striatum als Oberbegriff für mehrere solcher Kerne, die Substantia nigra, der Nucleus accumbens und die Amygdala (der Mandelkern) gehören zu ihnen. Letzterer ist Teil des Limbischen Systems, ein überaus kompliziertes Konglomerat aus ganz unterschiedlichen Hirnregionen zur Verarbeitung, Steuerung und Bewertung von Emotionen, Trieben, Gedächtnisinhalten und sensorischen Reizen. Auffällig sind schließlich vier mit ›Hirnwasser‹ (Liquor cerebrospinalis) gefüllte Hohlräume, die untereinander und mit dem Rückenmarkskanal zum Druckausgleich in Verbindung stehen.

Insgesamt besteht das Gehirn nach Schätzungen aus 100 Milliarden Neuronen, von denen jede im Schnitt über Synapsen genannte Kontaktstellen mit 1000 anderen direkt verbunden ist. Insgesamt gibt es also 100 Billionen direkte Berührungspunkte von Hirnzellen. Da die meisten Leitungen jedoch über – oft mehrere – Umschaltpunkte verlaufen, ist die Zahl der möglichen indirekten Verbindungen unvorstellbar hoch – höher als die Zahl der Atome im Universum. An den Synapsen veranlassen die elektrischen Aktionspotentiale die Ausschüttung von Botenstoffen, den sogenannten Neurotransmittern, die die Rezeptoren der nachgeschalteten postsynaptischen Nervenzelle besetzen und in dieser die nächste elektrische Erregung auslösen. Einige dieser Neurotransmitter, wie die biogenen Amine Acetylcholin, Adrenalin, Noradrenalin, Dopamin und Serotonin, werden uns noch begegnen. Einen Sonderfall dieser Substanzklasse stellen die Endorphine dar, von bestimmten Neuronen in Hypothalamus und Hypophyse produzierte Hormone, die eine schmerzlindernde und euphorisierende Wirkung wie manche Opiate haben. Umgangssprachlich werden diese Stoffe oft »Glückshormone« genannt.

Den morphologisch-anatomischen Strukturen sind (mit der notwendigen groben Vereinfachung) folgende Funktionen und Leistungen zuzuordnen:

Durch das verlängerte Mark verlaufen alle motorischen und sensorischen Fasern. Viele davon kreuzen sich, was erklärt, dass manche Ausfälle im Gehirn sich auf der anderen Seite des Körpers auswirken. Zahlreiche kleine hier liegende Hirnkerne kontrollieren u. a. das Atemzentrum, Nies-, Schluck- und Saugreflexe und die Regulation des Blutdruckes. Koma-Patienten mit schwersten Hirnschäden, bei denen das verlängerte Mark intakt ist, können so ohne Beatmung Jahre oder Jahrzehnte als sogenannte Apalliker leben.

Das Hinterhirn, in erster Linie das Kleinhirn, ist zuständig für die Orientierung im Raum und, über die unbewusst ablaufende Koordination der Muskel- und Stellreflexe der Extremitäten, für den Gang und das Gleichgewicht. Wenn wir stolpern und trotzdem nicht fallen, sind die dafür in Sekundenbruchteilen reflektorisch ablaufenden komplexen Prozesse eine Leistung des Kleinhirns. Seit den 1980er Jahren weiß man auch immer mehr darüber, wie das Kleinhirn in affektive und kognitive Prozesse eingeschaltet ist. Die überragende Rolle, die es bei der Verarbeitung der Musik spielt, ist allerdings erst in jüngster Zeit erkannt worden.

Das Mittelhirn steuert die Augenmuskeln und, als wesentlicher Teil des sogenannten Extrapyramidalen Systems (ein über die anatomischen Teile des Gehirns hinwegreichendes funktionelles Konglomerat), die willkürliche Motorik.

Das Zwischenhirn mit dem Thalamus spielt bei der Wahrnehmung von sensorischen Reizen und Empfindungen eine entscheidende Rolle. Der Thalamus als Wächter über das, was unser Bewusstsein erreichen soll, ist eine zentrale Struktur für die Verarbeitung von Musik und kommt in diesem Buch entsprechend häufig vor. Unter ihm befindet sich der Hypothalamus als Steuerungszentrum des vegetativen Nervensystems. Im Hypothalamus wird auch eine Reihe von Hormonen produziert, die wiederum die mit ihm verbundene Hypophyse, die Hirnanhangsdrüse, zur Freigabe weiterer Hormone stimulieren, die an mehreren Organen im ganzen Körper und keinesfalls nur im Gehirn wirken.

Das Großhirn schließlich besteht in seiner weißen Substanz aus Fasern (Fortsätzen von Nervenzellen), die sich in drei Gruppen einteilen lassen: Kommissurenfasern verbinden die korrespondierenden Areale der beiden Hemisphären; Projektionsfasern verbinden das Großhirn mit tiefer liegenden Teilen des Gehirns; kurze und lange Assoziationsfasern verbinden Teile der gleichen Hemisphäre. Von besonderer Bedeutung ist ein Cingulum (Gürtel) genanntes Faserbündel, das im Bogen über dem Balken verläuft und wie Hippocampus, Amygdala, Teile des Thalamus und andere Strukturen einen Teil des schon erwähnten Limbischen Systems bildet.

In seiner grauen Substanz, der Großhirnrinde, finden wir funktional die Rindenfelder, die anatomisch den Gyri nicht immer genau entsprechen, weswegen sich im internationalen wissenschaftlichen Sprachgebrauch eine Bezeichnung nach Nummern (ursprünglich von 1 bis 52, mittlerweile mehrfach leicht modifiziert) durchgesetzt hat, die von dem deutschen Neuroanatomen Korbinian Brodmann bereits 1909 eingeführt wurde. Grundsätzlich gibt es die motorischen (vereinfacht: für das Senden von willentlichen motorischen Impulsen, z. B. die Bewegung der Finger beim Klavierspielen) und die sensiblen (vereinfacht: für das Empfangen von Geschmacks-, Geruchs-, Seh-, Gefühls- und Hörreizen) Rindenfelder. Die für uns wichtigen Felder sind Area 41 (primäres Hörzentrum, im Großen und Ganzen gleichzusetzen mit der Heschlschen Querwindung), Area 42 (sekundäres Hörzentrum), die Areale 44/45 als Unterstrukturen des motorischen (Brocaschen) Sprachzentrums und die Area 22, das Wernicke-Zentrum, als Sitz des Sprachverstehens. Auch der Hippocampus befindet sich im Großhirn; einprägsam ausgedrückt, ist er der Regulator und Generator unserer Erinnerungen, nicht allerdings der Ort, an dem sie gespeichert werden.

Die Zuordnung einer anatomischen Struktur zu einer spezifischen musikalischen Leistung ist nur ausnahmsweise möglich, was wir anhand des Planum temporale beim Thema »Absolutes Gehör« sehen werden. Nachdem lange klar war, dass es im Gehirn kein »Musikzentrum« gibt, hatte man gehofft, wenigstens weitere solcher Subzentren, etwa für Rhythmus, Melodien oder Harmonien identifizieren zu können, aber heute geht man davon aus, dass alles, was mit Musik zu tun hat – unsere Empfindungen, unsere Erinnerungen, unsere Fähigkeit, ein Instrument zu spielen –, *überall* im Gehirn mehr oder weniger chaotisch repräsentiert ist und das Gehirn zudem in der Lage ist, die Orte für diese Repräsentationen in gewissem Maße zu tauschen oder zu ersetzen. ›Chaotisch‹ ist hier natürlich nicht im landläufigen Sinne gemeint, sondern analog zu der Bedeutung in dem Begriff der chaotischen Lagerhaltung, bei der bestimmten Gütern in einem großen Lager keine festen Plätze zugeordnet werden. Und genau, wie es für einen Menschen dort ohne Computer so gut wie unmöglich wäre, etwas zu finden, weil er keine Systematik erkennt, müssen die Forscher das fast Unmögliche tun und ohne Computer versuchen herauszufinden, wie und wo das Gehirn die Musik »lagert«. Zu diesen bei allen individuellen Unterschieden einigermaßen gesicherten generellen Grundlagen gehört zwar, dass die beiden Hirnhälften bei der Musikverarbeitung und -bewertung verschiedene Aufgaben erfüllen, während das Sprachzentrum eindeutig links sitzt. Bei der Musik hingegen scheinen Tonhöhen, Klänge und Melodien eher in der rechten Hemisphäre abgelegt zu werden, während der Rhythmus tendenziell mehr in der linken Hemisphäre verarbeitet wird, aber längst ist klar, dass diese »Lateralisationsdebatte« nicht zu allgemein gültigen Erkenntnissen führen wird, denn noch etwas kommt hinzu: Je mehr sich ein Mensch mit Musik beschäftigt, desto mehr verteilt sich das dafür benötigte neuronale Netzwerk über beide Hirnhälften – es wird also immer noch chaotischer. Nehmen wir noch einmal den Rhythmus als Beispiel: Besonders dem linken Schläfenlappen kommt bei der Wahrnehmung und dem Erkennen eine große Bedeutung zu; möglicherweise gibt es sogar unterschiedliche neuronale Repräsentationen für die verschiedenen Taktarten, so dass bei einem Walzer im 3/4-Takt andere Neuronen feuern würden als bei einem Foxtrott im 4/4-Takt; und doch wäre dies nur ein sehr kleiner Baustein im Bemühen zu verstehen, was die Musik wo im Gehirn auslöst, abgesehen davon, dass es sich, wie gerade angedeutet, in gewissen Grenzen auch neu organisieren kann, so wie verschiedene Menschen am PC mit demselben Betriebssystem arbeiten, aber jeder seine eigene Startseite und Dokumentensystematik erstellt, die er nach Belieben wieder umprogrammieren kann. Bezogen auf die Musik und das menschliche Gehirn bedeutet dies, dass es auf der Welt nicht zwei Menschen gibt, bei denen beim Hören derselben Musik die Nervenzellen in demselben Muster feuern. Jeder Mensch hört und empfindet Musik auf einzigartige Art und Weise.

Kehren wir für einen Moment zum Hörzentrum zurück und schauen uns an, wie ein akustischer Reiz das Großhirn erreicht. Das Signal kommt durch den äußeren Gehörgang zum Trommelfell; hinter diesem beginnt das Mittelohr, ein zusammenfassender Ausdruck für ein System von lufthaltigen Räumen, von denen einer die Paukenhöhle ist. In dieser liegen die drei Gehörknöchelchen Hammer, Amboss und Steigbügel, die über Gelenke miteinander verbunden sind, die von Muskeln reflektorisch gestellt werden. Der eigentliche Schallaufnahme- (und gleichzeitig Gleichgewichts-)Apparat liegt im Innenohr, das grob in Labyrinth und Schnecke unterteilt wird. Hier befindet sich auf einer Basilarmembran der eigentliche Sitz des Hörsinns, das Corti-Organ, hier wird die Physik – der akustische Reiz – von Mechanorezeptoren, den äußeren Haarzellen, aufgenommen, verstärkt und modifiziert, an die inneren Haarzellen weitergeleitet und in Biologie bzw. Neurologie – einen Nervenimpuls – umgewandelt, der vom Nervus vestibulocochlearis über mehrere Umschaltpunkte in Form von Gehirnkernen in die Area 41 geleitet wird. Faszinierend ist, dass es auf der Basilarmembran für jede Frequenz einen definierten Ort der größten Empfindlichkeit gibt – bildlich und stark vereinfachend, aber anschaulich ausgedrückt: Könnte man die Membran abrollen, würde sie funktionieren wie ein Klavier. Diese Aufteilung bleibt beim Weiterleiten durch den Hörnerv ins Gehirn bestehen. Allerdings gilt dies nur für reine Sinusschwingungen, und die existieren im realen Leben nicht (vgl. S. 34). Was wir hören, sind immer Klänge, die Angelegenheit ist deshalb deutlich komplizierter. Ein »Ton«, also in Wahrheit ein Klang, ist vom Gehirn schon längst bewertet worden, wenn er uns bewusst wird – wir wüssten sonst auch gar nichts mit ihm anzufangen. Zusätzlich wird die Hirnrinde nicht nur vom Innenohr mit afferenten (aus der Peripherie kommenden) Signalen versorgt, sondern hat selbst auch eigene efferente (in die Peripherie abgehende) Bahnen zum Ohr, d.h. das Gehirn kann dem Ohr gewissermaßen Befehle erteilen, was umso besser funktioniert, je trainierter dieses ist; Musiker, die besonders sauber ihre Instrumente stimmen oder auf einer lebhaften Party die Unterhaltung zweier Menschen in größerer Entfernung verstehen können, tun dies also nicht nur passiv, sondern auch aktiv, wobei ihnen noch ein weiteres Phänomen hilft, das jeder kennt: das Stereohören. Je nach dem Winkel, mit dem der Schall auf unsere Ohren trifft, kann die zeitliche Differenz der Ankunft im Gehirn ein paar Hundert millionstel Sekunden betragen, mehr als ausreichend für das Gehirn, um die Quelle auf 1 Winkelgrad genau lokalisieren zu können – Dirigenten entwickeln diese Fähigkeit bis zur Perfektion.

Dies alles sind Fakten der Biologie, Anatomie, Physik, Biochemie und Neurophysiologie. Aber dass Musik Freude und Trauer ausdrücken kann, dass es entsetzlich schmerzhaft ist, »das« Lied einer Beziehung zu hören, die vor langer Zeit in die Brüche gegangen ist, dass Babys lächeln, wenn die Mutter ihnen ein Lied vorsingt, kann man so simpel nicht erklären. Die Frage, auch noch am Ende des Buches, wird sein, ob man es überhaupt erklären kann.

Organisierte Schallereignisse oder emporgeschleuderte Ausstrahlung? – Was die Musik eigentlich ist

Die Musik ist eine künstlerische Ausdrucksform des Menschen, deren Ursprungsmythen von vielen Völkern mit göttlichen Handlungen und transzendentalen Vorstellungen in Verbindung gebracht werden. Das Wort ›Musik‹ kommt aus dem griechischen *Musiké téchne* – Kunst der Musen – und fand Eingang in die meisten indogermanischen Sprachen. Die deutsche Aussprache mit der Betonung auf der zweiten Silbe geht auf französischen Einfluss zurück. Wer noch heute das Wort auf der ersten Silbe betont (was bisweilen etwas kauzig klingen kann) kann sich also auf die sprachgeschichtlich ursprüngliche Form berufen, die aus dem Lateinischen *Musica* stammt (die Einwanderung eines griechischen Wortes über die lateinische Sprache ins Deutsche ist grundsätzlich nicht gerade selten). In dem ungebräuchlichen, aber absolut korrekten Plural *Musiken*, immer auf der ersten Silbe betont, ist die frühere Aussprache noch zu erkennen. Im Englischen ist es bei der üblichen Betonung der ersten Silbe bei zweisilbigen Wörtern geblieben.

Obwohl sich in der Geschichte der Geisteswissenschaften viele Denker in irgendeiner Form über die Musik geäußert haben und die Musikphilosophie in letzter Zeit wieder einen Aufschwung erlebt, hat der Begriff Musik bis heute keine allgemein anerkannte Definition gefunden. Von Pythagoras wurde die Musik trotz der auch bei den Griechen mythischen Herkunft naturwissenschaftlich definiert; als Erster hat er die mathematischen Zusammenhänge zwischen den Tönen erkannt. Doch gab es auch im antiken Griechenland schon Menschen, die sich mit der Ästhetik der Musik beschäftigten. Im ganz frühen Mittelalter verfasste der römische Philosoph Boëthius sein berühmtes Traktat *De institutione musica*, in dem er die antiken griechischen Anschauungen in seine Zeit übertrug. Im noch stark von der Kirchenmusik geprägten Barock schrieb

Johann Mattheson, ein weniger bekannter Zeitgenosse von Johann Sebastian Bach und Georg Friedrich Händel: »Musica ist eine Wissenschaft und Kunst, geschickte und angenehme Klänge klüglich zu stellen, richtig aneinander zu fügen und lieblich heraus zu bringen, damit durch ihren Wohllaut Gottes Ehre und alle Tugenden befördert werden.« Etwa zur selben Zeit machte der oft als »letzter Universalgelehrter« verehrte Gottfried Wilhelm Leibniz zumindest bezogen auf die Musik einen Schritt zurück und hielt sie für »eine verborgene Rechenkunst des seines Zählens unbewussten Geistes«. Man sollte wohl nicht in Versuchung geraten, hieraus eine Aussage zum Thema »Musik und Gehirn« zu konstruieren.

Auffällig ist, dass trotz aller Fortschritte auf dem Gebiet der Naturwissenschaften und der Medizin in der Folge eher wieder die nicht-rationalen Aspekte der Musik herausgestellt werden, wodurch die Definitionsversuche in gewisser Weise zu jenen mystisch-überhöhten transzendentalen Wurzeln zurückkehren, aus denen sie im Glauben der Völker entstammt, auch bei den Komponisten selbst. Christoph Willibald Gluck sah in der Musik »eines der größten Mittel, das Herz zu bewegen und Empfindungen zu erregen«, und Ludwig van Beethoven hielt sie für »höhere Offenbarung als alle Weisheit und Philosophie«. Heinrich Heine betrachtete die Tonkunst als die »dämmernde Vermittlerin [...] zwischen Geist und Materie«, während Johann Georg Sulzer schrieb: »Musik ist eine Folge von Tönen, die aus leidenschaftlicher Empfindung entstehen und sie folglich schildern.« Robert Schumann hielt Musik für »höhere Worte«, für Jean Paul war sie »romantische Poesie durch das Ohr«, für Bettina von Arnim »die Vermittlung des geistigen Lebens zum sinnlichen«. Victor Hugo meinte, die Musik drücke das aus, »was nicht gesagt werden kann, und worüber es unmöglich ist zu schweigen«, und für Leo Tolstoi löste sie »alle Rätsel des Daseins«. Diese Aussagen sind allerdings noch als geradezu trocken zu bezeichnen, wenn man den großen Arthur Schopenhauer hört: »Die Musik ist also keineswegs, gleich den anderen Künsten, das Abbild der Ideen; sondern Abbild des

Willens selbst, dessen Objektivität auch die Ideen sind: deshalb eben ist die Wirkung der Musik so sehr viel mächtiger und eindringlicher als die der anderen Künste: denn diese reden nur vom Schatten, sie aber vom Wesen.« Geht es noch grandioser? Ja, es geht, wie der Musikpsychologe Ernst Kurth beweist: »Musik ist emporgeschleuderte Ausstrahlung weitaus mächtigerer Urvorgänge, deren Kräfte im Unhörbaren kreisen. Was man gemeinhin als Musik bezeichnet, ist in Wirklichkeit nur ihr Ausklingen. Musik ist eine Naturgewalt in uns, eine Dynamik von Willensregungen.« Einer der bedeutendsten Musiktheoretiker und -historiker überhaupt, Hugo Riemann, schrieb kaum weniger metaphysisch: »Musik ist die Kunst, welche durch geordnete Tonverbindungen die Seele bewegt und dem auffassenden Geiste ästhetische Luft gewährt, jenes durch ihren Inhalt, dieses durch ihre Form.«

In der ersten Hälfte des 20. Jahrhunderts ist man dann zunächst wieder nüchterner geworden, aber nach dem Zweiten Weltkrieg, parallel zur Ausbildung der unterschiedlichsten politischen, gesellschaftlichen und künstlerischen Strömungen, also des komplexen Pluralismus, der unser Leben in allen Bereichen bestimmt, kam es zu deutlich divergierenden Musikauffassungen. Arnold Schönberg hatte einen überraschend vergeistigten Kunstbegriff, während sein Zeitgenosse Igor Strawinsky schrieb: »Der Ausdruck ist nie eine immanente Erscheinung der Musik gewesen. [...] Das Phänomen der Musik ist dem einzigen Zweck gegeben, eine Ordnung zwischen den Dingen herzustellen und hierbei vor allem eine Ordnung zu setzen zwischen dem Menschen und der Zeit.« Eine ganz und gar schaurige Stelle findet sich in dem geisterhaften existentialistischen Nachkriegsroman *Die Stadt hinter dem Strom* von Hermann Kasack (der übrigens von Hans Vogt zu einer Oper vertont wurde): »Musik ist die Verführung zum unangemessenen Denken, bei dem die Fantasie an die Stelle der Wahrheit tritt.« In der modernen musikwissenschaftlichen und musikphilosophischen Diskussion hat der sprachmächtige Sozialphilosoph und Musiktheoretiker Theodor W. Adorno bis zum heutigen Tag eine überragende Position inne; erstmals setzte er sich mit Begriffen wie ›Musikindustrie‹ und ›Musik-Massenmärkte‹ auseinander und rühmte die atonale Musik als Versuch, sich dieser Vereinnahmung zu widersetzen.

Wenn wir alle Gefühle, Weltanschauungen und ästhetischen Prinzipien einmal zu ignorieren versuchen, könnte eine schmucklose Definition von Musik in etwa so lauten: »Musik ist eine von Menschen organisierte, reproduzierbare Abfolge von Schallereignissen im für ihn hörbaren Bereich, deren Einzeltöne (Klänge) und Ballungen von Einzeltönen (Harmonien) von der menschlichen Stimme, Musikinstrumenten und elektrischen Tongeneratoren mit festgelegtem Rhythmus und Tempo und festgelegter Metrik und Dynamik erzeugt werden.«

Allerdings ist auch diese Definition zweifellos angreifbar: So gibt es Musik ohne Musik – im Klavierstück 4'33" von John Cage sitzt der Pianist stumm vor dem Flügel –, und was das »Festgelegte«, das »Reproduzierbare« betrifft, sei auf die gewollte Zufälligkeit der aleatorischen Musik verwiesen.

Auch das Improvisieren, selbst wenn es weniger zufällig ist und bis zu einem gewissen Grad sogar erlernt werden kann, entzieht sich einer scharfen Definition. Für viele Jazzliebhaber sind die improvisierten Elemente die Höhepunkte eines Konzertes, doch selbst Besucher klassischer Konzerte kommen diesbezüglich hin und wieder auf ihre Kosten, wenn sich beispielsweise die Venezolanerin Gabriela Montero Songtitel vom Publikum zurufen lässt und darüber improvisiert. In früheren Zeiten muss das Publikum immer wieder – im ganz ursprünglichen Sinn des Wortes – einmalige Konzerte erlebt haben, wenn Bach, Händel, selbst Beethoven, ihren momentanen Eingebungen freien Lauf ließen. Leider konnte man damals noch nicht auf die Aufnahmetaste seines Handys drücken! – Viele Kirchenorganisten verstehen sich bis heute auf diese Kunst.

Jedenfalls entzieht sich die Musik nach wie vor einer allgemeingültigen Definition. In letzter Zeit scheinen diesbezügliche Versuche eher wieder »gefühlslastig« zu werden. Wenn man das Internet durchforstet, geht es fast immer um Emotionen und Esoterik. Aber auch Berufene kommen ins Philosophieren, so Daniel Barenboim in der Druckausgabe von *Klassik Akzente* 2/2011: »Was ist Musik? Ist Musik etwas, das uns hilft, die Welt zu vergessen? Oder ist Musik etwas, wodurch wir die Welt verstehen können? Ich meine, sie ist beides.«

Bei so viel Rätselhaftigkeit sollten wir vielleicht doch noch einmal ganz weit in die Vergangenheit des Menschen schauen. Zu Göttern, Musen und Mythen können wir nichts sagen, aber auf hochinteressante Dinge stoßen wir dennoch.

Im *Prestissimo* vom Neandertaler zu Nietzsche – Musik und Menschheitsgeschichte

Bis heute bringen neue Knochenfunde hin und wieder die Abstammungs- und Entwicklungstheorien zu den Ursprüngen des Menschen ins Wanken. In Bezug auf die Musik springen wir wegen fehlender Erkenntnisse über noch frühere Entwicklungsstufen sofort zum Neandertaler (alternativ manchmal bis heute: Neanderthaler), der vor ca. 160 000 Jahren – je nach Abgrenzung von Vorstufen deutlich früher – auftrat, und zum Homo sapiens, den es seit etwa 200 000 Jahren gibt. Es handelt sich dabei um unabhängige, parallele Arten mit gemeinsamen Vorfahren. Der Neandertaler starb aus, der Homo sapiens überlebte und eroberte die Welt. Nachdem es bis vor wenigen Jahren noch Forscher gab, die nicht restlos davon überzeugt waren, dass beide nach der Einwanderung des Homo sapiens nach Mitteleuropa miteinander in Berührung gekommen sind, in unseren Adern also noch immer Spuren von »Neandertalerblut« fließen, beseitigte im Jahre 2015 die DNA-Analyse eines Kieferknochens endgültig alle Zweifel.

Aufgrund von Schädelfunden, dem Fund eines Zungenbeines (ein kleiner hufeisenförmiger Knochen im Hals, der keine Gelenkverbindungen zu anderen Knochen hat und nur von Muskeln gehalten wird), der computergestützten Rekonstruktion und Berechnung der Größe und Form der Mundhöhle und Annahmen zu den Weichteilen wie Gaumensegel, Lippe, Zunge, Stimmbändern und Kehlkopf glauben die meisten Wissenschaftler, dass der Neandertaler und der Homo sapiens sich zumindest mit Lauten verständigten, deren Formen und Varianz deutlich über das hinausgingen, was Menschenaffen hervorbringen – wer will, benutze das Wort ›Sprache‹. Wenn wir als Arbeitshypothese den Zusammenhang von Sprechen und Singen als gegeben annehmen – später mehr dazu, dass dies nicht unproblematisch ist –, stellt sich die Frage, wann diese Menschen begannen, »Musik« zu machen. Wir werden darauf keine sichere Antwort finden, aber das »Wie« kann man sich mit ein wenig Phantasie leicht vorstellen.

Wasser tropft in gleichmäßigen Abständen auf einen Felsen; jemand aus einer Gruppe von Frühmenschen ahmt das nach, indem er mit einem Holzstock auf denselben Felsen klopft. Ein anderer fällt ein und findet Spaß daran, genau doppelt so schnell zu schlagen, so dass man sich bei jedem zweiten Schlag trifft: Rhythmus und Metrik. Ein dritter entdeckt, dass der Klang anders ist, wenn er statt auf den Felsen auf Holz schlägt: Tonfarben.

Die Gruppe freut sich, steigert sich in Ekstase; sie werden immer schneller, bis einer nicht mehr kann. Das Schlagen wird langsamer. Sie verstehen, dass sie die Geschwindigkeit nach Gutdünken ändern können: Tempo.

Ein Mann »spricht« (oder zumindest artikuliert sich) laut. Eine Frau macht ihm klar, dass das Baby schläft. Der Mann fährt leiser fort, es wird ihm bewusst, dass er die Lautstärke seiner Äußerungen regulieren kann: Dynamik.

Sie begreifen, ohne es erklären zu können, dass Frauen eine höhere Stimme haben als Männer; mehr noch: Es gibt bei ein und demselben Menschen verschiedene Stimmlagen. Wer sich erschreckt, stößt einen hohen Schrei aus, unwillkürlich zunächst, bis sie merken, dass sie absichtsvoll höher oder tiefer sprechen können: Töne und Intervalle. Von da bis zum Singen ist es nicht mehr weit, vielleicht kommt eine Art Vokalise dabei heraus – ein Gesang ohne Worte, den es bis heute gibt, raffiniert, verfeinert und reproduzierbar natürlich. Aber wenn Kinder »La-la-la« singen oder wir gedankenlos vor uns hinsummen, ohne an ein bestimmtes Lied zu denken, ist das sicher nicht viel anders als vor 100 000 Jahren: Melodien.

Dann entdeckt jemand, dass man in ein Schilfrohr blasen und damit ganz neue Töne erzeugen kann. Auch hohle Tierknochen und Geweihe eignen sich dazu. Beim Neandertaler jedoch sind dies wohl Zufälle, die nicht weiterführen; die »Neandertalerflöte«, die 1991 in einer Höhle in Slowenien gefunden wurde, ein gelochter Röhrenknochen, wird von der Mehrheit der Wissenschaftler heute als Resultat von Tierbiss gedeutet. Erst mit dem Auftauchen des Homo sapiens in Europa vor etwa 45 000 Jahren, so sagt es uns die Musikarchäologie und -paläontologie, macht die Menschheit den nächsten Schritt: Es erscheinen die ersten »Instrumente« – Flöten aus Vogelknochen –, deren Löcher absichtsvoll mit dem Ziel gebohrt wurden, unterschiedlich hohe Töne zu erzeugen, und eben ab jetzt wird der Homo sapiens nach Überzeugung der Paläoanthropologen für 8000 oder 10 000 Jahre Berührungen mit dem Neandertaler gehabt haben, bevor dieser ausstarb; vielleicht sogar noch etwas länger: Im Mai 2011 wurden einige sicher dem Neandertaler zuzuordnende Funde auf ein Alter von nur 31 000 Jahren datiert.

Als der Mensch später lernte, mit Ton umzugehen, baute er bald Gefäßflöten und Tonglocken. Durch die Glocken begann man, die Bedeutung des Resonanzkörpers zu verstehen, was wiederum zu neuen Instrumenten führte. Saiteninstrumente dürften die nächste große Erfindung gewesen sein, Harfen und Leiern finden sich auf persischen Darstellungen des 3. Jahrtausends v. Chr. Im Laufe der folgenden Jahrhunderte sind zahlreiche Instrumente hinzugekommen und wieder ausgestorben. Manches, was uns heute selbstverständlich erscheint, ist in Wahrheit überraschend neuen Datums: Erst zu Beethovens Zeiten – und selbst das mit Abstrichen – wurde das Klavier zu dem technischen Reifegrad geführt, den wir heute kennen; das »klassische« Orchester mit den uns heute geläufigen Instrumenten – auch nach ihrer Zahl und Anordnung – ist ebenfalls eine »Erfindung« des 19. Jahrhunderts; das letzte neue Instrument, das einen weltweiten Siegeszug antrat und keinerlei historische Vorbilder hat, ist das Saxophon, das der Belgier Adolphe Sax in den 1840er Jahren erfand. Bis auf unbedeutende Einzelfälle und Detailverbesserungen gibt es seitdem bei mechanischen Instrumenten keinen großen Fortschritt mehr, eher experimentelle Ansätze wie zum Beispiel ein auf Vierteltöne gestimmtes Klavier mit entsprechend vielen Tasten, das sich natürlich nicht durchsetzen konnte. (Kuriose Ausnahmen finden sich allerdings durchaus. Insbesondere Wagner war dafür bekannt, Instrumentenbauer anzuspornen, »neuartige« Instrumente zu entwickeln. Die Wagnertuba ist sogar nach ihm benannt. Für den *Parsifal* wünschte er eine Glocke mit derart tiefem Klang, dass sie wegen der nötigen Größe 260 Tonnen hätte wiegen müssen. Mit welchen, sehr unterschiedlichen, Methoden man sich für diese Stellen bis heute behilft, wäre ein amüsanter Exkurs, der den Rahmen dieses Buches sprengen würde.) Die E-Gitarre, der E-Bass und weitere elektrisch verstärkte klassische Instrumente wie die E-Geige sind im Grunde auch nur Variationen von Bekanntem. Neue Klänge werden heute, wenn überhaupt, am Computer kreiert. Deutlich hiervon abzugrenzen sind völkerkundlich und musikhistorisch interessante Entwicklungen wie altindische Tonarten, orientalische Pentatonik oder die indonesische Gamelanmusik, die man auch bei der heute in großen Teilen der Welt üblichen weitgehenden Gleichsetzung von Musik mit »klassisch westlich« bzw. »westliche Popmusik« nicht außer Acht lassen darf.

Eine der bedeutendsten Voraussetzungen für die Musik überhaupt war die Entwicklung der modernen (westlichen) Notenschrift, die es erst möglich machte, Musik unabhängig von ihrem Komponisten geordnet und reproduzierbar aufzuführen. Ihre Ursprünge liegen in der mittelalterlichen Kirchenmusik. Der Benediktinermönch Guido von Arezzo erfand im 11. Jahrhundert die Notenlinien im Terzabstand und den Notenschlüssel; im 13. Jahrhundert kam die Mensuralnotation auf, mit der man durch graphische Veränderungen an den Notenköpfen die Tondauer darstellen konnte. Die Möglichkeiten des Aufschreibens von Musik wurden bis ins 17. Jahrhundert immer weiter verfeinert – zur Zeit von Johann Sebastian Bach jedoch war das Notationssystem so entwickelt, wie wir es noch heute kennen. Dennoch wird seine Musik in verschiedenen Ländern unterschiedlich geklungen haben, denn noch gab es keine Übereinkunft über die Stimmung, d. h. die Höhe des Kammertons *a* war nicht festgelegt. Die Notenschrift ohne einen von allen akzeptierten Referenzpunkt war also, wenn man so will, nur »schreibtechnisch« vollkommen, klanglich war sie relativ: Es war allen klar, dass das *a* höher war als das darunterliegende *g*, und auch über die Größe des Ganztonschrittes brauchte sich Bach seit der Einführung der temperierten Stimmung keine (großen) Gedanken mehr zu machen, aber solange man sich nicht geeinigt hatte, wie hoch das *a* überhaupt sein sollte, klang die Musik je nach Ort der Aufführung vermutlich ganz anders – wenn man denn Ohren hatte (sprich: ein Gehirn), das zu hören. Im barocken Frankreich lag das *a* frequenzmäßig in etwa dort, wo nach heutiger Übereinkunft das *g* liegt, nämlich bei 392 Hertz, während die Italiener ein besonders hohes *a* hatten, fast einen Halbton höher als das heutige 440-Hertz-*a*. Ein italienisches Stück in Es-Dur wäre in Frankreich also – ohne es zu transponieren (in eine andere Tonart zu übertragen) – anderthalb Töne tiefer in C-Dur aufgeführt worden.

Warum fing der Mensch so früh an, Musik zu machen? Evolutionsbiologisch ging es immer um den Überlebensvorteil, den die Musik aber zumindest bei vordergründiger Betrachtung nicht bietet. Selbst mit Steinzeitmalerei konnte man, bevor sie zu einer Kunstform wurde, Dinge markieren und Stammesangehörige auf etwas aufmerksam machen. Das Schreiben schon in seiner Anfangsform vor etwa 6000 Jahren in Mesopotamien als Keilschrift zeigt diesen Kommunikationsaspekt, der ein Selektionsvorteil sein konnte, noch viel deutlicher. Aber die Musik? Sie sicherte weder das Überleben der Sippe oder der Kinder noch erleichterte sie die Ernährung, während man mit einer Zeichnung eben darauf hinweisen konnte, wo die guten Jagdgründe lagen oder die Bäume mit den meisten Früchten standen – und mit der Schrift erst recht. Musik scheint nutzlos zu sein, auch wenn Charles Darwin meinte, musizierende Frühmenschen hätten Vorteile bei der Partnerwahl gehabt. Doch warum hätten Frauen singende Männer attraktiv finden sollen? Ein singender Mann konnte weder schneller laufen, wenn er von einem Raubtier verfolgt wurde, noch konnte er mit mehr Aussicht auf Erfolg mit ihm kämpfen, wenn es die Kinder bedrohte. Und umgekehrt konnten singende Frauen wohl auch keine besseren Mahlzeiten zubereiten als die nicht singenden. Zwar machten sie sicherlich die Erfahrung, dass die Kinder sich gern mit den primitiven Vorläufern der Wiegenlieder in den Schlaf singen ließen, aber auch das war kein Selektionsvorteil, es sei denn, man mutmaßt, dass schreiende Kinder in der Nacht Raubtiere anlockten. Der Gesang selbst hätte in diesem Sinne allerdings ebenfalls fatale Folgen haben können.

Die Gründe für das zweckfreie Musikmachen scheinen sich streng naturwissenschaftlichen Erklärungen zu entziehen. Offenbar ist an der Musik seit den Anfängen der Menschheit ein besonderer Zauber, der Gefühle und Stimmungslagen beeinflussen oder hervorrufen kann – seit den Anfängen der Menschheit, aber auch seit dem Anfang eines jeden Menschen: Ab dem 5. Monat etwa nimmt das Ungeborene im Mutterleib den Herzschlag der Mutter und bald danach, wenn auch gedämpft, die Geräusche der Umwelt wahr; erwiesen ist, dass Ungeborene nicht nur auf unterschiedliche Musikrichtungen, sondern sogar innerhalb der klassischen Musik auf Werke verschiedener Komponisten individuell reagieren. Die schlaue Plattenindustrie hat dazu längst CDs wie »Träum süß – Klassik für mein Baby« und ähnliche auf den Markt gebracht. Doch auch aus anthropologischer Sicht ist die Musik die fundamentalste aller Künste: So gut wie jeder gesunde Mensch kann singen, tanzen und rhythmisch klatschen, und außerdem braucht man dazu keine Hilfsmittel. Selbst für die einfachsten Zeichnungen auf einem Stein oder Felsen benötigte man Kreide oder einen verkohlten Zweig, vom viel später entwickelten Schreiben (zu dem ja mit dem Lesen eine weitere Kulturtechnik gehört) ganz zu schweigen. Wenn man scheinbar nutzlose Musik machte, kann das nur bedeuten, dass im Gehirn von Beginn an (mit ›Beginn‹ ist hier gemeint: seitdem der Mensch als Teil der Bewusstwerdung seiner selbst verstand, dass er Töne und Intervalle, Rhythmus, Tempo und Dynamik gezielt erzeugen konnte) Prozesse abliefen, die tiefe Glücksgefühle erzeugten, Trauerarbeit leichter machten oder zu schönen Erinnerungen führten.

Dann hätte Friedrich Nietzsche mit seinem berühmten

Ausspruch »Ohne Musik wäre das Leben ein Irrtum« unrecht. Ohne Musik ist in Wahrheit überhaupt kein Leben vorstellbar; unser Gehirn lechzt nach Höreindrücken, vielleicht auch auf der Suche nach angenehmen Lauten und Rhythmen aus dem Leib der Mutter. So wird Musik zu einem Urbedürfnis wie Essen, Schlafen und Sex. Tatsächlich vergleichen manche Wissenschaftler die Befriedigung durch Musik mit einem Orgasmus oder den Wirkungen einer Droge.

Im Lichte dieser Erkenntnis erscheinen die manchmal pathetischen, hochromantischen, ja kitschigen Definitionen von Musik wie Versuche, das Unerklärbare erklärbar zu machen: Da ist etwas ganz, ganz tief in unserem Gehirn (im wahrsten Sinne des Wortes: nämlich auch »unterhalb« des Großhirns), und es ist bei allen Völkern gleich – so sehr, dass manche Wissenschaftler es sogar für möglich halten, dass Musik und Sprache entwicklungsgeschichtlich nicht mehr oder weniger parallel und gemischt entstanden sind, sondern dass die Musik (in welcher Form auch immer) vor der Sprache existierte. Als Forscher des Leipziger Max-Planck-Instituts für Kognitions- und Neurowissenschaften Menschen eines abgelegen lebenden Stammes im Bergland von Nordkamerun, die nie mit westlicher Musik in Berührung gekommen waren, Klavierstücke vorspielten, die nach unserer Wahrnehmung Freude, Trauer oder Angst ausdrückten, reagierten sie mit genau denselben Gefühlen wie jeder Europäer auch.

Töne, Klänge, Harmonien, Intervalle und Tonleitern – Die Musik klingt so schön, weil die Instrumente falsch gestimmt sind

Bei aller Mystik: Über die Musik allein als physikalisches Phänomen kann man sich sehr wohl wissenschaftlich auslassen, und so sollen ein paar Begriffe und Zusammenhänge geklärt werden, die später immer wieder vorkommen. Dabei wird das Klavier als Referenzinstrument benutzt, weil man an ihm so vieles auch sehen kann.

Ein Ton ist eine Sinusschwingung von definierter Frequenz für die Höhe und Amplitude für die Lautstärke. Das ist aber noch nicht alles, denn sonst würden alle Instrumente gleich klingen. Die charakteristische Tonfarbe kommt, vereinfacht erklärt, von überlagerten Frequenzen, den sogenannten Obertönen, die bei jedem Instrument in einer typischen Lautstärkenverteilung mitschwingen. Einen reinen Ton gibt es also nicht, außer man erzeugt ihn elektronisch. Dazu kommen komplexe Ein- und Ausschwingvorgänge und Änderungen des Frequenzspektrums nach dem Erzeugen eines Klanges. All dies sorgt dafür, dass wir grundsätzlich nicht nur eine Posaune von einer Geige unterscheiden können, sondern auch, um bei dem Beispiel zu bleiben, eine »gute« Geige von einer »Schülergeige« aus fernöstlicher Massenproduktion. Der Wertunterschied kann beträchtlich sein: 11,1 Millionen Euro, wie sie im Juni 2011 für eine Stradivari bezahlt wurden, die einstmals im Besitz der Enkelin von Lord Byron war, gegen 300 Euro für eine im wahrsten Sinne des Wortes »fabrikneue« Geige aus China. Das verwendete Holz, die Bauart, die genaue Form und Lage der f-Löcher und vieles mehr, was bei den großen Geigenbauern über Jahrhunderte tradiert wurde, bestimmen Klang und Preis.

Instrumente erzeugen also eigentlich keinen Ton, auch wenn wir diese eingeführte Ausdrucksweise meist übernehmen werden, sondern einen Klang. Das ist deswegen ein wenig verwirrend, weil das Wort ›Klang‹ manchmal mit ›Harmonie‹ gleichgesetzt wird, die aber physikalisch etwas anderes ist, nämlich ein Zusammentreffen von mindestens drei Klängen. Im praktischen Gebrauch spricht man oft von Akkorden. Die geordnete Zusammensetzung und Aufeinanderfolge der Harmonien, die in der Harmonielehre gelehrt werden, zählen zu den komplexesten Unterthemen der Musiktheorie.

Wenn nur zwei Klänge aufeinandertreffen, spricht man von einem Intervall. Die Namen bezeichnen den Abstand zwischen den beiden Klängen, angefangen bei der Prim (gar kein Abstand) über Sekunde, Terz, Quarte, Quinte, Sexte, Septime bis zur Oktave. Auch noch größere Abstände können benannt werden, aber für unsere Zwecke reicht, was sich innerhalb einer Oktave abspielt. Die Intervalle Prim, Quarte, Quinte und Oktave werden als rein bezeichnet, weil der Abstand zwischen ihren beiden Tönen stets die gleiche Anzahl an Halbtonschritten umfasst, während die anderen Intervalle grundsätzlich entweder klein oder groß sind. So ist das Intervall C–E eine große Terz, C–Es eine kleine Terz oder – als C–Dis enharmonisch verwechselt – eine übermäßige, über die große nochmal um einen halben Ton erhöhte, Sekunde.

Eine Tonleiter besteht in der westlichen Musik aus einer Abfolge von acht Tönen, von denen der achte eine Oktave höher oder tiefer liegt. Nun sehen wir aber – und beim Klavier sehen wir es tatsächlich –, dass zwischen einer beliebigen Oktave immer zwölf (Halb-)Töne (Tasten) liegen – daher der Ausdruck ›Zwölftonmusik‹, auf den wir noch zurückkommen. In diese Schritte mit annähernd gleichem Abstand wurde eine Oktave nach jahrhundertelangem Experimentieren und Rechnen unterteilt, denn die physikalischen Gegebenheiten liegen anders. Pythagoras hatte erkannt, dass die Intervalle in einem bestimmten mathematischen Verhältnis zueinander stehen; der in der Musikgeschichte stets unbestrittene Ausgangspunkt ist das Verhältnis 1:2 für eine Oktave. Dies bedeutet, dass die Frequenz des höheren Tones genau doppelt so hoch ist wie die des tieferen. Ähnlich lassen sich ganzzahlige Verhältnisse für die anderen Intervalle bilden: 2:3 für die Quinte etwa oder 4:5 für die große Terz. Diese pythagoreische oder reine Stimmung, die auf übereinandergetürmten Quinten beruht, hat allerdings den großen Nachteil, dass sie nur in einer einzigen Tonart (egal welcher, aber nur einer) »aufgeht«. Innerhalb einer Oktave merkt man das kaum, aber über einen größeren Tonumfang von mehreren Oktaven hinweg wird das Problem immer deutlicher. Wer sich für diese außerordentlich faszinierende Thematik näher interessiert, muss sich auf Spezialwerke und sehr komplizierte Bruch-, Wurzel- und Potenzrechnungen einlassen, auch, um die Lösung zu verstehen, die schließlich die deutschen Musiker Andreas Werckmeister und Johann Georg Neidhardt mit der wohltemperierten Stimmung entwickelten. Zwar ist die Oktave auch hier nicht in vollkommen gleiche Schritte eingeteilt, so dass die Frequenzverhältnisse gleichnamiger Intervalle in verschiedenen Tonarten noch immer nicht identisch sind – praktisch aber ist das unerheblich; im Gegenteil hat diese Stimmung gegenüber der gleichstufigen (gleichschwebenden), die Werckmeister von dem Italiener Gioseffo Zarlino wohl bekannt war, den angeblichen Vorteil, die Tonartencharakteristika weitgehend zu erhalten. Mit diesem Eingehen von mathematisch-physikalischen Kompromissen war es nun möglich, dass fast jedes Instrument – manche Blasinstrumente ausgenommen – jede Tonart spielen und unterschiedliche Instrumente überhaupt miteinander konsonant spielen konnten. Johann Sebastian Bach nahm dies zum Anlass, für das dann *Wohltemperierte Klavier* eine Sammlung von Präludien und Fugen durch alle 24 Tonarten zu schreiben, deren ersten Teil er 1722 vollendete. Hans von Bülow bezeichnete das Werk einmal als das Alte Testament des Klaviers (Beethovens Sonaten seien das Neue; auch dies eine quasireligiöse Musikdeutung). Später, als die einst epochale Neuerung längst Normalität geworden war, haben auch andere Komponisten Zyklen für die 24 Tonarten geschrieben, so Frédéric Chopin mit seinen *24 Préludes op. 28*, vollendet 1838/39 während des berühmten mallorquinischen Winters mit George Sand. Nun versteht man auch den

Ausdruck ›enharmonische Verwechslung‹; denn während bei der reinen Stimmung ein *cis* als Halbton über dem *c* eine Winzigkeit niedriger liegt als ein *des* als Halbton unter dem *d*, klingen sie in der temperierten Stimmung gleich, sind also »verwechselbar«. Bereits ab dem Beginn des 19. Jahrhunderts setzte sich die gleichschwebende Stimmung, bei der die Halbtonschritte innerhalb einer Oktave den gleichen Abstand haben (wenn auch nicht in Hertz-Schritten gemessen), dann aber doch durch. Dabei mussten wiederum neue Kompromisse eingegangen werden – allerdings sind die Unterschiede für die allermeisten Menschen, selbst Musiker, nicht erkennbar. Mancher Sologeiger mag noch heute das *cis* und das *des*, um bei dem Beispiel zu bleiben, minimal anders greifen, was aber erstens kaum hörbar und zweitens auch nur so lange möglich ist, wie der Geiger tatsächlich solo spielt: Schon mit Klavierbegleitung muss er »gleichschwebend greifen«, und im Orchester erst recht. Übrigens arbeiten die besten Klavierstimmer ganz ohne theoretischen Ballast, auch wenn sie ihn natürlich aus dem Effeff kennen. Sie stimmen sozusagen »freiohrig« und berücksichtigen dabei Wünsche des Pianisten, ob es Winter oder Sommer ist – ob also der Saal beheizt oder unbeheizt ist –, die individuellen Eigenarten des Flügels und vieles mehr.

Die Begriffe Tonleiter und Tonart werden weitestgehend synonym verwendet. Man sagt »Spiel mal die C-Dur-Tonleiter« oder »Das Stück steht in C-Dur«. Wir haben gesehen, dass die Oktave zwölf Halbtöne hat und Bach in allen 24 Tonarten geschrieben hat. Das liegt daran, dass von jedem Ton angefangen zwei Tonleitern, eine in Dur und eine in Moll, ausgehen können. Der Unterschied liegt in der Anordnung der Halbtonschritte. Beim Klavier »sehen« wir die meisten Halbtonschritte – es sind die schwarzen Tasten zwischen den weißen. Nur an zwei Stellen liegen zwei weiße Tasten direkt nebeneinander, auch das Intervall zwischen ihnen ist ein Halbton. Wenn man mit dem *c* anfängt und die nächsten sieben weißen Tasten spielt, erklingt eine C-Dur-Tonleiter mit zwei Halbtonschritten zwischen den Stufen 3/4 und 7/8. Wenn man mit dem *a* anfängt und nur auf den weißen Tasten spielt, erhält man die a-Moll-Tonleiter mit den Halbtonschritten zwischen den Stufen 2/3 und 5/6.

Natürlich kann man von jedem Ton aus eine Tonleiter nur auf den weißen Tasten spielen. Tatsächlich gibt es solche Tonarten (Kirchentonarten, Zigeunertonarten), die sich für unsere Ohren jedoch »anders« anhören. Unsere Gehirne sind trainiert auf Dur und Moll. Abweichungen davon nutzen Komponisten manchmal bewusst, um besondere Effekte zu erzielen, die wir dann eben als »exotisch« empfinden. Die Tatsache, dass eine Tonleiter aus sieben Stufen besteht, ist einzig der westlichen Konvention geschuldet – es gibt keine Naturgesetze, die dies erzwingen. So baut ein großer Teil der ostasiatischen Musik auf fünfstufigen, pentatonischen Tonleitern auf, und zur Zeit des Impressionismus, in den sich Einflüsse des Japonismus mischten, von dem auch viele Maler fasziniert waren, haben Maurice Ravel und Claude Debussy mit solchen Tonleitern experimentiert und mit den darauf aufbauenden Quarten und Quinten geradezu hypnotische Musik geschrieben. Jeder Klavierspieler kann das auf einfache Art und Weise nachahmen, indem er ausschließlich auf den schwarzen Tasten fantasiert, die ja auch eine Fünftonreihe darstellen. Diese Harmonien klingen immer »irgendwie schön«, besonders wenn man sie leise, langsam und mit viel Pedal spielt. Schon Chopin hat diese Wirkung, alles andere als langsam allerdings, in seiner *Etüde für die schwarzen Tasten* ausprobiert, die trotz ihres atemberaubenden Effektes übrigens recht einfach zu spielen ist, jedenfalls im Vergleich zu vielen seiner anderen Werke.

Wenn wir den nächsten Ganzton nach dem *c* nehmen, das *d*, und versuchen, eine Tonleiter zu spielen, die so klingt wie C-Dur, stellen wir fest, dass wir zwei schwarze Tasten anschlagen müssen, das *fis* und das *cis*, um die Halbtonschritte auf die entsprechend richtigen Stufen zu legen. Die Frage, wo die Dur-Tonart mit nur einer schwarzen Taste liegt, bringt uns zum Quintenzirkel: Vom *c* beginnend, findet man die nächsthöhere Tonart immer eine Quinte entfernt. Diesen Weg kann man nach oben und unten gehen: Nach oben kommt man zur G-Dur-Tonleiter mit einem Kreuz (also einer schwarzen Taste, dem *fis*) und nach unten zur F-Dur-Tonleiter mit einem b (ebenfalls einer schwarzen Taste, dem *b*). Jede Quinte höher oder tiefer führt zur jeweils nächsten Tonart mit einem Versetzungszeichen mehr. Bei Fis-Dur mit sechs Kreuzen treffen die Kreuz-Tonarten mit den B-Tonarten (Ges-Dur mit sechs b) zusammen, weswegen man die Tonarten in der Regel auf einen Kreis zeichnet – eben den Quintenzirkel. Man kann ab dieser Stelle zwar die Zahl der Kreuze weiter erhöhen, nach Fis-Dur würde dann Cis-Dur folgen, in dem aus Gründen der Harmonielehre auch geschrieben wurde, aber danach spätestens würde es sehr unübersichtlich – man müsste mit Doppelkreuzen arbeiten. Schon Cis-Dur mit sieben Kreuzen kann man einfacher als Des-Dur mit fünf b schreiben. Ab dem (theoretisch möglichen) Gis-Dur mit acht Kreuzen wird das aber endgültig Unfug: Das gleichklingende As-Dur mit vier b ist viel leichter zu lesen. Bei den Moll-Tonarten verhält es sich ähnlich, auch diese lassen sich in einem Moll-Quintenzirkel darstellen. Dies lässt uns an die reine Quintenstimmung des Pythagoras denken, außer dass es heute unsaubere Quinten sind, denn sonst würden Fis-Dur und Ges-Dur eben nicht gleich klingen. Tatsächlich gibt es auch eine Quintenspirale, die auf der pythagoreischen, reinen Stimmung aufbaut; in dieser sind Fis-Dur und Ges-Dur zwei verschiedene Tonarten. Solo-Streicher mit einem über alle Maßen feinen Gehör und filigraner Grifftechnik können das, wie angedeutet, auch wirklich darstellen; praktisch spielt es aber keine Rolle.

Zusammengefasst kann man sagen: Die Musik in heutiger Stimmung klingt deswegen so gut – nämlich »gleichschwebend«, wobei die Feststellung des »Gutklingens« auch für die frühere wohltemperierte Stimmung gelten würde –, weil sie letztlich ein Kompromiss aus unterschiedlichen physikalischen und praktischen Erwägungen ist, von denen jede für sich richtig ist und die sich dennoch widersprechen. Provokant ausgedrückt ist die Musik schön, weil die Instrumente unsauber gestimmt sind. Eigentlich betrügen wir also unser Gehör und damit unser Gehirn. Allerdings ist ihm das egal: denn obwohl wir an einem einzigen »Hallo« am Telefon Hunderte von Stimmen unterscheiden können, hören wir in einem bestimmten Sinne nämlich ziemlich schlecht.

Kinder lernen, dass eine Wiese grün und die Milch weiß ist. Wer sich für Malerei interessiert, wird allein für die Farbe Blau ein paar Dutzend definierter Schattierungen benennen können: Stahlblau, Azurblau, Lichtblau, Marineblau, Tintenblau, Preußisch Blau, Mittelblau, Pariser Blau sind nur einige davon. Wir sagen »definiert«, weil durch Mischung mit anderen Farben im Prinzip eine unendlich große Zahl von physikalisch-chemisch, nicht aber sprachlich definierten Farben hergestellt werden kann; auch Klänge gibt es theoretisch in unendlicher Zahl, was physikalisch einleuchtend ist und praktisch durch ein *Glissando* auf einer Geigensaite überprüft werden kann. Wichtig festzuhalten ist hier, dass Maler und Betrachter die Farbtöne in großer Zahl benennen, in jedem Fall aber auseinanderhalten können – im einfachsten Fall dadurch, dass man sagt, dieses Blau sei »dunkler« als jenes. Man schätzt, dass der Mensch etwa sieben Millionen solcher Nuancen unterscheiden kann.

Ähnlich begreifen Kinder schnell, dass ein ›m‹ ein ›m‹ und ein ›g‹ ein ›g‹ ist. Das scheint sogar noch einfacher zu sein, denn in den mit lateinischen Buchstaben geschriebenen Schriften hat kaum ein Alphabet mehr als 30 Buchstaben, und da sind diejenigen mit diakritischen Zeichen sogar schon separat gezählt. Wenn man sich allerdings vor Augen führt, dass japanische Kinder mit fünf Jahren bereits 100 Silben schreiben können, nämlich die zwei Silbenalphabete Hiragana und Katakana, und im Laufe der Schulzeit mehrere Tausend aus dem Chinesischen übernommene komplexe Schriftzeichen aus z.T. über 30 Einzelstrichen lernen, wird deutlich, zu welchen Leistungen das Gehirn fähig ist. Oder reden wir von Gerüchen: Der Mensch verfügt über 350 Geruchsrezeptoren, mit denen er bei entsprechendem Training mindestens 10 000 Düfte unterscheiden kann – noch um Potenzen höhere Zahlen wurden auch schon in den Raum gestellt. Doch selbst ein Stadtmensch wird vom Rosenduft über das Zitrusaroma bis zum Geruch von Ingwer 40 bis 50 verschiedene Gerüche nicht nur unterscheiden, sondern auch benennen können, Landmenschen noch viel mehr, und wer ein dreiwöchiges Praktikum bei einem Parfümeur absolvieren könnte, würde sicher mehrere Tausend Gerüche erkennen und unterscheiden lernen. Lediglich unsere gustatorischen Kompetenzen sind eingeschränkt: Streng genommen können wir nämlich nur fünf (manche sagen sechs) Geschmacksrichtungen unterscheiden: süß, sauer, salzig, bitter und umami. Dass es uns dennoch gelingt, eine so große Zahl an Stoffen zu schmecken, liegt daran, dass wir fast immer »Geruch« meinen, wenn wir »Geschmack« sagen. Wir glauben, Lebensmittel zu schmecken (was, begrenzt auf die genannten Geschmacksrichtungen, auch richtig ist), die wahrgenommene Fülle geht jedoch eigentlich auf olfaktorische Reize zurück. Zusammengefasst bleibt dennoch die Erkenntnis, dass es den meisten unserer Sinne – die Haptik haben wir noch gar nicht erwähnt – an Erinnerungsfähigkeit nicht mangelt.

Ganz anders ausgerechnet bei der Musik, die uns doch anscheinend ein von Natur aus mitgegebenes Grundbedürfnis ist. Vereinfachend kann man sagen, dass die 88 Tasten/Klänge eines normalen Klaviers das vollständige Klangspektrum der Musik abdecken: Sein tiefster Ton ist tiefer als der tiefste Ton des Kontrabasses und des Kontrafagotts und sein höchster Ton höher als der höchste Ton der Piccoloflöte. Wie gezeigt, kann man diese 88 aber auf nur 12 »reduzieren« – die *Glissandi* auf der Geige und die »hertz-genau« einstellbaren elektronischen Töne können wir getrost vergessen. In der Schule schon lernt man, wie die Töne heißen. Aber wer ein *a* oder ein *es* oder was auch immer hört, wird nur in sehr seltenen Fällen (in Europa etwa einer von 10 000, später werden wir kurz über die in dieser Hinsicht bemerkenswerten Chinesen sprechen) diesen Ton erkennen und benennen können, auch wenn er ihn vorher viele Male gehört hat und ihm gesagt wurde, dass es ein *a* oder ein *es* ist. Sogar mit einem Bezugspunkt unmittelbar vor einem solchen Hörtest ist die Aufgabe für die meisten nicht lösbar. Manche Musiklehrer am Konservatorium lassen noch heute die Stunde mit einem kleinen Spiel, dem »Töneraten«, beginnen. Man muss sich mit dem Rücken zum Klavier setzen, der Lehrer schlägt eine Taste an und sagt, welche es war. Dann geht es in kleinen oder etwas größeren Stufen auf- und abwärts, und der Schüler soll den Ton »raten«. Tatsächlich ist »raten« hier das richtige Wort, denn viele sind nicht in der Lage, außerhalb der unmittelbar benachbarten die Töne richtig zu benennen. Nicht selten werden nicht einmal Oktaven erkannt, und in manchen Fällen können die Schüler nicht einmal sagen, ob ein Ton höher oder niedriger war als der vorangegangene – und das sind keinesfalls die schlechtesten Spieler! (Das wäre das Analogon zu der einfachen Ausdrucksweise, ein Blau sei dunkler als ein anderes, wenn man die Bezeichnung nicht kennt.) Umso erstaunlicher erscheinen da (obwohl es angesichts der Leistungen des Gehirns bei Farben, Formen [Buchstaben] und Gerüchen eigentlich selbstverständlich sein müsste, Töne sogar ohne Bezugspunkt zu erkennen) jene 0,01 % der Menschen, die über das sogenannte absolute Gehör verfügen; selbst ausführende Musiker haben es lediglich zu 10 %; nur bei Komponisten kommt es sehr häufig, aber keinesfalls immer vor, womit sie den »Profis« unter den Malern immer noch weit unterlegen sind, denn diese kennen *alle* den Unterschied zwischen Kobaltblau und Cyanblau. Bach, Händel, Mozart, Haydn, Beethoven und Chopin hatten angeblich das absolute Gehör, von Wagner, Schumann und Ravel wird ausdrücklich berichtet, dass sie es nicht besaßen. Absoluthörer können sagen, dass das Signalhorn einer Eisenbahn ein *h* ist, oder ertragen nur mit Mühe eine falsch gestimmte Geige, von der jeder andere im Saal denkt, sie sei perfekt gestimmt. Die außergewöhnliche Gabe des absoluten Gehörs hat also durchaus nicht nur positive Aspekte.

Obwohl jeder von uns mit dem Planum temporale des linken Schläfenlappens über das anatomisch-neurologische Korrelat für das absolute Hören verfügt – bezogen auf den prinzipiell gleichen Bauplan der beiden Hirnhälften übrigens die asymmetrischste Struktur des Gehirns überhaupt –, scheinen wir somit nur äußerst unzureichend darauf vorbereitet zu sein, uns an Töne zu erinnern; denn um nichts anderes handelt es sich ja beim »Er-kennen«. Zwar deutet die Tatsache, dass Blinde, auch erst im Laufe des Lebens Erblindete, sehr häufig über das absolute Gehör verfügen, und die schon erwähnte hohe Quote bei Chinesen darauf hin, dass das Planum temporale grundsätzlich durch Training stimuliert werden kann. In der Tat ist es bei Menschen mit absolutem Gehör größer als bei Nicht-Absoluthörern. Ob es aber angeboren vergrößert ist – auch eine Vererbbarkeit des absoluten Gehörs wird diskutiert – und das Training dann sozusagen auf fruchtbaren Boden fällt oder ob es ausschließlich durch Lernen aktiviert wird, ist unklar – und wenn letzteres so wäre, bliebe trotzdem noch das Rätsel, warum auch unter Berufsmusikern die Absoluthörer deutlich in der Minderheit sind.

Wie aber kommt es dann, dass wir Musikstücke wiedererkennen, ja manche Menschen sie nach nur einem einzigen Takt zweifelsfrei identifizieren können? Die Antwort ist denkbar einfach: Es ist vollkommen gleichgültig, ob wir einen einzelnen Ton erkennen. Unser Gehirn ist nämlich hervorragend in der Lage, Intervalle zu unterscheiden, auch wenn es sie nicht benennen kann. Schon bei kleinen Kindern ist dieses Vermögen nachzuweisen. In Kinderliederbüchern finden sich häufig die Noten von tradierten Volksweisen ohne nachweisbaren Komponisten. In der Regel werden sie in einfach zu lesenden Tonarten aufgeschrieben, »Alle Vögel sind schon da« zum Beispiel in C-Dur. Ob dies tatsächlich die »Originaltonart« ist, sei dahingestellt. Aber wenn die Kinder das Lied singen, ist ihnen das ohnehin völlig egal: Sie singen in der Lage, wie es für ihre Stimmen gut passt, und das können D-Dur, G-Dur oder jede andere Dur-Tonart sein: Das Lied ist immer eindeutig zu erkennen. Nun mag jemand einwenden, dass das Stück allein schon am Rhythmus zu identifizieren ist, und sich an Kinderspiele erinnern, bei denen man mit der flachen Hand einen Rhythmus auf den Oberschenkel klopfte und die anderen die Weise erraten sollten. Tatsächlich reagiert das Gehirn sehr stark auf Rhythmus, und »Alle Vögel sind schon da« ist schnell erkennbar. Man kann es sogar geradezu als ein Zeichen genialer Schöpfung betrachten, wenn es einem Komponisten gelingt, mit einem sehr kurzen, aber rhythmisch unverwechselbaren Motiv einen Wiedererkennungswert höchsten Grades zu schaffen. Das Anfangsmotiv aus Beethovens 5. Symphonie (g–g–g–es) ist ein solches Beispiel, das man auch schon »geklopft« erkennt, und in jeder beliebigen Tonart erst recht. – Die mögliche Kritik, das Beispiel »Alle Vögel sind schon da« sei in diesem Sinne zu einfach, kann mit dem schwer deutbaren Klopfen eines rhythmisch gleichförmigen Liedes wie »Der Mond ist aufgegangen« leicht widerlegt werden. Gesungen erkennt man es dagegen sofort, egal in welcher Tonart.

Diese Tatsachen führen zu einer interessanten Überlegung: Wenn die allermeisten Menschen ohnehin kein absolutes Gehör haben, würden dann nicht seit der Einführung der temperierten Stimmung eine Dur- und eine Moll-Tonart als Grundtonart reichen? Alle Stücke würden ja noch immer moduliert und tonal entwickelt, so dass alle weiteren Tonarten nach wie vor vorkommen würden. Auch die klassischen Tonarten»gesetze« (wie z. B. im Sonatensatz) könnten ohne Weiteres befolgt werden.

Viele Musiktheoretiker und Komponisten schrieben den Tonarten eine atmosphärische Wirkung, gleichsam eine »Aura«, zu – allerdings nicht immer dieselbe, was schon darauf hinweist, dass es allgemeingültige Festlegungen nicht gibt. Der temperierten Stimmung wurde, zunächst jedenfalls, der Vorzug vor der gleichschwebenden Stimmung gegeben, weil man mit ihr die »Charakteristika« der Tonarten erhalten konnte – angeblich: Selbst Absoluthörer können nicht alle Unterschiede zwischen den Intervallen hören. Es stellt sich somit die Frage, ob die (Be-)Deutungen der Tonarten nicht auf der schon zu Bachs Zeiten nicht mehr existenten pythagoreischen reinen Stimmung beruhten und übernommen wurden, obwohl sie keinen Sinn mehr hatten. Der 2016 verstorbene österreichische Dirigent Nikolaus Harnoncourt, der g-moll zeitlebens für eine Todestonart hielt (ein Hinweis, dass das Thema bis in unsere Tage keineswegs ausdiskutiert ist), bot eine weitere Erklärung: Er erkannte zwar auch die Einebnung der Bedeutungsunterschiede der Tonarten, führte sie aber auf die Weiterentwicklung der Instrumente, besonders der Bläser, zurück.

Jedenfalls wurde – und ganz offensichtlich wird – in unvollständiger Aufzählung weiterhin C-Dur als rein bezeichnet, D-Dur als glanzvoll, Es-Dur als feierlich, c-Moll als düster und schicksalsschwanger, F-Dur als idyllisch und h-Moll als dunkel. Allen Tonarten ist mehr oder weniger Charaktervolles zugeschrieben worden, oft allerdings esoterisch verbrämt und verklärt. Allerdings gab es auch Berufene, die solchen Deutungen misstrauten. Schumann bezog sogar äußerst skeptisch Position, als er schlichtweg erklärte, ein Komponist wähle die Tonart, »ohne viel nachzudenken«. Ob die unterschiedlichen Tonarten allein zu unterschiedlichen Sinneswahrnehmungen führen, könnte sich, wenn überhaupt, nur an Versuchsreihen beweisen lassen, die es aufgrund ihrer Komplexität bis heute nicht gibt: So müsste man Beethovens c-Moll-Symphonie ja vor Probanden in mehreren »falschen« Tonarten spielen, um herauszufinden, ob sie dann weniger elegisch klingt und ihnen unbekannte Stücke in verschiedenen Tonarten vorspielen, die sie »charakterisieren« müssten. Es sei daher bezweifelt, dass die Versuchspersonen bei einem Stück in F-Dur mehrheitlich behaupten würden, es sei ländlich oder lieblich, ganz abgesehen davon, dass der Charakter eines Musikstückes doch wohl viel mehr und vor allem auch wahrnehmbar vom Tempo, vom Rhythmus und von der Orchestrierung abhängt. Man denke nur an die »strahlenden« Posaunen, die »klagenden« Oboen oder die »warmen« Celli. Alles in allem sind hier derart viele Variablen zu berücksichtigen, dass eine Fokussierung auf die Tonart allein gar nicht möglich erscheint. Auch lässt sich z. B. im Hinblick auf Beethoven, der eine ganz und gar auffallende Zahl von Werken in den beiden Tonarten mit den drei b (Es-Dur und c-Moll) geschrieben hat – von 32 Klaviersonaten stehen vier in Es-Dur und drei in c-Moll, von den fünf Klavierkonzerten und den neun Symphonien stehen jeweils eine(s) in Es-Dur und c-Moll –, die Hypothese aufstellen, dass manches Stück auch deswegen in einer bestimmten Tonart steht, weil der Komponist sich an sie »gewöhnt« hatte oder weil seine Hände beim Komponieren wie von selbst auf diese Tonart fielen.

Mögen die Terzen in Fis-Dur angeblich noch so »scharf« oder die Quinten der B-Tonarten noch so »weich« klingen, in der gleichschwebenden Stimmung dürfte eigentlich selbst jemand mit absolutem Gehör davon nichts mitbekommen. Je nach Lautstärke und Tonhöhe können solche Menschen noch Töne auseinanderhalten, die sich nur um den zehnten Teil eines Halbtons unterscheiden, doch bei der überwältigenden Mehrheit aller Menschen, die dieses Vermögen nicht besitzen, darf die Frage, ob das Gehirn doch in irgendeiner Weise spezifisch auf die Tonarten reagiert, wie z. B. die Chakra-Meditation uns glauben machen möchte, mit hoher Wahrscheinlichkeit verneint werden. Selbst ausgebildete Musiker können tiefe und leise Töne nicht einmal auseinanderhalten, wenn sie einen Halbton auseinanderliegen, und auch, wenn die Wahrnehmbarkeit der Tonhöhenunterschiede bei höheren und lauteren Tönen besser wird, heißt das immer noch nicht, dass wir sie »er-kennen«. Wäre Isoldes H-Dur-Tod einen Halbton tiefer (vorausgesetzt, die ganze Oper *Tristan und Isolde* stünde durchgängig einen Halbton tiefer und der berühmte H-Dur-Tod/As-Dur-Liebe-Antagonismus wäre ein B-Dur/G-Dur-Antagonismus) wirklich weniger ergreifend, zumal in einer Oper zu den musikalischen ja auch noch textliche, schauspielerische und visuelle Eindrücke kommen? Musikwissenschaftler und Wagner-Liebhaber mögen sich gegen diesen Gedanken sträuben, aber Neurologen werden sagen: fast sicher nicht.

Ganz anders ist der Sachverhalt, wenn das Gehirn Tonarten (und damit Harmonien) aufnimmt, an die es nicht »gewöhnt« ist. Es entspricht dem menschlichen Experimentiergeist, dass die Komponisten schon bald nach der Erfindung der temperierten Stimmung nach Möglichkeiten suchten, die Grenzen der Harmonien zu überwinden. Schon bei Beethoven lassen sich Ansätze finden, das damals noch recht eng sitzende harmonische Korsett der Dur- und Moll-Tonarten zu lockern. Franz Liszt und Richard Wagner, die sich grundsätzlich auch noch in den Bahnen der reinen Harmonielehre bewegten, gingen mit ihren Experimenten schon weiter. So lassen sich bei Liszt immer wieder die sogenannten Zigeunertonarten nachweisen, auch schrieb er eine *Bagatelle ohne Tonart*, die allerdings nur deswegen so heißt, weil er auf das Notieren der Tonartenvorzeichen verzichtete und das Stück trotzdem weder in a-Moll noch in C-Dur steht (d.h. die Versetzungszeichen sind jeweils vor den betreffenden Noten notiert). Wagner schrieb mit dem »Tristanakkord« Musikgeschichte, weil mit f–h–dis–gis zum ersten Mal eine Harmonie erscheint, die keiner Tonart zuzuweisen ist und keine Auflösung nach westlichem Musikverständnis kennt. Ganze Bücher sind über die Deutung dieses seltsamen Akkordes geschrieben worden, der den Grundstein für das legte, was Arnold Schönberg später als »Emanzipation der Dissonanz« bezeichnete. Wenn man allerdings lediglich den Klang zugrunde legt, ohne auf die hochkomplizierten harmonischen Analysen einzugehen, hat Beethoven den Tristanakkord entdeckt: In seiner Klaviersonate op. 31 Nr. 3 taucht er, enharmonisch verwechselt als f–ces–es–as aufgeschrieben, schon Jahrzehnte vor Wagner auf. Kein Wunder, dass in der Musikwissenschaft Beethoven, Wagner und Schönberg als die für die tonale und harmonische Entwicklung der Musik wichtigsten Komponisten überhaupt angesehen werden, auch wenn letzterer sich wohl auf einem Irrweg befand: Das Gehirn wehrt sich gegen die atonalen, dissonanten Stücke der Zwölftonmusik, da mag sie noch so sehr die Musiktheorie wie auch die kompositorische Praxis im 20. Jahrhundert beeinflusst haben. Sie beruht auf dem an sich simplen Prinzip, dass alle zwölf Halbtöne gleichberechtigt sind und alle in einer Serie, wenn auch in immer wieder neuer Abfolge, verwendet werden müssen, ehe derselbe Ton wieder erscheinen darf. Es gibt keine Tonart, keine Grundtöne und keine Leittöne mehr. Diese Musik hat sich jedoch kaum durchsetzen können: Auch wenn Musikwissenschaftler betonen, welch bedeutenden Beitrag Schönberg für die Entwicklung der Musik geleistet hat, bleibt das Publikum der Neuen Musik bis heute weitgehend fern. Neue Musik bedeutet häufig nicht ausverkaufte Konzerte und Abonnenten, die trotz bezahlter Karte lieber zu Hause bleiben. »Keine eingängigen Melodien«, »keine schönen Harmonien« und ähnlich lauten die Begründungen. Das gilt auch für Karlheinz Stockhausen und alle anderen Komponisten, die sich von der klassischen Harmonielehre abgewandt haben. Konsequenzen aus betriebswirtschaftlichen Erwägungen heraus zog im Juli 2011 die Stadt Dortmund, als sie den Vertrag mit ihrem Generalmusikdirektor nicht verlängerte, dessen fortgesetztes Bemühen um die zeitgenössische Musik zu dramatisch sinkenden Auslastungen der Konzerte geführt hatte. Das Feuilleton der *F.A.Z.* widmete dem Phänomen am 7. Juli 2015 unter dem Titel »Wohin hoppelt denn das Publikum?« einen längeren Artikel mit leicht ironischem Unterton. Die Anwälte der modernen Musik würden dem Publikum in kulturpessimistischer Art und Weise gern mangelnde Bildung unterstellen, heißt es dort, und: »Aber zum Freiheitsgewinn des Hörers gehört der Geltungsverlust der Musik, zu dem auch gehört, dass die Neue Musik kaum noch Diskussionen auslöst über den engsten Kreis der Lieben hinaus.«

Tatsächlich dürfte die Berühmtheit Arnold Schönbergs, Alban Bergs und Anton Weberns mindestens so viel den zeitgeschichtlichen, gesellschaftlichen und politischen Besonderheiten geschuldet sein wie ihrer Musik.. So emigrierte der österreichische Jude Schönberg in die USA und war in Kalifornien Teil eines hochkarätigen Zirkels von Auswanderern, zu dem auch Thomas Mann gehörte, der die Zwölftonmusik in seinem Roman *Doktor Faustus* verarbeitete. Auch Viktor Ullmann ist, bei allem Respekt, eher bekannt für seine tragische Lebensgeschichte, die mit seiner Ermordung in Auschwitz endete, als für seine Musik. Solche Umstände entfallen heutzutage: Die Komponisten stehen mit ihrer Musik sozusagen nackt da, ihre Lebenswege sind normal und interessieren nicht – und damit auch nicht ihre Musik, von kleinen, verschworenen Gruppen abgesehen. Der Fernsehsender ARTE zog seine ganz eigenen Folgerungen: Als er die Aufzeichnung des Eröffnungskonzertes der Hamburger Elbphilharmonie im Januar 2017 ausstrahlte, wurde das einzige Stück des 21. Jahrhunderts, ein von Wolfgang Rihm eigens für diesen Anlass komponiertes Werk, schlichtweg herausgeschnitten.

Zur ganzen Wahrheit gehört allerdings auch der Verweis darauf, dass einige Orchester tapfer weiter auf Neue Musik setzen und es offenbar doch schaffen, ihr Publikum zu finden; erwähnt sei die Amsterdamer *ZaterdagMatinee* oder das SWR Symphonieorchester mit der Reihe *JetztMusik*. Offenbar haben diese Reihen eine Art von Kultstatus erreicht, der die Zuhörer anzieht, unabhängig davon, ob sie die Musik mögen oder nicht. Möglicherweise gibt es doch eine Art »Bildungsauftrag«, der bislang unzureichend definiert und erst recht nicht erfüllt worden ist. Interessant ist nämlich die Beobachtung, dass bis zu Beginn des 20. Jahrhunderts »neue« Musik rasch in den Kanon aufgenommen wurde; der nach Ansicht vieler letzte, auf den das mit Abstrichen zutrifft, war demnach Gustav Mahler, dessen tonale Sprache wie später noch als Ausnahme, die die Regel bestätigt: Richard Strauss, gerade eben noch den Erwartungen des Publikums entsprach. Danach wurde aber nicht nur die Tonalität zerstört, sondern es gab grundsätzlich keine verbindlichen Stilkategorien mehr – jeder Komponist entwickelte seinen eigenen Stil und das dann auch noch mit bald jedem Stück jeweils neu. Dies ging einher mit einer immer komplizierter werdenden Welt, und das Tempo der Komplexität nimmt weiterhin dramatisch zu. Der Mensch überfordert sich selbst. Wer sich heute im Privat- oder Berufsleben mit (technischen) Neuerungen fast im Wochenrhythmus auseinandersetzen muss, sehnt sich nach Sicherheit und Vertrautem – nicht nur, aber auch abends im Konzert. – Dies könnte man im Grunde als ein Nein zur Genieästhetik verstehen, falls das Publikum den Vertretern der Neuen Musik Genie überhaupt zugesteht.

Kehren wir allerdings zum Thema »Musik und Gehirn« zurück, sagt uns die Hirnforschung abseits solcher eher weicher sozialpsychologischer Betrachtungen zum Thema Ablehnung der Zwölftonmusik und der Neuen Musik im Allgemeinen noch viel Wesentlicheres. Grundsätzlich gewöhnt sich das Gehirn an alle Laute, am besten aber natürlich an solche, die in der täglichen Umgebung vorherrschen. Aus diesem Grund lernt jeder Mensch die Sprache, mit der er aufwächst, auch wenn er in einem anderen Land geboren wurde. Jeder weiß, dass kleine Kinder aus Afrika oder Asien, die von deutschen Eltern adoptiert werden, die deutsche Sprache altersgemäß und akzentfrei lernen. Ähnlich lernen diese Kinder, die in ihrem ursprünglichen Heimatland vielleicht zu musikalischen Klängen von für uns exotischer Natur aufgewachsen wären, westliche Musik zu mögen.

Bei den »exotischen Klängen« gibt es allerdings eine Einschränkung: Überall auf der Welt werden Babys zu sanften, melodischen Weisen in den Schlaf gesungen. Es scheint geradezu eine Grundeinstellung des unausgereiften Gehirns zu sein, auf solche Lieder positiv zu reagieren. Die Kinder bekommen von den Müttern instinktiv die konsonanten Harmonien, die sie unausgesprochen fordern, und werden in einem sich selbst verstärkenden Kreislauf weiter daran gewöhnt. Außerdem ermöglichen die gerade bei Kinderliedern in kurzem Abstand auftretenden Wiederholungen den Babys, die Musik wiederzuerkennen, was das Gehirn als Erfolgserlebnis verbucht. Die scheinbar melodielose Zwölftonmusik, bei der insbesondere für Kinder nichts wiederzuerkennen ist, versagt dieses Erlebnis. Außerdem erschwert die chaotisch wirkende Musik Vorhersagen über die nächsten Tonfolgen. Während Bach auch bei einem uns unbekannten Stück schon beim ersten Hören unsere Prognosefähigkeit bestätigt und uns allein dadurch Befriedigung verschafft, verwehrt uns die Zwölftonmusik auch dieses Erfolgserlebnis, wie am Leipziger Max-Planck-Institut für Kognitions- und Neurowissenschaften anhand von Hirnströmen nachgewiesen wurde. Andererseits fasziniert Musik gerade deswegen immer wieder auf manchmal spektakuläre Art – wenn sie unsere Erwartungen mit Überraschungen harmonischer oder rhythmischer Natur verletzt. Eine Musik jedoch, die *nur* aus solchen Verletzungen besteht, wird vom Gehirn nicht akzeptiert – es sei denn natürlich, dass ein Neugeborenes von der Mutter über einen längeren Zeitraum hinweg atonale Musik statt Wiegenlieder zu hören bekäme, denn damit würden Wiedererkennbarkeit und dann schließlich doch die Prognosesicherheit – denn diese Musik ist ja nicht mutwillig chaotisch – dem Kind sozusagen wie die Sprache mitgegeben. Von solch langfristigen Experimenten ist zwar nichts bekannt; wurden Babys jedoch kurzzeitig dissonanter Musik ausgesetzt, zeigten sie deutliche Anzeichen von Unbehagen. Noch an mehreren anderen Stellen dieses Buches wird offensichtlich, dass die Zwölf- und Neutöner die Wünsche und Bedürfnisse des Gehirns nicht bedienen und aus diesem Grunde der Siegeszug, den Schönberg prophezeit hatte, nicht stattfand. Er war tatsächlich der Meinung gewesen, dass man eines Tages seine »Melodien kennen und nachpfeifen« werde.

Über im positiven Sinne verletzte Erwartungen wird noch zu sprechen sein; sogar eine »falsche« Tonart kann verblüffende Effekte auslösen. So verzaubert die japanische Nationalhymne *Kimigayo* vom ersten Takt an, obwohl sie ungewöhnlich schlicht ist. Schaut man sich die Noten an, stellt man fest, dass man sie ohne ein einziges Versetzungszeichen allein auf den weißen Tasten spielen kann. Dennoch klingt es nicht wie C-Dur oder a-Moll, und gerade das macht ihre Magie aus. Sie steht – nach unserer westlichen Notation – in der dorischen Kirchentonart, der Leiter auf *d* ohne schwarze Tasten – eine »Nichtbeachtung« von erlernten und tradierten Konventionen, die einen Effekt von anrührender Melancholie erzeugt. Auch viele Kirchenlieder stehen in dieser und noch anderen Nicht-Dur-nicht-Moll-Tonarten, was neben dem Ort des Singens und der Tatsache des gemeinsamen Singens zu ihrer besonderen Aura beiträgt.

Wäre noch die Frage der Stimmungen verschiedener Orchester im Zusammenhang damit zu klären, ob hohe oder tiefe Stimmungen Auswirkungen auf die Wahrnehmung der Musik im Gehirn haben. Wir erinnern uns an die Anfänge der Notenschrift: Solange der Kammerton *a* oder ein anderer absoluter Referenzpunkt nicht festgelegt und allgemein anerkannt war, konnten die Noten die Tonhöhe nur relativ wiedergeben. Von der hohen italienischen und der tiefen französischen Stimmung war ebenfalls schon die Rede. Es gibt keinen physikalischen Grund, warum das *a* mit 440 Hertz schwingen soll – das ist von Menschen so festgesetzt worden, die sich darüber dann über Jahrhunderte gestritten haben. Auch wenn es zu diesem Thema Physikertagungen und, man staunt, internationale Stimmtonkonferenzen gegeben hat, die erste 1885 in Wien, Politiker mehrerer Länder in ihren Parlamenten darüber debattiert haben, Staatsdekrete zum Kammerton *a* veröffentlicht wurden und in neuerer Zeit sich sogar der Europarat damit beschäftigt hat: die 440 Hertz sind kein Gesetz. Immer wieder hört man, dass amerikanische Orchester höher stimmen, um einen helleren und brillanteren Klang zu erzeugen; in Europa wird den Berliner Philharmonikern eine besonders hohe Stimmung nachgesagt, aber auch die niedrigsten sollen bei mindestens 442 Hertz liegen.

Interessanterweise ist die Tendenz zum Höherstimmen, auch zu einem deutlich drastischeren, sehr alt, und vermutlich hat es auch deswegen so viele Versuche gegeben, zu einer internationalen Vereinbarung zu gelangen. Das Höherstimmen könnte unter anderem auf die Erwartungen des Publikums zurückgehen, von Opernsängerinnen immer höhere Töne zu hören. Richard Strauss meinte einmal: »Die hohe Stimmung unserer Orchester wird immer unerträglicher. Es ist doch unmöglich, dass eine arme Sängerin A-Dur-Koloraturen, die ich Esel schon an der äußersten Höhengrenze geschrieben habe, in H-Dur herausquetschen soll.« Keine Rede davon, dass H-Dur ja angeblich auch eine ganz andere Aura als A-Dur hat – offenbar stand die körperliche Höchstleistung der Sängerinnen im Vordergrund. Noch im Jahre 2011 sagte der Wagnerspezialist

René Pape in einem Interview: »Auch dadurch [die immer höhere Stimmung der Orchester] wird es für einen basso cantante immer schwieriger, diese Partien zu bewältigen. [...] Ich möchte nur jedem Orchester, Dirigenten [...] empfehlen, diesen für uns Sänger wirklich wichtigen Punkt nicht außer Acht zu lassen.« Nikolaus Harnoncourt äußerte sich noch pointierter: »Jeder, der das heute extrem hohe *a* mit der Begründung verteidigt, es klinge brillanter, weiß überhaupt nicht, wovon er spricht. [...] Ich finde, dass man das *a* alle fünfzig Jahre weltweit wieder auf eine vernünftige Basis hinabsetzen müsste.«

Tatsächlich dürfte die höhere Saitenspannung bei der höheren Stimmung eine sehr leicht hellere Färbung erzeugen. Aber ist das hörbar? Der nächste Halbton über dem *a*, das *b*, liegt bei 475 Hertz. Bei einem 442 Hertz-*a* reden wir also über den 17. Teil eines Halbtons, was selbst unter optimalen Bedingungen bei einer Lautstärke von 60 dB sogar für einen jungen, gesunden und ausgebildeten Musiker am alleräußersten Rand dessen liegt (»Just noticeable difference« in der Fachsprache), was er in diesem Frequenzbereich gerade eben noch unterscheiden kann. Für das Publikum ist diese Differenz ebenso wenig wahrnehmbar wie die damit einhergehende Änderung der Färbung, während die arme Sängerin, die in den hohen Lagen ihre Stimmbänder ohnehin bis zum Zerreißen beansprucht, den Unterschied zwar auch nicht hört, aber deutlich spürt. Heller, höher, schärfer – es scheint auch etwas mit Marketing und Sensationslust zu tun zu haben. Wenn im Programmheft steht, das Orchester habe eine besonders hohe Stimmung, werden Leute, die sonst kein *c* von einem *f* unterscheiden können, in der Pause darüber reden, wie »hell« der Brahms doch geklungen habe. Man »hört« eben nur, was man weiß. Auch das hat sehr viel mit der Hirnleistung zu tun, allerdings einer weniger erstrebenswerten: Das Gehirn lässt sich ziemlich einfach manipulieren – das Thema wird uns noch beschäftigen. Dass auch Laien den Klang verschiedener Orchester auseinanderhalten können, wird damit nicht bestritten; aber eher durch Tempo, Phrasierungen, die Gewichtung von Holz- und Blechbläsern oder Dynamik. Hier unterscheiden sich die Dirigenten, auf diesem Feld positionieren sie sich im Wettbewerb. Wenn zwei Dirigenten hintereinander dasselbe Orchester mit demselben Satz einer Symphonie leiten, hört jeder den Unterschied. Wenn aber derselbe Dirigent mit demselben Orchester den Satz zweimal spielt und beim zweiten Mal 2 Hertz höher stimmen lässt, hört das niemand, es sei denn, jemand würde dem Publikum vor dem zweiten Mal sagen: »Und nun achten Sie auf die Helligkeit!« Nein – das Transzendentale der Musik steckt ganz bestimmt nicht in diesen 2 Hertz, ganz abgesehen davon, dass insbesondere die Streicher das Höherstimmen ebenso hassen wie die Sänger: die enormen Zugkräfte der Saiten tun ihren oft wertvollen Instrumenten nämlich gar nicht gut.

Musikalität – Von unbekümmert-talentfrei bis mystisch-genialisch

Da schon ›Musik‹ nicht in allgemein akzeptierter Weise definiert werden kann, wundert es nicht, dass auch ›Musikalität‹ ein schwieriger Begriff ist. Ein Minimalkonsens könnte sein, sie als erlernbare Fähigkeit des Menschen zu bezeichnen, in musikalischen Strukturen Elemente wie Rhythmus, Melodie und Harmonie zu erkennen. Nach der einflussreichen »Music Learning Theory« von Edwin Gordon wird dieser pädagogische Prozess, der zunächst das Hören in den Vordergrund stellt und später erst das Sehen (wie das Notenlesen oder das Studium theoretischer Grundlagen) als »Audiation« bezeichnet. Doch schon die Frage, ob man die gehörten und dann wiedererkannten Strukturen auch verstehen muss, würde zu profunden musikphilosophischen Diskursen führen, denn ob Musik überhaupt Sinn und Bedeutung hat, wird bis heute kontrovers diskutiert und erinnert daran, dass manche Anthropologen sie als nutzlos bezeichnet haben. Eines der Probleme ist, dass die musikalischen Zeichen, anders als sprachliche, keine semantische Konventionalität, keine Grammatik und keine Syntax besitzen. Zwar gibt es dicke Werke über musikalische Semiotik und Semantik, und immer wieder haben Komponisten versucht, Tonfolgen eine konkrete Bedeutung zu verleihen; im Barock gab es sogar eine regelrechte Affekten- und Figurenlehre – so sollte z. B. der »Mannheimer Seufzer«, eine fallende kleine Sekunde, für seelischen Schmerz stehen. Namen wurden durch Töne dargestellt, sehr oft der sich dazu besonders eignende B–A–C–H. Aber allein die Tatsache, dass die Töne in den romanischen Sprachen nach dem Do-re-mi-System der Solmisationssilben bezeichnet werden (Solmisation ist eine von Guido von Arezzo erfundene Methode zur relativen Tonhöhenbenennung, bei der Töne auf bestimmten Silben gesungen werden), zeigt schon, dass es hier nicht wirklich um allgemein gültige Konventionen geht. Auch die häufige Benutzung der Tonart d-Moll zum Ausdruck einer Gottbezogenheit (lat. *Deus*) bis in die Neuzeit hinein bei Anton Bruckner fällt in diese Kategorie oder umgekehrt die in den germanischen Sprachen nicht ohne weiteres nachvollziehbare italienische Deutung von D-Dur als »königlich« (*d* = ital. *re* = König). Eine Bedeutung jedoch, die sich nicht von selbst erschließt, viel wichtiger aber: gar nicht generell anerkannt wird, ist im Grunde unverstehbar. Während also die Zeichen B–U–C–H für einen Gegenstand stehen, den mit diesen Zeichen zu benennen sich alle einig sind, unterliegen die Noten für einen G-Dur-Dreiklang auf der ersten Stufe zwar insofern auch einer Übereinkunft, als jeder auf dem Klavier dieselben Töne anschlägt; aber für was steht die so erzeugte Harmonie – was bedeutet sie? Sie scheint wie die Zeichenfolge B–U–C–H zu sein, die jemand zwar schreiben, lesen und aussprechen kann, von dem er aber nicht weiß, was sie bezeichnet. Hier erkennt man, dass es viel zu einfach ist, in der Musik eine »Sprache ohne Worte« zu sehen. Musik besteht, anders als Sprache, grundsätzlich nur aus nichtbegrifflichen Gebilden. Natürlich gibt es auch in der Sprache Zeichen für Abstrakta, z. B. F–R–E–U–D–E, doch der Unterschied zur Musik ist der, dass die Menschen über das, was Freude bedeutet, bei allen individuellen Nuancen immer noch eine sehr große Schnittmenge der Definitionen erzielen würden, während dies bei einem G-Dur-Akkord ausgeschlossen erscheint. In der Frühromantik sprach man deswegen von der »unendlichen Auslegbarkeit« der Musik. Was philosophisch klingt und auch ist, hat erhebliche Auswirkungen auf die Art und Weise, wie Gehirnforscher sich mit der Musik beschäftigen (müssen), bestätigt sich doch wieder einmal, dass jeder Mensch eine eigene Idee von ihr hat.

Über die oben vorgeschlagene technische Definition der Musikalität hinaus, die bewusst auch offenlässt, ob man, um musikalisch zu sein, ein Instrument spielen oder (gut) singen können muss, erst recht, ob eine musikschöpferische Begabung dazugehört, wird sich also wenig Konsens finden lassen. Die heftig diskutierte Frage, zu welchem Teil, wenn überhaupt, Begabung und Talent vererbbar sind und zu welchem Teil kundige Anleitung und eigenes Streben, Lernen und Üben die Musikalität befördern, macht die Sache nicht einfacher. Jedenfalls liegt in unserer Definition die Latte für die Musikalität recht niedrig, und sehr viele, ja die meisten Menschen würden wohl meinen, dass sie in diesem Sinne musikalisch sind. Wenn Babys lächeln, während die Mutter ihnen ein Lied vorsingt, kehren wir zurück zu dem Gedanken, dass Musik und Musikalität tatsächlich etwas grundsätzlich in uns Angelegtes sind und das Erlernte und Erlernbare sich eigentlich nur auf den Überbau beziehen kann. Wer lesen und schreiben lernen kann, dem kann man auch zutrauen, die angelegten musikalischen Fähigkeiten zu entwickeln. Nur etwa 3 % aller Menschen sind im medizinischen Sinne amusisch, weil sie nicht über das relative Gehör verfügen und daher überhaupt kein Verständnis für Melodien haben; interessanterweise sollen etwa 4 % der deutschen Schüler Legastheniker sein; die sich aufdrängende Frage, ob es eine gemeinsame Schnittmenge zwischen Amusie und Legasthenie gibt, muss noch untersucht werden. Die Parallele zum Lesen- und Schreibenlernen (oder -nichtlernen) ist noch aus einem anderen Grund verblüffend; denn anders als das Sprechen – bei der Muttersprache ein unbewusst ablaufender Vorgang im Gegensatz zum Erwerb von Fremdsprachen, deren meist drillmäßiges Erlernen vollkommen unphysiologisch ist – lernt man lesen und schreiben in der Regel unter Anleitung. Dabei bilden sich im Gehirn Verknüpfungen, die potentiell in jedem angelegt sind; je mehr wir lesen und schreiben, desto zuverlässiger stehen diese Verknüpfungen; sie sind weitestgehend automatisiert, was wir z. B. dann merken, wenn wir beim schnellen Lesen über ein unbekanntes oder selten benutztes Wort mit schwieriger Buchstabenfolge regelrecht »stolpern«. Bei intensiverer Musikerziehung in den Kindergärten und Schulen würde mit Sicherheit auch die angelegte Musikalität in jedem von uns »geweckt« werden. Andererseits gilt: Wie nicht jeder, der schreiben kann, Schriftsteller wird, würde nicht jeder, der gelernt hat, die Klänge und Harmonien aufzuschreiben, Komponist werden. Mozart, der schon im Alter von fünf Jahren zu komponieren begann, oder Beethoven, der als Elfjähriger Vertreter des Bonner Hoforganisten wurde, wären dann analog zu Goethe und Schiller die Extreme einer Skala, denen dadurch freilich nichts von ihrem Genie genommen würde – ein Begriff, mit dem sich seit dem antiken Griechenland bis zum heutigen Tage Philosophen, Pädagogen, Soziologen, Psychologen und Psychiater auseinandersetzen. Entweder wurde das Genie mit göttlicher Inspiration in Verbindung gebracht oder sogar selbst als göttlich angesehen, oder es wurde als biologisch-psychische Höchstbegabung gedeutet. Nach heutigem Stand reicht ein hoher Intelligenzquotient allein nicht aus, ja umgekehrt scheint sogar ein normaler die Genialität nicht auszuschließen. Zum Geniekult hat immer auch die öffentliche Anerkennung, der Ruhm, gehört, und oft hat sich gezeigt, dass außergewöhnliche Leistungen mit grenzwertiger psychischer Gesundheit einhergingen. Dass Wahnsinn und Genie nicht nur schon in der Renaissance, ganz besonders aber später als romantische Topoi »Hand in Hand« gehen, sondern sogar in der Popmusik besungen werden (Udo Lindenberg), zeigt, dass der schillernde Grenzbereich zwischen überragendem Talent und irrem Kreativsein auch die Allgemeinheit fasziniert. Pathographien mit literarischem Anspruch, auch Autopathographien, die diesen Aspekt ausleuchten, kommen in der Mitte des 19. Jahrhunderts z. B. aus England (Forbes Winslow, *On the Insanity of Men of Genius*, 1849) und Italien (Cesare Lombroso, *Genio e follia*, 1864). Im deutschen Sprachraum ist das erstmals 1928 erschienene und bis heute fortgeführte Werk *Genie, Irrsinn und Ruhm* des Psychiaters Wilhelm Lange-Eichbaum ein Klassiker geworden, zumal er den Geniebegriff als Erster mit soziologischen und soziopsychologischen Ansätzen verknüpfte. In seinem Buch bezeichnet er von den Komponisten lediglich Joseph Haydn und Giuseppe Verdi als »gesunde Genies« und fügt fast enttäuscht hinzu: »Häufig fehlt der Verehrung dieser gesunden Genialen der inbrünstige Gefühlston, leicht auch der Schimmer des Mystischen. […] Ihnen fehlt der pathoide Reiz des Bionegativen, die Unruhe des Blutes und des Geistes [...].« Der Arzt und Dichter Gottfried Benn drückte es noch drastischer aus: »Der größte Teil der Kunst ist das Werk von Psychopathen.« Viele heutige Popstars schmücken sich geradezu mit der Aura des Wahnsinnigen, sei es auf der Bühne, sei es in ihren Musikvideos, auch wenn sich die Frage stellt, ob sie ihr tatsächliches Irresein ausleben oder das Abnormale nur »spielen«, weil sie wissen, dass das Publikum vom Außergewöhnlichen angezogen wird.

Kommen wir noch einmal auf den Zusammenhang zwischen Sprache und Musik zurück. Zwar besang Rilke die Musik als »Sprache, wo Sprachen enden«, aber aus sprachwissenschaftlich-philosophischer und logisch-abstrakter Sicht ist, wie gezeigt, Vorsicht geboten, beide als Geschwister zu sehen. In praktischer Hinsicht ist dies jedoch vollkommen anders, wie die alltägliche Erfahrung der innigen Verbindung zwischen Sprache und Musik nicht nur beim Singen beweist. Im Gehirn liegen die Brodman-Areale für das Hören und das Sprechen nicht weit voneinander entfernt, auch wenn das Sprechen deutlich »einseitiger«, nämlich links, angesiedelt ist. Interessanterweise konnte gezeigt werden, dass bei musikalisch begabten Menschen beim Lösen von Aufgaben, die mit Musik nichts zu tun haben, das Brocasche Sprachzentrum stärker durchblutet ist als bei musikalisch weniger begabten. Vor allem aber wurden die Aufgaben schneller bewältigt.

An dieser Stelle ist es kaum möglich, einem kurzen Diskurs über ein bildungspolitisch extrem kontrovers diskutiertes Thema auszuweichen, das ideologisch mittlerweile so überfrachtet ist, dass die reine Wissenschaft ins Hintertreffen geraten ist. Die große Frage lautet: Macht Musik intelligent? 1993 erregte eine Studie enorme Aufmerksamkeit, die unter dem Stichwort »Mozart-Effekt« auch in der Laienpresse erhebliche Beachtung fand. Je »populärer« die Berichterstattung wurde, desto griffiger und kürzer wurden die Befunde dargestellt, bis sich in vielen Köpfen nur noch festsetzte, dass die Beschallung von Kindern, auch ungeborenen im Mutterleib, mit klassischer

Musik den IQ erhöhe. Wissenschaftler überschlugen sich mit Studien, aus denen durch geschickte Versuchsanordnung und Auswahl der zu messenden Variablen immer das herauskam, was sie wollten – ein bemerkenswertes Kapitel der Wissenschaftsgeschichte zum Thema Manipulation durch methodologische Ansätze. Nach heutigem Stand kann weder ein Einfluss auf die Intelligenz noch eine allgemeine Leistungssteigerung durch Mozart als gesichert gelten, allenfalls kommt es zu kurzfristigen (aber durch erneutes Hören wiederholbaren) Verbesserungen kognitiver Leistungen. Man sollte das Kind aber auch nicht mit dem Bade ausschütten: Durch klassische Musik kann man beim Arbeiten und Lernen durchaus motiviert werden, sich mehr anzustrengen. Wer Mozart hört und bei der nächsten Klausur gut abschneidet, den hat die Musik also nicht unbedingt intelligenter gemacht, sondern er hat einfach mehr gepaukt – allerdings nur, wenn die Musik leise im Hintergrund lief und nicht so viel Aufmerksamkeit beanspruchte, dass darüber das Lernen in den Hintergrund geriet. Übertragen auf den Titel des Buches heißt das: Man soll nicht nur beim Autofahren nicht Wagner hören, sondern generell nicht laute und anspruchsvolle Musik bei Tätigkeiten, die besondere Konzentration erfordern. Um es bezüglich des Autofahrens noch weiter einzuschränken: Selbst leise Musik kann nach einer Studie des Instituts für Arbeit und Gesundheit der Deutschen Gesetzlichen Unfallversicherung die Reaktionszeit autofahrender Probanden bereits um ein Fünftel erhöhen. Gut gemeinte CDs mit Titeln wie »Fahren Sie entspannt« sind also mit Vorsicht zu genießen, und ausgerechnet der ehemalige Verkehrsminister Peter Ramsauer lag mit seiner Einspielung »Adagio fürs Auto« auch ziemlich daneben. Multitasking funktioniert nicht, obwohl es für manchen Personalleiter noch immer eine der gesuchtesten Eigenschaften eines Mitarbeiters überhaupt sein mag.

Dennoch hat musikalische Anleitung im Kindesalter positive Effekte, insbesondere, wenn die Musik in Gruppen vermittelt wird: Betroffene Kinder zeigen zumindest tendenziell eine

Überlegenheit im Hinblick auf soziale Kompetenz und emotionale Intelligenz, weiche Faktoren, die in der modernen Welt immer gefragter sind. Natürlich darf auch dies nicht verallgemeinert und erst recht nicht auf einen einzelnen Faktor reduziert werden, aber, um es einmal unwissenschaftlich auszudrücken: Schaden tut der Musikunterricht den Kindern ganz gewiss nicht, erst recht, wenn man nun einen weiteren »harten« Aspekt betrachtet, der uns wieder zum Thema »Musik und Sprache« zurückbringt: Oft konnte nämlich gezeigt werden, dass musikalisch begabte Kinder, die entsprechend gefördert wurden, deutlich leichter Fremdsprachen lernen. Vereinfacht kann man sagen, dass die Fähigkeit eines Menschen, Sprachen zu erlernen, mit seiner individuellen musikalischen Hörbiografie korreliert: sprachliche Reize werden besser wahrgenommen, und es gibt Hinweise, dass Erfahrung mit Musik das Verständnis für die Syntax, ja sogar die Semantik einer Fremdsprache erleichtert. In beiden Fällen werden neuronale Netzwerke und Schaltkreise durch die Nutzung aktiviert und gestärkt und theoretische Möglichkeiten in praktische Umsetzung verwandelt – bei der »Aktivierung« des absoluten Gehörs oder dem anerziehbaren Verständnis für die Zwölftonmusik ist das schon sehr deutlich geworden. Die Amerikaner bringen es in ihrer unvergleichlich prägnanten Art so auf den Punkt: »Use it or lose it.« Ähnlich ist es beim Spracherwerb: Je jünger die Kinder sind, desto einfacher und nachhaltiger werden die zuständigen Verbindungen hergestellt; wenn sie in einem entsprechenden familiären/gesellschaftlichen Umfeld aufwachsen, können problemlos mehrere Sprachen erlernt werden – wie viele, ist eine faszinierende Frage, die im Gegensatz zum gut erforschten Bilingualismus bei gemischtsprachigen Eltern nicht gut untersucht ist. Sofern solche Möglichkeiten nicht vorgelebt werden, bleiben diese potentiellen Fähigkeiten brachliegen und können im späteren Leben nicht mehr ohne Weiteres geweckt werden: Das Gehirn des Erwachsenen ist nicht mehr in der Lage, die neuronalen Netzwerke so anzulegen wie das des Kindes, auch wenn die Musik sogar noch bei älteren Menschen einen positiven Effekt auf die kognitiven Leistungen hat (wie oben schon gesehen kurzfristig, aber wiederholbar) und bei Menschen, die ihr Leben lang musiziert haben, der Abbau der grauen Substanz im Broca-Areal und anderen Hirnregionen signifikant langsamer erfolgt. Natürlich fordert das Alter trotzdem seinen Tribut, und etwas ganz Entscheidendes kommt beim Spracherwerb noch hinzu: das Hörvermögen. Dieses nimmt schon ab einem Alter von etwa 40 Jahren deutlich ab, und zwar nicht nur im Tonumfang, der bei einem gesunden Neugeborenen zwischen 20 und 20 000 Hertz liegt, sondern auch in der Fähigkeit, zwischen den Tönen Frequenzunterschiede wahrzunehmen – dies auch ein kleiner Nachtrag zum Thema »Höherstimmen« der Orchester, sieht man in der Philharmonie doch im Schnitt ein eher älteres Publikum. Deswegen haben Erwachsene selbst bei perfekter Beherrschung der Grammatik mit zunehmendem Alter immer größere Schwierigkeiten, Fremdsprachen akzentfrei zu erlernen – sie hören schlicht und einfach nicht, wie der Muttersprachler spricht. Bei der falschen Aussprache des englischen ›th‹, des spanischen Zungen-R oder des gehauchten ›h‹ des Französischen hat dies keine Auswirkungen semantischer Natur, aber bei den tonalen Sprachen, bei denen mit einer Änderung der Tonhöhe auch eine Bedeutungsänderung einhergeht, wird das »Nicht-mehr-hören-können« zum Problem; Thailändisch und Vietnamesisch gehören zu diesen Sprachen, die für Erwachsene praktisch nicht mehr (perfekt) erlernbar sind, weil sie die Feinheiten nicht hören. (Eine in diesem Zusammenhang recht neue [2015] und äußerst interessante These sei aus Platzgründen stark verkürzt wiedergegeben: Wissenschaftlern fiel auf, dass solche Sprachen ausschließlich dort auf der Welt vorkommen, wo eine hohe Luftfeuchtigkeit herrscht. Diese mache die Stimmbänder elastischer, wodurch die Töne besser getroffen werden. Was das für Studenten bedeuten würde, die diese Sprachen in gemäßigteren Klimazonen erlernen, sei dahingestellt. Sollte aber zum Nicht-hören-können auch das Nicht-sprechen-können hinzukommen, wäre das schon frustrierend.)

Die bedeutendste dieser Sprachen ist die chinesische, welche, selbst wenn man nur die Haupt- und Amtssprache Mandarin – gleichzusetzen mit dem Hochchinesischen – berücksichtigt, mit fast 900 Millionen Nutzern die mit weitem Abstand vor dem Englischen am häufigsten gesprochene Erstsprache der Welt ist. Jedes chinesische Kind lernt Mandarin oder eine der anderen sieben chinesischen Hauptsprachen »wie von selbst« und trainiert ganz nebenbei noch das absolute Gehör, das – die Angaben variieren – 30 bis 50 % der Chinesen besitzen. Kinder von Ausländern, die in China leben, sind ebenfalls signifikant häufiger Absoluthörer als ihre Altersgenossen, die im Heimatland aufwachsen. Aber für Erwachsene ist ausgerechnet die meistgesprochene Sprache der Welt, die Sprache des Landes, das angeblich dabei ist, den USA ihre Stellung als einzige Supermacht streitig zu machen, ein nahezu unüberwindbares Hindernis – vom Lesen und Schreiben mal ganz abgesehen. Diese Tatsache wird mit darüber entscheiden, ob China jemals den Platz der USA wird einnehmen können, denn Amerika hat sich zu einem ganz bedeutenden Teil auch durch seine einfach zu erlernende Sprache und die dadurch transportierte Kultur, nicht zuletzt auch in Form von Musik, zu dem entwickelt, was es heute ist. Eine ähnliche Stellung könnte China wohl nur erlangen, wenn weltweit spätestens ab dem Beginn der Grundschule Chinesisch als erste Fremdsprache gelehrt würde – mit erheblichem Zeitaufwand allein schon für das Erlernen von Lesen und Schreiben.

Wenn wir die chinesische Sprache hören, drängt sich durch ihre Tonalität ein Vergleich mit der Musik geradezu auf. Aber in diesem Falle führt die Musik nicht zur weltweiten Völkerverständigung, sondern bewirkt paradoxerweise geradezu das Gegenteil.

Im Umkehrschluss stellen sich folgende Fragen: Lernen Chinesen und andere Muttersprachler tonaler Sprachen Fremdsprachen leichter? Spielen chinesische Orchester messbar sauberer als westliche? Wie reagieren Chinesen auf ausländische Gastorchester mit für die Musiker selbst gar nicht hörbaren kleinen Unsauberkeiten? (Dazu sei festgehalten, dass die westliche Musik spät nach China gekommen ist; erst in den 1920er Jahren wurden dort erstmals Symphonien von Beethoven aufgeführt.) Systematische wissenschaftliche Untersuchungen zu diesen Themen fehlen leider noch.

Das innere Gehör – Musik als Vorstellung

Der Gedanke, dass Beethoven seine größten Kompositionen nie gehört hat, ist erschütternd. Auch Friedrich Smetana und Gabriel Fauré schrieben ihre letzten Werke in völliger Taubheit. Andere Komponisten haben aus weit profaneren Gründen ihre Werke nicht gehört: weil sich kein Orchester fand oder sie vor der ersten Aufführung verstarben, was keinesfalls nur Schicksale früherer Tage sind: so wurde erst im April 2011 die Oper *Sonntag* von Karl-Heinz Stockhausen, der 2007 starb, uraufgeführt.

Aber hat Beethoven seine 9. Symphonie wirklich nicht gehört? Das kommt darauf an, wie man ›hören‹ definiert. Jeder von uns weiß, wie es ist, »Musik im Kopf« zu haben. Offensichtlich müssen wir zwischen einem »äußeren« Hören, das die oben beschriebene intakte Anatomie und Physiologie voraussetzt, um physikalische Signale in neuronale zu verwandeln, und einem »inneren« Hören unterscheiden, das – auch beim Gesunden – keiner äußeren Lautquelle bedarf. Das funktioniert auch bei anderen Sinneswahrnehmungen und sogar für mehrere gleichzeitig – wir können uns bei geschlossenen Augen einen Spaziergang im Wald vorstellen und dabei die Bäume »sehen«, die Vögel »hören« und das Moos »riechen«. Solche inneren Abbilder nennt man Repräsentationen, das Sich-Vergegenwärtigen von früher Erlebtem: Es handelt sich dabei also um eine Form des Gedächtnisses, das mit oder ohne erkennbaren Anlass aktiviert wird. Bezogen auf die Musik könnte ein solcher vorliegen, wenn man einen Sonnenaufgang bewundert und dann an einen ganz bestimmten Sonnenaufgang aus der Vergangenheit denkt, der mit einem bestimmten Lied verknüpft ist.

Ein Sonderfall der auditiven Gedächtnisaktivierung ist es, wenn jemand Klaviernoten eines bekannten (sei es gehörten oder selbst gespielten) Stückes oder die Partitur einer bekannten Oper zur Hand nimmt und beim »Lesen« des Textes die Musik im Kopf entsteht. Ein konkreter visueller Reiz führt also zu einer imaginierten auditiven Wahrnehmung, bei der der auditorische Cortex tatsächlich stimuliert wird, obwohl es sich »nur« um die Erinnerung an etwas tatsächlich Erlebtes handelt. Die meisten Wissenschaftler unterscheiden auch noch zwischen imaginierter musikalischer Wahrnehmung und musikalischer Halluzination, die für die betroffenen Personen Realitätscharakter haben. Dass es zudem Pseudohalluzinationen gibt, macht die Sache nicht einfacher, spielt aber für unsere Betrachtung keine entscheidende Rolle, denn das wirklich Spannende ist folgendes: Bei manchen Menschen entsteht die Musik im Kopf auch dann, wenn sie ihnen *un*bekannte Klaviernoten oder die Partitur einer ihnen *un*bekannten Symphonie »lesen« – unter der Voraussetzung allerdings, dass sie eine breite theoretische und praktische Ausbildung haben: Auch die musikalischsten Menschen können mit den Noten nichts anfangen, wenn sie nicht gelernt haben, sie zu lesen – und das Lesen einer Partitur ist noch um ein Vielfaches anspruchsvoller als das Studieren einer Klaviersonate. Haben sie es aber gelernt und sind zusätzlich geschult, Harmonien zu verstehen und rasch Angaben zum Tempo und zur Dynamik zu begreifen, sind manche von ihnen in der Lage, sich aufgeschriebene, von einem anderen Menschen erdachte, aber nie zuvor gehörte Musik vorzustellen, obwohl sie sich eben nicht an sie erinnern können. Der Unterschied zum Betrachten eines bis dato unbekannten Bildes, dessen Ab-bild im wahrsten Sinne des Wortes im Kopf auf direktem Wege entsteht, oder dem Lesen eines für uns neuen Romans, das lediglich die simple Kulturtechnik des Lesens voraussetzt, um »Bilder« entstehen zu lassen, ist also handwerklicher Natur; das musikalische Handwerk ist allerdings derart komplex und zeitaufwendig zu lernen, dass die meisten Menschen eine Klaviersonate nicht lesen können wie ein Buch, und eine Oper erst recht nicht.

Diejenigen, die es aber doch können, führen uns zu der noch viel kleineren Gruppe von Menschen, die in der Lage sind, noch von niemandem je erdachte Melodien und Harmonien zu »hören« – weil sie nämlich die Komponisten sind. Eines gesunden Gehörs oder eines Instruments bedarf es dazu nicht unbedingt. Während man davon ausgehen kann, dass ein großer Teil der heutigen Unterhaltungsmusik weitestgehend nach dem Trial-and-Error-Verfahren oder mit massiver Unterstützung durch entsprechende Software »komponiert« wird, weil ihre bejubelten Erfinder weder wirklich kreativ sind noch eine Ahnung von Musiktheorie haben, können und konnten ausgebildete Komponisten auch »trocken« komponieren. Natürlich haben die meisten Großen vor dem Klavier gesessen, um ihre Ideen auszuprobieren, aber tatsächlich dürfte genau dies auch die Reihenfolge gewesen sein: erst der Gedanke, dann das Notieren. Ausnahmen wird es gegeben haben: So ist es kaum denkbar, dass Debussy ein Prélude wie *Les sons et les parfums tournent dans l'air du soir* ohne »Versuch und Irrtum« am Klavier geschrieben hat. Die meist unbenennbaren Akkorde, oft achttönig, sind von einer derartigen Komplexität, dass sie im wahrsten Sinne des Wortes »unvorstellbar« erscheinen. Umgekehrt dürften auch Menschen mit absolutem Gehör Schwierigkeiten haben, die Töne herauszuhören. Aber natürlich hat Debussy mit seinem Kompositionsstil der Musik auch neue Wege gewiesen und nicht nur auf Bewährtes zurückgegriffen. Opern- und Symphoniekomponisten arbeiteten in der Regel ebenfalls am Klavier und schrieben zunächst den Klavierauszug auf, oft allerdings schon mit Notizen zur späteren Orchestrierung, deren genaue Details bei aller genialen Imaginationskraft bis zu einem gewissen Grad auch Handwerk waren. Als größte Orchestrierer gelten vielen Wagner und Bruckner; Ravel nimmt eine interessante Sonderstellung ein, da er viele Klavierwerke, auch anderer Komponisten, kongenial orchestriert hat. So werden Modest Mussorgskis *Bilder einer Ausstellung* heute nur noch selten in der originalen Klavierversion aufgeführt, weil Ravels Orchesterbearbeitung von unvergleichlich größerer Farbenpracht ist. Interessanterweise handelt es sich dabei um eine »interpretierende« Orchestrierung im Sinne einer Epochenverschiebung, denn das von ihm eingesetzte Saxophon war noch gar nicht erfunden, als Mussorgski das Original komponierte.

Dass übrigens selbst bei den Allergrößten die Vorstellungskraft nicht grenzenlos ist, zeigt Wagners Einsicht, er habe des Öfteren überinstrumentiert und die Gesangsstimmen mit zu reicher Orchestrierung zugedeckt. Gemerkt hat er das aber erst, als er seine Opern zum ersten Mal tatsächlich physikalisch gehört hat und nicht nur mit dem inneren Ohr – und manche meinen, dass er bei allen hochgestochenen Erklärungen des »mystischen Abgrundes« auch als eine Art von Buße gegenüber den überforderten Sängern später in Bayreuth das unsichtbare (und damit gedämpfte) Orchester »erfunden« hat.

Zurück zum Komponieren: Mit welchem Teil des Gehirns tut man das denn nun? Natürlich findet sich auch dafür keine definierte Struktur; allerdings gibt es im Stirnlappen Strukturen, die generell etwas mit Planung und absichtsvollem Handeln zu tun haben. Die meisten Komponisten verfügen auch über profunde musiktheoretische Kenntnisse. Das reicht aber bei weitem nicht. Denken wir noch einmal an den imaginierten Waldspaziergang: Wir haben offengelassen, ob es sich um eine bekannte Strecke handelt, die wir regelmäßig begehen, oder ob wir uns aus allen Eindrücken von Wäldern, die wir bewusst oder unbewusst gespeichert haben, absichtsvoll einen »neuen« Wald erdenken, so wie ein Schriftsteller sich aus allen Menschen, die ihm begegnet sind, eine Hauptperson für seinen neuen Roman erschafft. Diese Beispiele zeigen, wie das Gehirn in der Lage ist, nie Dagewesenes entstehen zu lassen, und so ist es auch bei der Musik. Die Ansprüche an das handwerkliche Können sind, wie gesehen, sicher um einiges höher als bei einem Schriftsteller; allen Künstlern gemein ist aber die Notwendigkeit, dass sie irgendetwas zum Abgleich haben müssen, eine individualbiographische Historie, die sie verarbeiten und verändern können. Ein von Geburt an Tauber wird nicht komponieren können, weil sich in seinem Gehirn keine auditiven Repräsentationen, also Spuren früherer Wahrnehmungen, befinden und er zum Abgleich eigenen Schaffens, der Imagination, nicht auf Gedächtnisinhalte zurückgreifen kann. Bei der Praxis des Komponierens gibt es dann immer noch genügend

Unterschiede, die vom genialisch dauerinspirierten Mozart, der ständig so viel Musik im Kopf »fertig hatte«, dass er mit dem Aufschreiben gar nicht hinterherkam, bis zum nicht minder genialen Beethoven reichen, der sich mit seinen Kompositionen manchmal über Jahre quälte. Darin aber lag seine Tragik nicht. Die Tragik nach seiner Ertaubung lag vielmehr darin, dass er mit anderen Menschen außer über die bekannten Kritzeleien in seinen Konversationsheften nicht mehr kommunizieren konnte. Das hat ihn einsam und mürrisch gemacht. Seine Musik hatte er im Kopf – möglicherweise sogar intensiver, als wenn er hörend gewesen wäre; manche Wissenschaftler glauben, dass bei tauben Komponisten die musikalische Vorstellungskraft noch zunimmt – möglicherweise bis hin zu einem Grenzbereich, in dem die Halluzination beginnt. Doch selbst bei Beethoven können wir nicht ausschließen, dass er an der Orchestrierung der 9. Symphonie noch minimale Änderungen vorgenommen hätte, wäre es ihm vergönnt gewesen, sie mit den Ohren zu hören.

Gibt es eine Weltmusik? – Gefühle und Empfindungen

Als Emotionen werden in der Regel vorübergehende positive oder negative Bewusstseinszustände bezeichnet, die von äußeren, tatsächlichen oder inneren Ereignissen wie Vorstellungen und Erinnerungen ausgelöst werden. Nach der gängigen Diskrepanztheorie sind unsere Erwartungen und Erfahrungen der Referenzpunkt dafür, ob wir auf etwas emotional positiv oder negativ reagieren; auf eine exakt oder zumindest fast exakt erfüllte Erwartung reagieren wir dagegen gleichgültig, im wahrsten Sinne des Wortes »emotionslos«. Wenn wir im Wetterbericht hören, dass es am nächsten Tag trüb, aber trocken ist, stellen wir uns darauf ein. Kommt es genau so, werden unsere Erwartungen also erfüllt, ist das Wetter keines weiteren Wortes wert. Scheint aber wider Erwarten die Sonne – die Erwartung wird im positiven Sinne verfehlt –, zeigen wir eine Emotion und freuen uns; regnet es in Strömen, wird die Erwartung also im negativen Sinne nicht erfüllt, zeigen wir eine andere Emotion und ärgern uns, sind ent-täuscht im ursprünglichen Sinn des Wortes. Natürlich ist dies ein sehr einfaches Beispiel; wir wissen alle, dass das wahre Leben weitaus komplexer ist.

Auch die Art und Weise, wie Musik Emotionen auslöst, ist nicht nur von ihr selbst, sondern zusätzlich von einer großen Bandbreite äußerer Faktoren abhängig: Wir hören unser Lieblingslied im Autoradio, stehen aber im Stau und werden einen wichtigen Termin verpassen. – Nach einem anstrengenden Arbeitstag hetzt jemand in letzter Sekunde zu einem Konzert, bei dem Schostakowitsch auf dem Programm steht, den er überhaupt nicht mag; ohnehin geht er nur in das Konzert, weil er ein Abonnement hat, das er versäumt hat rechtzeitig zu kündigen. Er weiß auch, dass neben ihm ein anderer Abonnent mit unangenehmem Körpergeruch sitzen wird. Doch als er zu seinem Platz kommt, stellt er verwundert fest, dass seine Nachbarin am heutigen Abend eine wunderschöne Frau ist, die ihm freundlich zulächelt. – Auf einer Party mit »angesagter« Musik verziehen sich zwei Jugendliche in die Ecke und knutschen herum. Die Musik im Hintergrund, auch wenn sie sie bewusst gar nicht wahrnehmen, wird sich in die Erinnerung ihres Lebens brennen. – Schließlich kauft sich ein Konzertbesucher eine sehr teure Karte in der ersten Reihe für das Gastspiel eines ihm bisher nur namentlich bekannten, hochgelobten Pianisten, der die letzten drei Sonaten von Beethoven aufführt, die Stücke, die der Besucher am meisten liebt und am besten kennt. Er hat sie schon von einem Dutzend Pianisten im Konzert gehört und besitzt 20 CDs von verschiedenen Interpreten. Seine Spannung und *Erwartung* sind kaum zu überbieten. Er weiß genau, wie die Stücke klingen müssen. Doch nach dem ersten Takt schon erkennt der Mann, dass der Pianist ein Tempo gewählt hat, das nach seinem Geschmack eine Winzigkeit zu schnell ist. Nun sind zwei Reaktionen möglich: entweder ist der ganze Abend nach wenigen Sekunden verdorben, die enttäuschte Erwartung führt zu einer negativen Emotion – oder der Hörer lässt sich nach und nach überzeugen, dass der Pianist Zusammenhänge darstellt, die ihm bislang verborgen geblieben waren. Am Ende ist er vollkommen überwältigt und klatscht sich die Hände wund: Die enttäuschte Erwartung führt zu einer positiven Reaktion.

Alle Beispiele haben etwas mit Musik und Emotionen zu tun, aber man erkennt, dass nur das letzte Beispiel wirklich dazu dienen kann, Emotionen einigermaßen unifaktoriell zu der Musik in Beziehung zu setzen – oder es zumindest theoretisch könnte, wenn man über die verbalen Aussagen des Mannes hinaus (der natürlich seiner Ent-täuschung Ausdruck verleihen würde) wissenschaftliche Fakten hätte und ihn während des Konzertes z.B. an ein EEG anschlösse und ihn gleichzeitig in einen PET-Scanner legte.

EEG, PET? Diese beiden nicht-invasiven Untersuchungsverfahren sind wie die MRT und die MEG moderne Standardmethoden der Hirnforschung, weswegen sie kurz erläutert werden sollen, auch wenn im Weiteren nicht jedes Mal darauf hingewiesen wird, mit welchem Verfahren bestimmte Daten erhoben wurden.

Das EEG (Elektroenzephalogramm) ist eine in den Grundzügen bereits in den 1920er Jahren entwickelte Methode, die elektrischen Aktivitäten des Gehirns über minimale, an der Kopfhaut registrierte Spannungsschwankungen in der Größenordnung von einem millionstel Volt zu messen. Verschiedenen sogenannten Frequenzbändern können unterschiedliche Aufmerksamkeitszustände zugeordnet werden. Das EEG reagiert sehr schnell, ist aber in Bezug auf die Lokalisierung der Aktivitäten im Gehirn ungenau.

Die PET (Positronenemissionstomografie) gehört zu den bildgebenden Verfahren der Nuklearmedizin. Dem Patienten wird ein je nach zu untersuchendem Organ unterschiedliches Radiopharmakon gespritzt, dessen Einlagerung in Schnittbildern dargestellt wird und funktionelle Beurteilungen zu biochemischen und physiologischen Vorgängen zulässt.

Die MRT (Magnetresonanztomografie) ist ebenfalls ein bildgebendes Verfahren, das jedoch ohne radioaktive Strahlen auskommt und darauf beruht, dass starke Magnetfelder Protonen anregen, in ihrer Eigenfrequenz, also resonant, zu schwingen und bis zur Rückkehr in den Grundzustand je nach Gewebeart unterschiedliche Signale abzugeben. Die f(unktionelle) MRT ist eine Weiterentwicklung speziell für das Gehirn, um Durchblutungsveränderungen zu registrieren und somit aktivierte Areale darzustellen. Die Vor- und die Nachteile des EEG und der fMRT ergänzen sich spiegelbildlich: Die fMRT erlaubt eine sehr präzise räumliche Lokalisation, ist aber viel zu langsam, um eine zeitliche Zuordnung zu ermöglichen.

Die MEG (Magnetenzephalografie) ist die Messung der magnetischen Aktivität des Gehirns. Magnetismus tritt immer dort auf, wo Strom fließt, also auch entlang aktiver Nervenzellen. Die Größenordnung des Magnetismus beträgt etwa den hundertmillionsten Teil des Magnetfeldes der Erde, so dass der Patient während der Messung aufwendig gegen alle äußeren Einflüsse abgeschirmt werden muss. Mit einer sehr guten zeitlichen und einer guten, allerdings nicht hervorragenden, räumlichen Auflösung ergänzt sich diese Methode je nach Fragestellung mit den anderen.

Wie und welche Emotionen Musik in uns auslöst, ist deswegen so komplex zu erforschen, weil es dabei nicht nur generell um Hirnstrukturen und neuronale Netzwerke geht, die unabhängig von äußeren Gegebenheiten existieren, sondern weil dabei stets auch individuell, gerade auch im Sinne von intra-individuell, völlig unterschiedliche Bewertungen eine Rolle spielen. Subjektive Einschätzungen gelten in der Emotionspsychologie immer als problematisch, weil sie kognitive Leistungen erfordern, die nicht jeder erbringen kann und manch einer sogar absichtlich falsch erbringt. So könnte ein gesellschaftlich angesehener Bildungsbürger, der nichts mit der Musik von Edvard Grieg anzufangen weiß, auf den Gedanken kommen, es sei opportun, dies bei einer Befragung nicht zuzugeben – man spricht von der Diskrepanz zwischen kognitiven und sozialen Präferenzen, was die Sache aus wissenschaftlicher Sicht weiter erschwert. Bestimmte Musikvorlieben kann man ja auch erlernen, entweder im Rahmen der Sozialisation – z.B. mag jemand keinen Jazz, aber der beste Freund nimmt ihn so lange in Jazzclubs mit, bis er ihm auf einmal auch gefällt – oder »erzwungen« durch Erziehung: Wir haben ja schon gesehen, dass man Babys vermutlich zu Liebhabern von Zwölftonmusik formen könnte, beschallte man sie damit nur lange genug über die Phase des »angeborenen Unbehagens« hinaus. Einige Aussagen immerhin lassen sich über alle Alters-, Geschlechts- und Kulturgrenzen hinweg zu einem Muster verallgemeinern, das wohl angeboren und sozusagen unsere genetisch programmierte Voreinstellung ist: Als positiv empfunden wird konsonante Musik im mittleren Lautstärkebereich mit regelmäßigen Lautmustern, die sich nicht allzu abrupt verändern; zu dieser Einschätzung würde sehr gut passen, dass Kinder- und Wiegenlieder so aufgebaut sind. Allerdings wäre es zu einfach zu behaupten, dass alles, was nicht in diese Kategorisierung fällt, von vornherein negativ besetzt ist. Denn schaut man sich die Charakteristika ein zweites Mal und etwas genauer an, beschleicht einen der Gedanke, dass hier »langweilige« Musik beschrieben wird, die einen gleichgültig lässt, also keine Emotionen auslöst. So könnte man erklären, dass manche Menschen Bach, Mozart und Haydn zumindest über weite Passagen zwar schön, aber trotzdem fad finden: irgendwie angenehm, aber extrem gleichförmig, vorhersehbar, monoton und sich wiederholend. Psychologen nennen das Habituation. All das, was die Habituation durchbricht, würde demnach die Musik überhaupt erst interessant machen – zumindest in den richtigen Dosierungen, denen immer auch ein Überraschungseffekt anhaften würde. Deswegen genießen manche die Dissonanzen bei Wagner, nicht aber bei Schönberg, weil der die »richtige« Dosierung eben nicht beherrschte oder eine andere Theorie von Musik verfolgte.

Schließlich wäre man selbst als einsichtiger, geschulter und ehrlicher Proband mit allzu einfachen Kategorisierungen im Sinne von »positiv/negativ« überfordert, auch wenn die Fragen psychologisch noch so geschickt gestellt wären. Was bedeutet denn »positiv« bei einem Musikstück? Vordergründig vielleicht, dass es uns fröhlich stimmt, dass es unsere Laune hebt. Das aber kann man bestenfalls noch von Kinderliedern erwarten, nicht jedoch von einer Mahler-Symphonie, die uns zutiefst bewegt, verstört, traurig oder nachdenklich macht. Und doch können wir nach dem Hören eines solchen Werkes in höchstem Maße beglückt nach Hause fahren. »Positiv« beinhaltet durchaus, dass wir weinen, wenn Cho-cho-san auf der Bühne stirbt, »positiv« bedeutet, dass Musik uns berührt. So können Trauer und Melancholie sehr genussvoll sein, vordergründig nicht gewünschte oder negativ belegte Emotionen zu Lustgewinn führen. Nun wird es noch schwieriger: denn das Gegenteil, dass Musik uns also nicht berührt, uns gleichgültig zurücklässt, haben wir ja als »emotionslos« bezeichnet. Wo ist da überhaupt noch Platz für negative Emotionen, die durch Musik ausgelöst werden? Tatsächlich dürfte diese Musik eher selten sein. Die alte, fast zum Sprichwort gewordene Schlagerweisheit »Mit Musik geht alles besser«, die *a priori* unterstellt, dass Musik grundsätzlich positiv besetzt ist, ist an sich somit gar nicht falsch, auch nicht aus neurophysiologischer Sicht. Als vollkommen negativ abgelehnt werden von der Mehrzahl der Menschen lediglich extrem dissonante Musik ohne Auflösung, Musik, die als schmerzhaft laut empfunden wird und extrem hohe und tiefe Klänge. Natürlich gibt es auch hier Ausnahmen allgemeiner (den Liebhaber schräger Neutöner) oder besonderer Art (eine Nacht in der Disco etwa, in der man sich einmal auslebt). Ansonsten ist Platz für Volksmusik, Karnevalsmusik und Acid House ebenso wie für Kirchenchor, Blues und brasilianische Tanzmusik. Keiner wird alles mögen, aber das Nichtmögen wird sich in der Regel nicht in aggressiver Ablehnung, sondern eher in Gleichgültigkeit äußern.

Immer wieder kommen der Hirnforschung Patienten mit spezifischen hirnorganischen Ausfällen zu Hilfe, die entscheidende Hinweise über die Funktionsweise des gesunden Hirns geben können. Es liegt auf der Hand, dass man hier vom Zufall abhängt, denn diese Ausfälle können nicht absichtlich unter kontrollierten Bedingungen herbeigeführt werden. Die Essenz aus zahllosen Einzelbeobachtungen ist, dass die emotionalen Reaktionen auf Musik von einem komplexen neuronalen Netzwerk ausgelöst werden, das möglicherweise sogar ein spezifisches physiologisches Konstrukt nur für die Musik ist, wenn auch nicht, wie oben dargelegt, in dem Sinne, dass an einer Stelle das Metrik- und an einer anderen das Harmoniezentrum säße. Ein solches Konstrukt könnte z. B. das Phänomen der erworbenen Amusie erklären, die im Gegensatz zu der genetisch bedingten durch Tumore oder Hirnblutungen verursacht ist, aber auch das völlige Gegenteil, eine plötzlich auftretende Musikophilie bei vorher der Musik vollkommen gleichgültig gegenüberstehenden Menschen, während es bei beiden Gruppen zu keinerlei Störungen des Sprechens und des Sprachverständnisses kommen muss. (Oft kommen erworbene Amusie und Aphasie, die Unfähigkeit zu sprechen, in Kombination vor, aber eben nicht immer. Diese Fälle sind für die Erforschung des »Musikgehirns« ganz besonders interessant.) Die Amusiker können die Musik natürlich auch physikalisch weiter einwandfrei hören, und die plötzlich Musikophilen, auch Hypermusische oder Hypermusikalische genannt, konnten das vor ihrer »Erweckung« auch, aber was bei ihnen plötzlich fehlt bzw. ganz unerwartet neu hinzukommt, ist das Erkennen von Rhythmen, Harmonien und Tonfolgen und damit einhergehend in der Regel auch die emotionale Bewertung der Musik.

Verblüffend und gut untersucht ist das sogenannte Gänsehaut-Phänomen beim Hören von emotional stark berührender Musik, das als leicht zu beobachtendes körperliches Korrelat viel objektiver als die subjektive Einschätzung von Probanden ist bzw. bei zuverlässigen Versuchspersonen auch als Eigenwahrnehmung Gültigkeit besitzt. Beim Auftreten der Gänsehaut konnten mithilfe der PET die Hirnregionen identifiziert werden, die besonders gut durchblutet werden: Teile des Mittelhirns und des frontalen Cortex, das linke ventrale Striatum und der Nucleus accumbens. Einige dieser Strukturen sind auch bei Lust und Sucht aktiv, beim Hunger auf etwas Süßes, nach der Einnahme von Drogen oder bei sexuellem Interesse an einer anderen Person. Gleichzeitig sind Strukturen, die bei unangenehmen Emotionen aktiv sind, minderdurchblutet. Mit aufwendigen mathematischen Analysen konnte ferner gezeigt werden, dass diese Bereiche in einer ganz bestimmten Reihenfolge aktiviert werden und kaskadenähnlich zu einem erhöhten Dopaminspiegel im Gehirn führen. Von besonderer Bedeutung für die emotionale Bewertung der Musik sind schließlich auch die Basalganglien und das Kleinhirn, welches im Sinne der im Gehirn oft vorkommenden Redundanz in eine Art von dem Bewusstsein unzugänglichem zweiten Hörsystem eingebunden ist, was unser reflexartiges Erschrecken (also Bewegen: erst E-motion, dann Motion) bei plötzlichen lauten Geräuschen erklärt: Es ist Überbleibsel einer Fluchtreaktion, die unseren Vorfahren das Überleben sichern konnte. Die Leistung des Großhirns im Bezug auf die durch Musik ausgelösten Emotionen ist »lediglich«, sie (bewusst) wahrzunehmen, zu bewerten und ggf. diese Bewertung auch zu verbalisieren, während die zugrunde liegenden Vorgänge unbewusst in tieferen Schichten des Gehirns ablaufen, von denen aus der frontale Cortex (auch) aktiviert wird. Allerdings hat das Großhirn im Zweifelsfall das letzte Wort: Man kann, wie gesehen, ja auch bewusst lernen, eigentlich nicht gemochte Musik am Ende doch schön zu finden.

Ganz erstaunlich ist, wie manche Komponisten instinktiv der Habituation entgegengewirkt, die Hörer also in die ständige Spannung versetzt haben, ihre Erwartungshaltung könne im nächsten Takt verletzt werden – aber nur so viel, dass es eine lustvolle Verletzung ist. Während die Kirchenmusik des Mittelalters weitgehend vorhersehbar war, machten die Komponisten des Barock und der frühen Klassik damit erste Experimente, die für den normalen Hörer allerdings nicht immer nachvollziehbar waren, zum Beispiel, wenn es um nicht regelgerechte Modulationen ging. Aber seit der Hochklassik (nach Mozart und Haydn) wurde immer wieder »gespielt«, Tempi wurden verlangsamt oder beschleunigt, das *Tempo rubato* eingeführt, der Fortgang der Musik durch Fermaten angehalten. Auch das Berührtsein von solchen Abweichungen wird nach heutiger Auffassung durch das eben erläuterte »tiefe«, »archaische« Gehörsystem vermittelt und nicht direkt über die Hörrinde. Nun gab es auch formale Regelverletzungen, die sogar Laien sofort auffielen (soll heißen: auf Großhirnebene klar wurden), wie Beethovens Wagnis, bei der *Mondscheinsonate* einen langsamen Satz an den Beginn zu stellen, und jetzt konnte auch der umgangssprachliche »Taube« manchmal abrupte und keinesfalls lehrbuchmäßige Tonartenwechsel, sogenannte Rückungen, hören; was heute in der Popmusik von »Komponisten«, die weder von Modulation noch von Harmonielehre etwas verstehen, häufig als simple Effekthascherei verwendet wird, um dem Hörer etwas Neues vorzugaukeln (in Wahrheit wird dieselbe Melodie unverändert einen halben oder ganzen Ton höher wiederholt), gehört, absichtsvoll und von einem Könner eingesetzt, zu den verzauberndsten Überraschungen der Musik überhaupt. Die schönste Stelle findet sich vielleicht bei Schubert, der im zweiten Satz seiner letzten Klaviersonate aus einem modulierten cis-Moll-Klangnebel heraus ohne jeden Übergang auf einmal C-Dur entstehen lässt – auf dem Klavier buchstäblich naheliegend, in der Harmonielehre jedoch eine halbe Unendlichkeit voneinander entfernt. Da denken auch die Nobelpreisanwärter unter den Neurophysiologen nicht mehr an Basalganglien und Dopamin, sondern überlassen sich lustvoll ihrer Gänsehaut. Bald verlangten Komponisten ein dreifaches *piano* oder *forte* und dazu passende *Crescendi* und *Decrescendi* – allerdings muss man in Bezug auf das Klavier hinzufügen, dass erst ab etwa 1800 die Instrumente solche Abstufungen bautechnisch überhaupt zuließen, ebenso wie erst ab dieser Zeit Chopin- und Liszt-Etüden gespielt werden konnten. Fraglich bleibt deshalb, ob den beiden solch hochvirtuose Stücke eingefallen wären, hätten sie nur ein Cembalo zur Verfügung gehabt. Jedenfalls wird die romantische Musik ja schon sprachlich mit Gefühlen in Verbindung gebracht, während Bach vielen Menschen eher als kühl und monoton gilt. Die Gehirnforschung und die Musikpsychologie haben die Erklärungen dafür.

Ein bislang nur wenig beachtetes Phänomen, natürlich nicht in der Wahrnehmung und Aufführung, aber vor dem Hintergrund »Musik und Emotion« und »absichtsvolle Verletzung von Erwartungshaltungen«, sind überraschende Volten bei der Orchestrierung. Wenn man will, kann man den eben noch aus neurophysiologischer Sicht zu den »Langweilern« gerechneten Haydn hier ein Stück weit rehabilitieren, denn im zweiten Satz seiner G-Dur-Symphonie folgt einem spärlich instrumentierten Thema im *pianissimo* ein *fortissimo*-Schlag des gesamten Orchesters (der deutsche Titel *Symphonie mit dem Paukenschlag* ist also nicht korrekt; die Engländer nennen das Werk *Surprise Symphony*). Die »Überraschung« besteht also zum einen aus dem abrupten *fortissimo*, zum anderen aus dem plötzlichen *tutti*. Folgende Beispiele jedoch sind großartige Verletzungen in diesem Sinne: die Pauken als Quasi-Soloinstrumente, die das Eingangsmotiv des Scherzos von Beethovens Neunter spielen, das Englischhorn (eine Verballhornung wahrscheinlich aus »Engelshorn« oder *Cor anglé* [frz. für abgewinkeltes Horn, obwohl es kein Horn ist]) im zweiten Akt von Wagners *Tristan und Isolde* – Soloeinsätze für dieses traurigste aller Instrumente finden sich auch bei anderen Komponisten –, die Orgel in Camille Saint-Saëns' 3. Symphonie, der fast solistische Einsatz der Harfe im dritten Satz von Bruckners 8. Symphonie, das Kontrabass-Solo im 4. Akt von Verdis *Otello*, die extrem hohen Töne des Solo-Fagotts am Anfang von Strawinskys *Le sacre du printemps* oder das Klarinettenglissando zu Beginn von George Gershwins *Rhapsody in Blue*. Am berühmtesten aber dürfte das Zusammenspiel von Bassklarinette und der damals ganz neuen Celesta im »Tanz der Zuckerfee« aus dem *Nussknacker* sein, eine sensationelle Idee, mit der Tschaikowsky im Grunde gleich zwei Instrumente für immer usurpiert hat, auch wenn die Bassklarinette bereits als solistisches Leitinstrument von König Marke, ebenfalls in *Tristan und Isolde*, eingesetzt worden war. Auch Filmmusik ist durch nie dagewesene Instrumentenwahl unsterblich geworden, so durch die Zither in *Der dritte Mann* von Anton Karas oder das auf der Mundharmonika gespielte Hauptmotiv aus *Spiel mir das Lied vom Tod* von Ennio Morricone, beides überragende Beispiele dafür, dass man mit sehr einfachen Mitteln, wenn sie nur neu sind, Ungewöhnliches und Unerwartetes schaffen kann – so sehr, dass im Grunde niemand mehr eine Filmmusik schreiben kann, bei der eine Zither oder eine Mundharmonika solistisch eingesetzt werden, weil dies gleich als Plagiat gelten würde.

Schließlich können auch ungewöhnliche, laienhaft »krumm« genannte Taktarten wie 5er- und 7er-Takte Erwartungshaltungen verletzen, wenn der Hörer aufmerksam genug ist, sie zu erkennen, denn er wird kaum je so deutlich darauf vorbereitet und hingewiesen wie von Dave Brubeck – generell ein Freund irregulärer Metren – mit seinem berühmten *Take Five*. Debussy etwa liebte solche Takte, oft eingebaut in einen Fluss von gerader Metrik, während etwa der 2. Satz von Tschaikowskys 6. Symphonie durchgehend im 5/4-Takt steht, wie es in der russischen Volksmusik nicht selten vorkommt. Auch die an anderer Stelle schon erwähnten *Bilder einer Ausstellung* von Mussorgski beginnen in der *Promenade* mit 5/4- und 6/4-Takten im Wechsel, was deutlich prägend für den Charakter des Stückes ist. Wer übrigens meint, dass man jeden 5er- und 7er-Takt doch »ganz simpel« auf ein 3+2- oder 4+3-Metrum zurückführen könne, möge sich einmal die Toccata aus Prokofjews 7. Klaviersonate anhören. Sie steht im 7/4-Takt und ist an Wahnwitz kaum zu überbieten – niemand kann da 3 oder 4 oder 7 Schläge zählen. – Man wirft auch Heavy-Metal-Bands gerne Unterkomplexheit vor: Doch die exakten Taktwechsel in Stücken etwa der Band Metallica haben diesen einige Hochachtung auch bei klassischen Musikern eingetragen. Das bekannte rhythmische Headbanging auf volle Taktzeiten ist bei Metallica-Konzerten in einigen Songs eher nicht zu empfehlen.

Kehren wir noch einmal zu der von manchen Wissenschaftlern postulierten prinzipiellen Nutzlosigkeit der Musik zurück. Aufgrund der hier skizzierten Überlegungen könnte man ihnen nun entgegenhalten, dass die durch die Musik freigesetzten Emotionen sekundär sehr wohl einen Nutzen haben können: einen romantischen etwa, wenn zwei Menschen zu einem besonders schönen Lied tanzen und sich dabei zum ersten Kuss finden, was ja, um es darwinistisch primitiv auszudrücken, in der Folge zum Erhalt der Art beitragen könnte; oder, jedenfalls noch vor ein paar Jahrzehnten, als Kriege konventionell geführt wurden, einen militärischen: Soldaten, die zu Kriegsmusik marschierten, wurden zu Aggressionen angestachelt, während der Gleichschritt quasi als Nebeneffekt das Gemeinschaftsgefühl und die Einsatzbereitschaft förderte.

Nicht zufällig werden mit Tanzen und Marschieren Beispiele genannt, die etwas mit Bewegung zu tun haben, denn schon die Sprache zeigt an, dass Motion (die Bewegung) und E-motion (wörtlich die »Herausbewegung«, die seelische Erschütterung, heute das Gefühl) eng zusammengehören. Die italienische Vortragsbezeichnung *andante* (»gehend«) oder die Bezeichnung eines Satzes einer Symphonie oder Sonate als *movimento* (analog in den anderen romanischen Sprachen, im

Englischen übernommen als *movement*) betonen dies ebenfalls. Auch das Schunkeln zur Karnevalsmusik passt in diese Kategorie. Nun erinnern wir uns an die Rolle des Kleinhirns bei der Steuerung von unbewussten Bewegungen: Im Zusammenhang mit der Erkenntnis, dass es auch für das Hören und die emotionale Bewertung von Musik eine bedeutende Rolle spielt, dürfte sich zumindest größtenteils erklären, warum Musik und Bewegung so eng zusammenhängen, angefangen vom rhythmischen Mitklatschen und Beinwippen bei Pop- und Rockmusik bis hin zu Tanz und Ballett. Selbst die Ausführenden können sich dem Drang nach Bewegung oft nicht entziehen – und damit sind natürlich nicht die Bewegungen gemeint, die zum Produzieren der Töne nötig sind. So ist oft zu beobachten, dass ein Pianist den linken Fuß zum Takt bewegt, dass Streicher den Oberkörper nach vorn und hinten beugen oder dass Orchestermusiker, die eine lange Pause haben, nicht still sitzen (können).

Dennoch unterscheiden sich die Beispiele in einem wichtigen Punkt: Während das Liebespaar sich zu einer Musik findet, die je nach Geschmack und Situation derart individuell sein wird, dass Verallgemeinerungen nur schwer möglich sind, werden die Kriegsmärsche bei allen Unterschieden deutlich homogener sein: mit mehr oder weniger gleichem Tempo, ähnlich blechbläserlastiger Orchestrierung, und eher laut als leise. Das macht sie für wissenschaftliche Untersuchungen ergiebiger, weil standardisierte (oder standardisierbare) Parameter es erlauben, zu allgemein gültigen Aussagen zu kommen. Auch Wiegenlieder gleichen sich in ihrer Anlage – aber ihre Hörer können schlecht befragt werden.

Grundsätzlich jedoch zeigen Charakterisierungen wie Kinderlied, Kriegsmarsch, Liebeslied, Todesmusik, Schlaflied, Nationalhymne oder Partymusik, die ja alle etwas mit »Emotion« zu tun haben, dass es bei aller unterschiedlichen Sozialisation eben doch Gemeinsamkeiten gibt, die in den meisten Menschen ähnliche Gefühle auslösen oder sie in adäquater Weise »beschreiben«. So soll Trauermusik ja nicht Trauer auslösen, sondern die Trauer des Hörers etwa bei einem Begräbnis spiegeln oder die Auffassung von Trauer z. B. eines Opernkomponisten in einer bestimmten Szene darstellen. Andererseits sind gerade Liebes- und Trauermusik auch Beispiele dafür, dass die fehlende Semantik der Musik *ganz* eindeutige Charakterisierungen nicht in jedem Fall zulässt. Den Themen »Musik und Liebe« und »Musik und Tod« sind daher eigene Kapitel gewidmet.

Die Basis-Kategorisierungen aber sind dennoch relativ einfach und können im Prinzip von jedem Laien erstellt werden, denn Tempo, Tonfarbe (also Orchestrierung bzw. Wahl des Instruments), Dynamik, Melodieführung und Harmonik lassen sich in groben Zügen rasch skizzieren. Manche Instrumente haben nicht nur, wie gerade gezeigt, die Filmmusik, sondern ganze Vorstellungswelten monopolisiert und sind in ihrer Verallgemeinerung das Pendant zu der »überraschenden Einmaligkeit«: Die Panflöte lässt uns an die Anden denken, die Hawaii-Gitarre an die Südsee, der Dudelsack an Schottland, das Akkordeon an Paris. Es ist leicht, in der Werbung oder in einem Film mit ein paar Takten Musik Atmosphäre zu schaffen, ja zu manipulieren. Dazu kommen wir noch. Bleiben wir noch einen Moment bei den Kategorisierungen: So wird ein Wiegenlied nicht *fortissimo* gesungen oder gespielt, ein Kriegsmarsch nicht mit Harfe und Querflöte orchestriert und ein romantisches Liebeslied nicht auf brasilianische Sambarhythmen gesetzt. Manche Kombinationen (laut, schnell, rhythmusbetont, Blechbläser) machen wach oder sogar aggressiv, andere (leise, langsam, melodiebetont, Streicher) eher müde oder verliebt. Natürlich ist das sehr plakativ und mag im Einzelfall auch völlig anders empfunden werden. Trotzdem ist die Frage nach Ursache und Wirkung interessant: Wenn jemand Heavy Metal auflegt – tut er das, weil er in einer aufgeladenen, aktiven, vielleicht sogar aggressiven Stimmung ist und die dazu passende Musik hören will? Oder ist er vielleicht im Gegenteil niedergeschlagen und legt die Heavy-Metal-Platte gezielt auf, weil er bei einer Party zugesagt hat und dort nicht mit der sprichwörtlichen Leichenbittermiene erscheinen will? Manche Psychologen meinen, dass bei einem Individuum erst die Stimmung da sei und danach die Musik ausgewählt werde, aber bei Massenveranstaltungen ist die Frage, wie man mit Musik – auch sich selbst – manipulieren kann, dennoch faszinierend. Wenn vor Sportereignissen die Nationalhymnen gespielt werden oder in früheren Zeiten die Soldaten zur Marschmusik in den Krieg zogen, sind und waren dies nicht nur die Musiken, die Macht und Größe demonstrieren, sondern auch diejenigen, die, so zumindest die Absicht, zu Höchstleistungen anspornen soll(t)en. Hierher passt auch, dass in verschiedenen Kulturen Landarbeiter zur Ernte sangen; in den Südstaaten der USA entwickelten die versklavten Schwarzen eine eigene Art von Musik, die »worksongs«, von denen einige Elemente in die Gospelsongs, den Jazz und den Blues übernommen wurden. »Arbeitsmusiken« sind auch in der Form von Melkliedern überliefert, und Wagner hat in *Der fliegende Holländer* mit seinem ungemein reizvollen Spinnerlied einen heute ausgestorbenen Berufsstand mit einem »worksong« geehrt, auch wenn das nicht seine primäre Intention war. Als amerikanische Forscher während des Zweiten Weltkrieges nach Möglichkeiten zur Produktionssteigerung in der Rüstungsindustrie suchten, wurde auch Musik eingesetzt. Eine echte wissenschaftliche Dokumentation unterblieb; dennoch fragt man sich, ob das Gehirn mit passender Musik nicht auch noch auf ganz andere Tätigkeiten eingestellt werden könnte: Musik für Piloten, Musik für Fließbandarbeiter in der Autofabrik oder Musik für Buchhalter vor dem PC?

Bei näherer Betrachtung ist die Antwort wahrscheinlich »nein«. Zu unterschiedlich sind Erziehung, Sozialisation und individuelle Hörbiographie, als dass für solch spezifische Aufgaben eine allgemein passende Musik gefunden werden könnte, ganz abgesehen davon, dass Musik immer dann problematisch wird, wenn eine anspruchsvolle Leistung erbracht werden muss: Wenn sie mehr Aufmerksamkeit erfordert als die eigentliche Tätigkeit, erreicht man mit ihr nur das Gegenteil. Musik wirkt, darf und soll wirken, solange sie im Mittelpunkt steht (beim Konzert, vor dem Länderspiel) oder eine Aktivität begleitet, die intellektuell anspruchslos ist (Knutschen zum Liebeslied, Marschieren zum Kriegslied, Hausputz zur Hitparade). Was andere Tätigkeiten angeht, ist Vorsicht geboten. Eine sehr erfreuliche Ausnahme ist jedoch, dass Musik nachgewiesenermaßen das Memorieren von Faktenwissen erleichtern kann. Musik zum Lernen von Vokabeln und mathematischen Formeln (dazu gibt es Raps auf YouTube) kann also sehr wohl eingesetzt werden, aber trotzdem gibt es keine »Vokabel-Lernmusik«: es reicht der gleichmäßige, leise Rhythmus einer individuell bevorzugten Musik im Hintergrund; zu steigern ist der Lerneffekt, wenn man die Vokabeln (oder ein Gedicht, das man auswendig lernen muss) singt – es muss aber immer dieselbe Melodie sein. Man kann dies als eine Art der Mnemotechnik verstehen. Von manchen Autoren sind solche Lerneffekte so interpretiert worden, als könne Musik generell die intellektuelle Leistungsfähigkeit steigern, und wer unbedingt will, kann sich mit dem Mozart-Effekt nun doch noch halbwegs versöhnen.

Zum Schluss dieses Kapitels bleibt noch eine Frage: Wenn Emotionen etwas mit verletzter Erwartungshaltung zu tun haben – wie ist es dann erklärlich, dass viele Menschen auch noch beim 50. Hören eines Werkes von ihren Gefühlen geradezu überwältigt werden? Dass der eine immer wieder weint, wenn Mimi in Puccinis *La Bohème* stirbt, und der andere einen Kloß im Hals hat, wenn er an den zweiten Satz von Bruckners 7. Symphonie nur denkt? Auch die Schöpfer der Musik selbst sind gegen solche Gefühle nicht gefeit – von Liszt wird beispielsweise berichtet, er sei hin und wieder beim Hören seiner eigenen Werke in Tränen ausgebrochen. Aber müsste man nicht postulieren, dass das Gewöhnliche längst zur Gleichgültigkeit, also zur Abwesenheit von Emotionen, geführt hätte? Manche Neurophysiologen glauben, dass unser Gehirn regelmäßig auf die »werksseitige Ausgangsstellung«, die neutrale Grundposition zurückgesetzt wird, die wir oben beschrieben haben. Damit würde es seine Fähigkeit erhalten, sich auch von bekannten Dingen überraschen, mindestens aber erfreuen zu lassen. Ein Sonnenuntergang am Meer oder unser Lieblingsnachtisch erfüllen uns ja auch immer wieder mit Freude, genau wie wir uns an einer bestimmten Stelle unseres Weges zur Arbeit immer wieder über den Stau ärgern, obwohl wir ihn seit Jahren kennen. Es kommt aber noch ein anderer wichtiger Aspekt ins Spiel: unser Streben nach Lust. Die Erfüllung von Lust, insbesondere der biologisch nutzlosen Lust, ist ein ganz entscheidender Bestandteil unseres Seins. Das Essen ist deswegen gar nicht das perfekte Beispiel – natürlich verschafft es Lust, aber gleichzeitig ist es lebensnotwendig. Sex ist ein viel besseres Beispiel: Wer keine Kinder zeugen will, braucht ihn eigentlich nicht. Und doch ist der Sex eine der größten Triebfedern unseres Denkens und Handelns; von ihm wissen wir genauso wie von einer Schubert-Sonate, die wir ein paarmal gehört haben, wie er zu Ende geht, aber wir wollen ihn immer wieder. Im Unterschied zu Essen, Schlafen und Sex als biologischen Trieben, die Knecht und König gemein haben, sind unsere weiteren Begierden und Süchte sehr stark von unserer Sozialisation abhängig; der eine bezieht Lustgewinn aus Gartenarbeit, der andere aus Shoppingtouren und der Dritte aus dem Sammeln von teuren Oldtimern – alles repetitive, immer wieder gleich ablaufende Tätigkeiten, von denen manche aber nicht genug bekommen. Nach all dem Gesagten scheint die Musik eine Zwitterstellung einzunehmen. In der Form, wie sie uns heute oft, und bezogen auf die klassische Musik praktisch immer, begegnet, ist sie zwar eine Errungenschaft von Geist, Zivilisation und Kultur, die wir zu Recht als Kunst und nicht als Trieb bezeichnen; und doch hat sie einige Charakteristika, die sie in die Nähe einer biologischen Begierde rücken. Musik ist Lust, die wir zu einer äußerst anspruchsvollen, durchgeistigten Spielart des menschlichen Seins weiterentwickelt haben. Wenn wir, statt wie unsere Vorfahren einen Apfel vom Baum zu pflücken, um den Hunger zu stillen, stundenlang in der Küche stehen und ein mehrgängiges, raffiniertes Menü zubereiten, sprechen wir dann nicht auch von Koch*kunst*?

Die »neutrale Grundposition« der Emotionen und der Lustgewinn können also auch erklären, warum viele Menschen 40

Jahre einen für Außenstehende eintönigen Beruf mit Begeisterung ausüben oder ihr Leben lang einen anderen lieben »wie am ersten Tag«. Wenn das Gehirn nämlich während der Wahrnehmung genauso dynamisch-chaotisch wäre wie später beim Erinnern und emotionalen Bewerten (was viele Neurophysiologen glauben), würde man Altbekanntes in Wahrheit immer wieder neu sehen, hören und riechen, und manche Menschen sind sich dessen womöglich bewusster als andere und sagen in Bezug auf ihren Partner oft noch etwas Interessantes: sie würden von ihm jeden Tag aufs Neue überrascht, auch noch nach Jahrzehnten. Die Mischung aus Habituation, ständig minimal sich ändernder Wahrnehmung (»Ich entdecke nach all den Jahren immer noch neue Facetten an dir.«) und der Erwartung, dass doch etwas Ungewöhnliches geschieht (aber nicht so ungewöhnlich, dass es das ganze Lebensgefüge durcheinanderbringt), scheint die Faszination einer glücklichen Beziehung auszumachen. (Auch) deswegen gehen wir in Konzerte: Die CD klingt immer gleich, aber im Konzert können wir eine Überraschung erleben – allerdings auch eine negative. Und während die Wahl des Berufes und des Lebenspartners von sehr vielen Faktoren abhängig ist und sicher nur zu einem kleinen Teil in den Genen liegt, was das breite Band von Berufen und Menschen, die man lieben kann, erklärt, gibt es für die Musik eben eine deutlichere genetische Codierung, die uns, gewagt und unwissenschaftlich ausgedrückt, im wahrsten Sinne des Wortes in die Wiege gesungen und im Babyalter gefestigt wird. Im späteren Leben kommen dann immer noch genug äußere Einflüsse hinzu, die zu der großen Varianz individuell bevorzugter Musik führen. Und doch: Trotz schwieriger Recherchen und mancher nicht ganz stichhaltiger Website zu dem Thema kann man davon ausgehen, dass nur Werke von etwa 200 bis 300 Komponisten überhaupt irgendwo auf der Welt mindestens einmal im Jahr öffentlich aufgeführt werden. 20 % der aufgeführten Kompositionen stammen von Bach, Mozart und Beethoven, 50 % von diesen dreien plus den nächsten zehn; die zweite Hälfte verteilt sich – grob überschlagen – auf die restlichen

90 % der Komponisten. Der Besuch eines gut sortierten Fachgeschäftes für klassische Musik oder der Blick in den Katalog der lieferbaren CDs eines großen Plattenlabels lassen die Angaben durchaus plausibel erscheinen. Man stelle sich für einen Augenblick eine geradezu groteske Analogie vor: weltweit würden nur 300 Schriftsteller verlegt, von denen aber lediglich die Hälfte überhaupt nennenswerte Verkaufszahlen erzielen würde! Womöglich sprechen die »Top 3« der Komponisten mehr als andere unsere biologische Null-Stellung an. Eine Messe von Bach oder ein Klavierkonzert von Mozart wären dann, neurophysiologisch gesprochen, sozusagen Wiegenlieder für Erwachsene. Schönberg bliebe immer Schönberg – weder Kinder noch Erwachsene mögen ihn –, und die anderen würden wir hören, wenn wir auf lustvolle Art unsere Erwartungen verletzen lassen möchten. Wem das zu plakativ ist, schaue in seine eigene CD-Sammlung. Zugegeben: ein fortgeschrittener Liebhaber klassischer Musik mit einer großen Sammlung wird nun vielleicht triumphieren und sagen, Bach, Mozart, Beethoven und die anderen »Üblichen« nähmen in seinem Regal einen viel geringeren Raum ein als 50 %. In diesem Fall könnte man fragen, ob sich bei 100 Stunden tatsächlich abgespielter Musik die Verhältnisse nicht ändern. Gibt es in der Sammlung nicht CDs mit Ligeti, Zimmermann oder Lutosławski, die man nach einmaligem Hören für immer in den Schrank gestellt hat, obwohl sie einem kleinen Fachpublikum als wichtige Figuren der neuzeitlichen Musikentwicklung gelten?

Vielleicht haben die Europäer auch deswegen bestimmt, dass der Schlusschor aus Beethovens 9. Symphonie zur Europahymne wurde, und die Tatsache, dass die 9. Symphonie bis heute das einzige Nicht-Wagner-Stück ist, das jemals im Bayreuther Festspielhaus aufgeführt, ja von dem perfekten Rollenmodell aller kleinwüchsigen Egomanen selbst bei vielen Gelegenheiten auch anderswo mit Ehrfurcht dirigiert wurde, spricht ebenfalls für sich. Auch in Japan hat die Neunte nach einem überaus bewegenden Anfang die Herzen der Menschen erobert: sie wurde am 1. Juni 1918 von deutschen Soldaten, die 1914 im chinesischen Tsingtau, damals noch deutsche Kolonie, vor den Japanern kapituliert hatten und in das Kriegsgefangenenlager Bando gebracht worden waren, erstmals im Fernen Osten überhaupt aufgeführt. Die Hypothese, dass Beethoven, natürlich ohne es zu wissen oder gar zu beabsichtigen, Weltmusik geschrieben hat in dem Sinne, dass er die genetischen Einstellungen und neurophysiologischen Erwartungen der Menschen jenseits aller ethnischen und kulturellen Unterschiede befriedigt, wird auch von folgender Beobachtung gestützt: Während beispielsweise Japaner »verrückt« nach Beethoven sind, wären in der westlichen Welt wohl nur wenige Musikinteressierte in der Lage, den Namen auch nur eines asiatischen Komponisten zu nennen. Das liegt nicht daran, dass es nicht in beide Richtungen einen regen Austausch gäbe; doch genau wie die westlichen Orchester in Asien mit »den Klassikern« auf Tournee gehen, tun das die asiatischen Orchester – sogar im eigenen Land spielen sie vorwiegend westliche Musik. Oft steht am Anfang Musik eines Landsmannes, aber den Rest bestreiten »die üblichen Verdächtigen«, wie man mit wenigen Klicks auf den Homepages der großen asiatischen Orchester wie des Tokyo Philharmonic Orchestra, des Seoul Philharmonic Orchestra oder des Shanghai Symphony Orchestra feststellen kann. Paradoxerweise widerspricht der Ausdruck ›Weltmusik‹, wie er hier verstanden wird, der heutigen Verwendung fast diametral, denn meist meint man damit Musik, in denen Elemente aus ganz unterschiedlichen (auch geographischen) Richtungen verschmelzen. Um nicht missverstanden zu werden: Eine »Überlegenheit« westlicher Musik wird hier nicht propagiert, aber das Bedauern darüber, in diesem Buch die faszinierenden Musiken anderer Kulturen nicht berücksichtigen zu können, relativiert sich doch. Bei weiterem Interesse sei auf das *Center for World Music* an der Universität Hildesheim verwiesen, das Spuren und Vermächtnisse weltweiten Musikschaffens bewahrt und es sich zur Aufgabe gemacht hat, musikethnologisches Wissen für die Gesellschaft nutzbar zu machen.

Dass es in allen Ländern, von Japan und Korea über Indonesien und Indien bis hin zu Brasilien, um nur wenige zu nennen, eine ganz ausgeprägte lokale Rock- und Popszene gibt, widerspricht der Theorie von einer ›Weltmusik‹ im gerade erläuterten Sinne übrigens nicht. Denn abgesehen davon, dass auch dort die US-amerikanische Musik einen wesentlichen Einfluss ausübt, sind die einheimischen Künstler natürlich über ihre Texte – falls sie nicht auf Englisch singen – und das Fernsehen insbesondere den Jugendlichen nahe. Auch in Deutschland gibt es erfolgreiche Gruppen mit durchaus anspruchsvollen Texten. Doch wenn bildungsbeflissene Eltern in die Ausbildung und Zukunft ihrer Kinder investieren, gehört dazu oft auch Musikunterricht, und dann sollen die Kleinen Bach, Mozart und Beethoven üben – egal ob in Tokyo oder Seoul, Jakarta, Bombay oder Rio.

Erinnerung – Wie das Gedächtnis mit der Musik umgeht

Es ist natürlich kein Zufall, dass dieses Kapitel auf die Abschnitte »Musik als Vorstellung« und »Musik und Emotionen« unmittelbar folgt, denn Emotionen führen zu Erinnerungen, und wenn die Emotionen etwas mit Musik zu tun hatten, kann diese die Erinnerungen auch in einer neutralen Situation wachrufen. Man spricht vom »emotionalen Gedächtnis«. Im Gedächtnis hinterlegte Hörerinnerungen sind aber wiederum nötig, um sich Musik vorstellen zu können. Da die Musikerinnerung und die emotionale Bewertung von Musik Leistungen unterschiedlicher Hirnstrukturen sind, ist es folgerichtig, der Erinnerung ein eigenes Kapitel zu widmen.

Unterscheiden wir zunächst Erinnerungen *an* Musik und Erinnerungen, die *durch* Musik ausgelöst werden, um den Zusammenhang zu den Emotionen zu erläutern. Dazu ein einfaches Beispiel, das so ähnlich die meisten schon erlebt haben: Wir haben im Toskana-Urlaub ein bestimmtes Lied immer wieder gehört und verbinden damit eine liebliche Hügellandschaft, ockerfarbene, malerisch verfallene Palazzi, die von Zypressen eingefasst sind, bestimmte Gerüche oder ein wunderschönes Abendessen zu zweit – dieses Lied wird auch in einem anderen Zusammenhang Erinnerungen an Italien auslösen, sogar an einem trüben Novembermorgen. Erinnerungen können auch durch andere, früher sehr intensiv wahrgenommene Sinneseindrücke getriggert werden. Diese Prozesse werden manchmal »Priming« (Bahnung) genannt. Wer wird nicht schon die Erfahrung gemacht haben, beim Spaziergang über eine blühende Frühlingswiese plötzlich an einen besonderen Tag aus seiner Kindheit zu denken oder sich beim Essen eines Gerichtes nach dem Rezept der Großmutter an sie zu erinnern. Schriftsteller haben solche Bahnungen oft beschrieben. Die diesbezüglich wohl berühmteste Stelle der Weltliteratur findet sich bei Marcel Proust, dem am Ende des ersten Kapitels des ersten Teils seines Romans *Auf der Suche nach der verlorenen Zeit* durch das Löffeln einer in Tee getauchten Madelaine längst verloren gegangene Erlebnisse deutlich vor Augen stehen; doch hat Proust auch den fiktiven Komponisten Vinteuil eine ebenso fiktive Sonate für Violine und Klavier schreiben lassen, die bei der Figur des Charles Swann hinreißend dargestellte und trotz typisch Proustscher Länge wunderbar zu lesende Emotionen und Erinnerungen auslöst. Überhaupt haben sich bedeutende französische Autoren einige Male an die literarische Verarbeitung von Musik gewagt, so Honoré de Balzac mit *Gambara* und Romain Rolland mit *Jean-Christophe*. Dennoch gibt es insgesamt nur wenige Musikromane von Weltrang, deren vielschichtigster wohl Thomas Manns *Doktor Faustus* ist, in dem das romantische Sujet des hier durch absichtliche Ansteckung zum genialen Syphilitiker gewordenen Künstlers – Nietzsche nachempfunden – in großartigster Weise mit tiefreichenden musikalischen Betrachtungen verwoben wird. Bemerkenswerterweise erschien nahezu zeitgleich – nämlich kurz nach dem Ende des Zweiten Weltkrieges – ein anderer, fast in Vergessenheit geratener Roman, der, wenn auch in sehr viel rätselhafterer Art und Weise, ebenfalls als Musikroman verstanden werden kann: Die monumentale und kryptische *Niederschrift des Gustav Anias Horn, nachdem er neunundvierzig Jahre alt geworden war*, Teil des mehrbändigen Werkes *Fluss ohne Ufer* von Hans Henny Jahnn, der in Fachkreisen mit Proust und Joyce verglichen wird, aber niemals populär wurde. Ein Schriftsteller, der sich in seinen Werken immer wieder auf hohem Niveau mit der Musik auseinandergesetzt hat, ohne dass sie jedoch Musikromane im eigentlichen Sinne sind, ist der Kubaner Alejo Carpentier. – Das bei Erscheinen hochgelobte Buch *Schlafes Bruder* von Robert Schneider zählt ebenfalls nicht zu den Musikromanen. Vor den komplexen Gedanken und Stimmungen, die Musik auslöst, weichen die allermeisten Schriftsteller wohl aus Ehrfurcht oder Angst, das Unterfangen nicht bewältigen zu können, zurück. Allein Thomas Mann hat sich in seinem Werk immer wieder und keinesfalls nur im *Doktor Faustus* an die

Musik gewagt; auch in den *Buddenbrooks*, im *Zauberberg* und in vielen Novellen findet eine Auseinandersetzung mit der Tonkunst und in besonderer Weise mit Wagner statt. – Die Myriaden musiktheoretischer Schriften von zum Teil gehobenem literarischen Rang, auch durch Komponisten selbst verfasst, können nicht einmal erwähnt und es kann auch nicht auf jene interessanten Werke eingegangen werden, in denen reale Komponisten in fiktiven Szenen auftreten, so Wagner in *Il fuoco* von Gabriele D'Annunzio. Aus Platzgründen und weil nur ganz am Rande zum Thema des Buches gehörend, seien nur noch folgende weitere Autoren in alphabetischer Reihenfolge als Appetitanreger genannt, bei denen man ohne Anspruch auf Vollzähligkeit fündig wird, wenn man literarisch und bisweilen auch sehr unterhaltsam über Musik lesen möchte: Ingeborg Bachmann, Julian Barnes, Roland Barthes, Richard Benz, Ernst Bloch, Alfred Brendel, Peter Härtling, Hermann Hesse, E. T. A. Hoffmann, Kazuo Ishiguro, André Gide, Egon Günther, Hartmut Lange, Klaus Mann, Friedrich Nietzsche, Hermann-Josef Ortheil, Joséphin Péladan, Sarah Quigley, Ludwig Tieck, Wilhelm Heinrich Wackenroder, Bernhard Sinkel, Martin Walser, Franz Werfel.

Grundsätzlich kann man das Gedächtnis zeitlich und funktional kategorisieren. Die zeitlichen Kategorien sind das Ultrakurzzeitgedächtnis (Sensorisches Gedächtnis; Sekunden oder sogar nur Bruchteile davon), das Kurzzeitgedächtnis (Arbeitsgedächtnis; Minuten) und das Langzeitgedächtnis (Jahre). Die funktionalen Kategorien, die logischerweise nur das Langzeitgedächtnis betreffen, sind einerseits das deklarative Gedächtnis (Wissensgedächtnis, explizites Gedächtnis), das wiederum unterteilt wird in das semantische Gedächtnis (Faktenwissen: »Beethoven wurde in Bonn geboren.«) und das episodische Gedächtnis (das Wissen über die eigene Lebensgeschichte: »Letztes Jahr habe ich das Beethoven-Haus besichtigt.«) sowie andererseits das prozedurale Gedächtnis (Verhaltensgedächtnis, implizites Gedächtnis, motorisches Gedächtnis, z. B. Klavierspielen).

Obwohl je nach Gedächtnisart die wesentlichen Hirnstrukturen und damit der Sitz der Erinnerungen einigermaßen identifiziert sind (Stirn- und Scheitellappen, Hippocampus und Amygdala in komplexer Zusammenarbeit und Überlappungen mit Strukturen für die Bewertung von Emotionen), bedient sich das Gehirn wieder einmal des Prinzips der chaotischen Lagerhaltung – es gibt kein Gedächtniszentrum; meist weiß es, wo eine bestimmte Erinnerung gespeichert ist, manchmal aber auch nicht. Dann sprechen wir davon, etwas vergessen zu haben, obwohl viele Neurophysiologen glauben, dass in Wahrheit nur der Schlüssel zu dem betreffenden Inhalt verloren gegangen ist, den wiederzufinden das Gehirn durchaus in der Lage ist – man muss dann eben mal »scharf nachdenken«. Komplexe verschüttete Gedächtnisinhalte, die das Gehirn – für unser Großhirn, das Bewusstsein, nicht erkennbar, aber trotzdem »absichtlich« – weggesperrt hat, kann man manchmal mit psychoanalytischen Methoden wieder freisetzen – nicht immer zum Wohle des Patienten. Wir wissen alle aus Erfahrung, dass es gut ist, an manchen Dingen (besonders, wenn sie stark emotional besetzt sind) nicht mehr zu rühren: Das Vergessen, in diesem Fall also die Lagerung von Erinnerungen in einem Tresor, von dem man den Schlüssel weggeworfen hat (oder das Unbewusste hat das für einen erledigt) *und ihn auch nicht wiederfinden will*, darf auch als Schutzmechanismus gedeutet werden. Davon abzugrenzen ist die Amnesie als eine durch Unfälle, langen Alkoholmissbrauch oder krankhafte Prozesse wie Epilepsie, Hirn- oder Hirnhautentzündung ausgelöste Gedächtnisstörung. Obwohl keine »offizielle« Krankheit im Sinne der internationalen Kodierungsrichtlinien, gibt es auch die seltene, schwer erklärbare spezifische musikalische Amnesie sowie spiegelbildlich Amnesien, die auf unerklärbare Art und Weise die Erinnerungen an Musik intakt lassen. So beschrieben Wissenschaftler der Berliner Charité einen professionellen Cellisten, der überhaupt keine Erinnerungen mehr an sein Leben hatte und mit Ausnahme seines Bruders niemanden mehr erkannte, aber im Identifizieren von Musikstücken seinen gesunden Kollegen um nichts nachstand.

Erinnerungen *durch* Musik sollten von Erinnerungen *an* Musik unterschieden werden; bevor uns ein Lied an eine Reise durch die Toskana erinnern kann, müssen wir uns ja erst einmal an das Lied selbst erinnert haben – nichts anderes bedeutet es, wenn wir sagen, wir hätten es »erkannt«. Die Erinnerung an Musik ist sehr komplex, denn wir erkennen ein Stück in der Regel auch dann wieder, wenn es leiser oder lauter, schneller oder langsamer, statt von einem Cello von einer Flöte oder in einer anderen Tonart gespielt wird. Physikalisch gesehen kann man so beinahe unendlich viele Versionen ein und desselben Stückes erzeugen. Nach der konstruktivistischen Gedächtnistheorie ist das Gehirn jedoch in der Lage, aus dem Gehörten trotz aller Veränderungen eine stabile Basisinformation zu extrahieren, die man auch als Kategorisierung bezeichnet. Obwohl das ziemlich einleuchtend klingt, wurde das Modell lange von den Anhängern der sogenannten Dokumentationstheorie bekämpft, nach der jede Einzelerfahrung einen eindeutigen Gedächtnisinhalt hinterlässt. Von einem Song wie »Yesterday«, der über 3000-mal gecovert worden ist, würden wir also mit jeder gehörten Version eine separate »Datei« im Gehirn anlegen. Nach dem aktuellen Stand der Wissenschaft sind beide Modelle in der Multiple Trace-Gedächtnistheorie vereint. Danach wird jede Information vom Gehirn in eine Reihe von Faktoren (Attributen) zerlegt, die jede für sich ihre eigene Spur hinterlassen und »irgendwo« abgelegt werden: die chaotische Lagerhaltung wird also sogar noch auf die Spitze getrieben. Erinnerungen würden demnach nicht »wachgerufen«, sondern im Moment des Sich-Erinnerns aus einer großen Zahl von Einzelspuren neu zusammengesetzt: Erinnerungen hat man nicht, sondern das Gehirn macht sie jedes Mal neu. Anders ausgedrückt: Das Gedächtnis ist kein statisches Gebilde, sondern ein immerwährender Prozess. Dass das Gehirn ab und zu Fehler macht und Erinnerungen verfälscht, ergibt sich daraus ohne Weiteres, und die bekannte Tatsache, dass Zeugen eines Unfalles vollkommen unterschiedliche Angaben machen, findet so auch eine simple Erklärung. Bezogen auf das »musikalische Gedächtnis« (wir nennen es so, obwohl wir längst verstanden haben, dass es das nicht gibt), kann dies bedeuten, dass wir bei einem Musikstück, das wir lange nicht gehört oder gespielt haben, manchmal einen Fehler beim Summen der Melodie machen oder beim Spielen »nicht mehr weiter wissen«. Hier liegt allerdings (auch) ein Sonderfall des Gedächtnisses vor, den wir erst im Kapitel über »Musik als Handwerk« besprechen wollen.

Natürlich spielen Kurz- und Langzeitgedächtnis auch bei der Verarbeitung von Musik unterschiedliche Rollen, vielleicht sogar bei den Arbeitstechniken von Komponisten, was aber eine – wenn auch sehr interessante – Hypothese bleiben muss. Oben nannten wir Mozart einen rasenden Schnellkomponierer, der zumindest phasenweise kaum damit nachkam, alle Einfälle zu notieren – womöglich gelang es ihm wegen der Überfülle seiner Gedanken nicht immer, diese vom Kurz- ins Langzeitgedächtnis zu überführen, um sie zu einem späteren Zeitpunkt von dort abzurufen. Beethoven hingegen komponierte langsam und bewegte seine Ideen manchmal über Jahre im Kopf, was nicht möglich gewesen wäre, hätte er sie nicht im Langzeitgedächtnis gehabt (die Notizen, die er sich machte, waren oft so rudimentär, als hätte ein Schriftsteller als »Gedächtnisstütze« für einen 500-seitigen Roman zwei Substantive und drei Verben notiert). Beim Musik*hören* ist das Langzeitgedächtnis nur dann beteiligt, wenn sie uns anspricht. Zunächst fungiert der auditorische Cortex als Kurzzeitgedächtnis. Die wenigen Sekunden an Information über Töne, Melodien, Dynamik und Rhythmus, die wir uns merken können – die sogenannte Wahrnehmungsspanne –, reichen bei einfachen Stücken voll und ganz aus, um sie zu verfolgen und in ihnen eine sinnvolle Entwicklung hören zu können – je geschulter unser musikalischer Verstand ist, desto besser gelingt uns das. Entscheiden wir in diesen wenigen Sekunden, dass uns die Musik nicht interessiert, verschwindet sie aus dem Gehirn – im saloppen Sprachgebrauch sagen wir, dass etwas zum einen Ohr hineingeht und aus dem anderen wieder herauskommt. Den allergrößten Teil der Musik, die uns täglich berieselt, verwirft das Gehirn auf diese Weise. Was uns jedoch berührt, versuchen wir, ins Langzeitgedächtnis zu überführen, was bei kurzen, einprägsamen Stücken bereits nach einmaligem Hören gelingen kann – nicht in Bezug auf jede Note; aber eine schöne, einfache Melodie behalten wir sofort. Komplexe Musik allerdings muss man mehrfach oder sogar oft hören, um sie wirklich zu ergründen – an einer Wagner-Oper wird selbst der Beschlagenste auch noch beim hundertsten Mal etwas Neues hören oder etwas scheinbar Begriffenes erst richtig verstehen. Das »Berührtsein«, die starke emotionale Besetzung eines Ereignisses also, ist eine von zwei Möglichkeiten, dass Musik, hier bereits nach einmaligem oder jedenfalls wenigen Malen Hören, im wahrsten Sinne des Wortes »unvergesslich« wird; die Stimulation des (Langzeit-)Gedächtnisses durch Emotionen hat jeder schon am eigenen Leib erlebt: Was einem Spaß macht, lernt man schneller. Wenn ein Sechzehnjähriger sich im Urlaub am Strand in ein französisches Mädchen verliebt, fällt ihm das Vokabel-Lernen bestimmt leichter. Der Zusammenhang zwischen Erinnerungen und Emotionen wird hier in Bezug auf beide Teile des deklarativen Gedächtnisses sehr deutlich.

Nur über eine solche Verknüpfung ist im Übrigen zu erklären, dass in früheren Zeiten manche musikalische Genies, bei denen die Musik in ganz außergewöhnlichem Maße mit positiven Emotionen besetzt war, als spektakuläre Ausnahme vom eben Gesagten sogar lange und harmonisch komplizierte Stücke nach einmaligem Hören fehlerfrei wiedergeben (also spielen und/oder aufschreiben) konnten: Sie waren bereits beim ersten Hören ins Langzeitgedächtnis überführt worden. Diese Gedächtniskünstler waren in Konzerten der Konkurrenz vor den Zeiten des Copyrights aus verständlichen Gründen nicht gern gesehen. Eine besondere Leistung und gleichzeitig eine Frechheit zeigte Mozart im Jahre 1770 in Rom, als er das *Miserere* von Gregorio Allegri, einen neunstimmigen a-cappella-Satz, der nur in der Karwoche in der Sixtinischen Kapelle aufgeführt werden durfte und dessen Noten auf päpstliche Anweisung streng unter Verschluss gehalten wurden, nach einmaligem Hören vollständig aufschrieb; auf Umwegen kamen die Noten dann nach London und wurden veröffentlicht. Allerdings haben solche Kunststücke bei Mozart und anderen Gesunden nur funktioniert, weil sie musikalisch geschult waren und bis zu einem gewissen Grade die Musik damals vorhersehbar war. Es ist nicht bekannt, dass ein Gesunder jemals ein Stück Zwölftonmusik nach einmaligem Hören hätte spielen oder aufschreiben können.

Wir nannten die emotionale Besetzung der Musik *eine* von zwei Möglichkeiten, sie ins Langzeitgedächtnis zu überführen. Und die zweite? Die zweite ist die harte Tour, die wir alle kennen: üben, üben, üben, wiederholen, wiederholen, wiederholen. Wenn man zu den französischen Vokabeln keinen emotionalen Türöffner hat und bei der nächsten Klassenarbeit trotzdem anständig abschneiden möchte, muss man eben pauken. Dem musikalischen Laien, der hört, was ihm gefällt, erscheint der Gedanke, ein emotional eher gleichgültig oder gar negativ besetztes Stück durch wiederholtes Hören oder Üben ins Langzeitgedächtnis zu zwingen, vermutlich etwas fremd, aber für Musikstudenten und angestellte Berufsmusiker ist dies eine gar nicht so seltene Notwendigkeit.

Einen wesentlichen Aspekt musikalischer Erinnerung haben wir bislang unterschlagen: Wie lernt man eigentlich, ein Instrument zu spielen? Wie ist es möglich, dass ein Solopianist auswendig ein zweistündiges Konzert gibt, bei dem er – je nach ausgewähltem Programm – ein paar Hunderttausend Mal eine Taste anschlägt, wobei die Fehlgriffquote gegen Null tendiert? Obwohl auch all dies sehr viel mit emotional bewerteten Erinnerungen zu tun hat, kommt hier eine weitere Qualität ins Spiel: das motorische Gedächtnis, Thema des nächsten Kapitels.

Mechanische Aspekte des Musizierens, Musizieren als Handwerk – Gut, dass das Großhirn manche Aufgaben »nach unten« abgibt

Bei den Anfängern in der Jugendmusikschule geht es noch nicht um die hohe Kunst der Musik. Sie brauchen sich noch nicht wie ihre »großen« Kollegen im doppelten Sinne des Wortes intensiv damit auseinanderzusetzen, wie die Vortragsbezeichnung *Assai lento* von Chopins *Prélude in h-Moll* zu verstehen ist – denn vordergründig ist es ein »Vomblattspielstück«, bei dem das Tempo egal zu sein scheint, spielt man es nur »langsam«. Bei den Schülervorspielen bangen die jungen Künstler, die Eltern und die Lehrer vielmehr darum, ob jemand fehlerfrei »durchkommt«. Nur bei den seltenen Ausnahmetalenten wird man, bleiben wir beim Klavier, staunen können über eine Anschlagskultur, die ein vollendetes *Legato* hervorbringt, Phrasierungen, die überraschende Zusammenhänge aufzeigen, und eine Stelle, bei der über 30 Noten hinweg ein *Crescendo* verlangt wird und man das Gefühl hat, dass jeder Ton tatsächlich einen Hauch lauter ist als der vorhergehende.

Beim Erlernen eines Instrumentes geht es zunächst um die handwerkliche Beherrschung. Man erkennt, dass die Hand-, Mund- und Lippenhaltung bei vielen Instrumenten ziemlich unnatürlich, »künstlich« ist, was neben dem ebenfalls von Kunst abgeleiteten ›künstlerisch‹ – auch in anderen Sprachen, vgl. englisch *art/artificial/artistic* und Analoga in den romanischen Sprachen – schon deswegen interessant ist, weil die Musik im Menschen doch grundsätzlich angelegt ist, also »natürlich«. Was jedoch das Praktizieren angeht, kann man das nur vom Singen behaupten. Jedenfalls sind die Bogenhaltung bei Streichern, der sogenannte Ansatz der Klarinettisten, d.h. die ziemlich komplizierte Technik, das Instrument zwischen den Lippen zu halten, und selbst das auf den ersten Blick »einfachere« Klavierspiel aus neurologisch-anatomischer Sicht vollkommen unphysiologisch und müssen daher mehr oder weniger mühsam erlernt werden. Wenn man sich vergegenwärtigt, wie lange Kinder brauchen, um mit den vergleichsweise simplen »Instrumenten« Messer und Gabel zurechtzukommen, wird klar, dass das Gehirn hier vor eine komplexe Aufgabe gestellt wird, die erst nach vielen Jahren so automatisiert abläuft, dass zumindest die grundsätzlichen Bewegungsmuster ins Unbewusste wandern – doch niemals so sehr wie z.B. das Gehen, das ebenfalls ein komplizierter Vorgang ist, über den wir aber fast nie nachdenken müssen, weil er praktisch stets gleich abläuft. Das ist beim Musizieren anders und ändert sich selbst dann nicht, wenn ein Musiker meint, sein Repertoire sei nun vollständig. Zwar kann ein Sologeiger entscheiden, sich auf bestimmte Komponisten zu beschränken; dann wird er einige Hundert Werke technisch perfekt beherrschen und kann einen Großteil seiner Aufmerksamkeit auf die Interpretation und Gestaltung legen. Und doch muss er weiterhin jeden Tag üben, um die mechanischen Aspekte des Spiels zu festigen. Ein Orchestergeiger aber, der vom Dirigenten ein unbekanntes Stück vorgesetzt bekommt, wird die später weitestgehend automatisierten Bewegungsabläufe noch einmal neu lernen müssen. Natürlich muss er sich keine Gedanken mehr darüber machen, wie er den Bogen hält und wo auf dem Griffbrett die Töne sind; aber das Stück selbst muss er anfangs bewusst neu bewältigen.

Nur einige wenige Solomusiker werden zu weltweit gefeierten Stars, die allermeisten unterrichten privat, in Schulen oder Musikschulen und/oder werden Orchestermusiker. Das alles ist die Normalität. Doch die wahre Faszination erwächst natürlich aus dem »Nicht-Normalen«, und das »Nicht-Normale« sind die grandiosen Virtuosenleistungen, die das Gehirn nicht im Hinblick auf die musikalische Gestaltung, sondern in Bezug auf Finger- und Körperbeherrschung an die Grenzen des Möglichen bringen.

So ist aus neuerer Zeit verbürgt, dass der große Pianist

Swjatoslaw Richter innerhalb weniger Tage die technisch höchst anspruchsvolle 7. Klaviersonate von Sergei Prokofjew einstudierte und bei der Uraufführung auswendig vortrug, und die überaus virtuose Martha Argerich hat nach eigenen Angaben in einer Woche Ravels *Gaspard de la Nuit* aufführungsreif gelernt, dessen dritter Satz, *Scarbo*, auf der Liste der technisch allerschwierigsten Stücke bei den meisten Pianisten sehr weit oben stehen dürfte. In heutigen Tagen scheinen es vor allem chinesische und koreanische Pianisten zu sein, die sich für unfassbare Akrobatenstücke feiern lassen. Zu ihrer überlegenen Technik gegenüber westlichen Pianisten und Studenten gibt es bereits Untersuchungen. Die F.A.Z. vom 18. 4. 2015 fasste lapidar zusammen: »Sie üben mehr und fragen weniger.« Die Europäer besäßen hingegen ein höheres »Reflexionsniveau«, eine sicher nicht ganz faire Verallgemeinerung. (Übrigens verdanken wir den *Scarbo* wohl einer Art »Wettbewerb«: Damals galt die orientalische Fantasie *Islamey* von Mili Alexejewitsch Balakirew als das schwierigste Klavierstück, das je geschrieben worden war, und Ravel wollte ihn absichtsvoll übertrumpfen. Ob ihm das gelungen ist, muss jeder Pianist für sich selbst entscheiden.)

Die ganz großen Pianistenlegenden jedoch lebten im 19. Jahrhundert; auch der größte Teil des Lebens des »Teufelsgeigers« Niccolò Paganini fällt in jene Zeit. Allerdings ist zu berücksichtigen, dass es von ihnen keine Aufnahmen gibt und dass manche Interpreten auch außerhalb des Konzertsaales derart charismatische Persönlichkeiten waren, dass die bewundernden Berichte über ihr Virtuosentum möglicherweise ein wenig zu enthusiastisch ausfallen. Trotzdem sind Namen wie Sigismund Thalberg, Adolf Henselt, Alexander Dreyschock und einige andere bis heute bekannt, und pianistische Wettkämpfe auf der Bühne bleiben ebenso mit ihnen verbunden wie märchenhafte Episoden als Salonlöwen. Der Ruf von Franz Liszt als Lebemann und Frauenheld war zeitweise ebenso groß wie seine Reputation als Pianist. Andererseits gibt es von Chopin ein schriftliches Zeugnis, wonach er sich wünschte, er selber könne seine eigenen Etüden so spielen wie Liszt, und Clara Schumann beklagte sich voller Bewunderung, er spiele vom Blatt, womit »wir uns abmühen und am Ende doch nichts zustande bringen«. Es darf als sicher gelten, dass Liszt (auch) seine eigenen diabolischen Werke beherrschte, anders als Schubert, der über sein einziges wirklich virtuos gesetztes Stück, die *Wanderer-Fantasie*, meinte, andere sollten dieses »Teufelszeug« spielen. Und obwohl Beethoven, vor seiner Ertaubung, in Jugendjahren ein hervorragender Pianist war, sind Zweifel berechtigt, ob er die berüchtigten Oktavläufe im dritten Satz der *Waldsteinsonate* wirklich so spielen konnte, wie er sie aufgeschrieben hat, oder aber seine *Hammerklaviersonate* mit intaktem Gehör so hätte spielen können, dass er seinen eigenen Maßstäben gerecht geworden wäre.

Unter den Komponisten neuerer Zeit erinnert Sergei Rachmaninow ein wenig an Franz Liszt. Auch er wurde stürmisch bejubelt, glänzte mit atemberaubender Virtuosität, die in frühen Plattenaufnahmen festgehalten ist, und sprühte vor jener süßlichen (Spät-)Romantik, die immer an der Grenze des Kitsches steht. Einige seiner Stücke, besonders vielleicht das 3. Klavierkonzert, würden in jeder Liste der schwierigsten je geschriebenen Werke ziemlich weit vorn auftauchen.

Interessant sind jene Fälle, bei denen ein Komponist ein über weite Strecken durchaus auch für begabte Dilettanten beherrschbares Solistenstück durch eine kurze, grausam schwierige Volte gleichsam »verschlossen« hat. Manche Nocturnes von Chopin, die man fast vom Blatt spielen kann, werden von gnadenlos virtuosen Passagen unterbrochen; auch seine *F-Dur-Ballade* ist ein gutes Beispiel. Eine äußerst frappante Stelle in diesem Zusammenhang ist das Ende des zweiten Satzes von Schumanns *Fantasie* – gewiss ein über weite Strecken technisch anspruchsvolles, jedoch zu meisterndes Stück. Aber dieser kaum eine halbe Minute dauernde Schluss ist von einer geradezu mutwillig inszenierten Schwierigkeit, als ob Schumann hätte sagen wollen: »Wenn ich es nicht spielen kann, soll es auch kein anderer spielen können.« Mag man diese Stelle im doppelten Sinne des Wortes als »einmalig« ansehen, hat es andere Komponisten gegeben, die beständig und absichtsvoll die Grenzen des Unspielbaren ausloten wollten. Sie sind wohl zu Recht nicht sehr bekannt, da die musikalischen Inhalte eher schwach blieben: genannt seien Charles-Valentin Alkan, Georgy Lvovich Catoire oder Kaikhosru Shapurji Sorabji, dessen nahezu unspielbare Etüden der schwedische Pianist Fredrik Ullén seit einigen Jahren aufnimmt; im Jahre 2016 erschien der fünfte Teil. In unserer Zeit hat das monumentale Klavierstück *The People United Will Never Be Defeated* des Amerikaners Frederic Rzewski Aufsehen erregt. An erster Stelle – auch der Bekanntheitsskala auf diesem Gebiet – steht jedoch Leopold Godowsky mit seinen 53 Bearbeitungen der Chopin-Etüden, die vordergründig sogar einem pädagogischen Ansatz folgen und insbesondere die Unabhängigkeit der Finger der linken Hand verbessern sollen, aber in Wahrheit doch eher eine rauschhafte Hypervirtuosität zelebrieren, über die Marc-André Hamelin, einer der wenigen, die sich daran wagen, in dem Booklet seiner CD schreibt: »Es ist darum nicht schwer zu verstehen, warum diese Stücke in dem Ruf stehen, olympischer Höchstleistungen der Darbietung zu bedürfen (…).« Und zur zweiten Fassung der *Etüde in a-Moll* meint er beispielsweise: »Eine bemerkenswerte, fantastische Schöpfung, die über das Unheimliche, Geheimnisvolle ihrer Vorlage hinausgeht und angefüllt ist mit den entsetzlichsten Schwierigkeiten, die man sich vorstellen kann, darunter die besonders grausame Aufforderung des Bearbeiters [gemeint ist Godowsky], fast die ganze Zeit *pianissimo* zu spielen.« Die Tatsache, dass der umfangreichen Fachliteratur die Klaviermusik Godowskys selten mehr als ein kurzer Absatz wert ist, rückt seine musikalische Bedeutung allerdings dann doch ins rechte Lot.

Einige der hier genannten großen Pianisten und Komponisten verfügten über zwei weitere bemerkenswerte Fähigkeiten, von denen die erste mindestens verblüffend, die zweite aber geradezu unglaublich erscheint: Sie konnten ihnen unbekannte, auch sehr schwierige Werke vom Blatt spielen (*prima vista*) und waren in der Lage, eine nie gesehene Orchesterpartitur ebenfalls *prima vista* so zu erfassen, dass sie nicht nur über alle Stimmen hinweg und hindurch die Melodie, sondern auch die Harmonien erkannten und gleichzeitig in einen Klaviersatz übertrugen, der dem vom Komponisten intendierten Charakter gerecht wurde. Während es für das Vom-Blatt-Spielen Übungsmethoden gibt – es ist sogar heute noch bei manchen Ausbildungsgängen ein Prüfungsfach –, ist die zweite Leistung mehr als nur atemberaubend: Wir reden hier nicht über die gedruckte Klaviertranskription eines Orchesterwerkes, an der ein Bearbeiter Monate gesessen hat, sondern über die spontane Umsetzung einer Partitur, die in Ausnahmefällen über 30 Systeme gehen kann, je nach eingesetzten Instrumenten in vier Notenschlüsseln steht und je nach Stimmung der transponierenden Blasinstrumente scheinbar auch noch in mehreren Tonarten. So verlangt Beethoven in seiner vergleichsweise übersichtlichen 3. Symphonie, die auch beim Tutti mit 13 Systemen auskommt, die Klarinetten in B und die Hörner in Es (die dann scheinbar in C-Dur notiert werden), begnügt sich aber mit drei Notenschlüsseln, den allgemein geläufigen und für die rechte und linke Hand am Klavier verwendeten Violin- und Bassschlüsseln und dem Altschlüssel für die Bratsche. Das Cello und das Fagott schreibt er durchgehend im Bassschlüssel auf, für die hohen Lagen dieser Instrumente gäbe es auch noch den Tenorschlüssel. Schon das ist schwer zu erfassen, aber wenn man sich vorstellt, dass Liszt seinem Schwiegersohn Richard Wagner aus dessen eigenen Werken mit oft weit über 20 Systemen in vier Notenschlüsseln und komplex transponierenden Blechbläsern, nie gehörten Harmonien und »versteckten« Melodien *prima vista* vorspielte (so im Oktober 1867 in Tribschen aus der Partitur der *Meistersinger*), was über alles Erwähnte hinaus auch noch erfordere, eine höchst charaktervolle Notenhandschrift zu entziffern, muss man sich ernsthaft fragen, ob das tatsächlich möglich oder Legende ist.

Was sagen die Gehirnforscher zu diesen Leistungen?

In der motorischen Repräsentation des Gehirns nehmen die

Hände den größten Raum ein. Um das zu erklären, muss man ein paar Millionen Jahre weit in die Evolutionsgeschichte zurückblicken, als die ersten Vorläufer des Menschen begannen, sich aufzurichten und die Enden der beiden vorderen Gliedmaßen für neue Aufgaben frei wurden. Die menschlichen Hände bestehen aus je 27 Knochen (mit zwei multipliziert ist das in etwa ein Viertel aller Knochen) und verfügen über 33 Muskeln, von denen die meisten im Unterarm liegen, durch Sehnen mit den Händen verbunden sind und die dank der drei Nerven Ulnaris, Medianus und Radialis und ihrer Verzweigungen weitestgehend unabhängig voneinander bewegt werden können. Ob die immer komplexeren Tätigkeiten zu immer komplizierteren und kleinteiligeren anatomischen Veränderungen führten oder ob es andersherum war, spielt keine Rolle. Wohl aber glauben manche Forscher, dass die bei der Mehrheit der Menschen festzustellende Händigkeit, also die Bevorzugung einer der beiden Hände, die umso deutlicher ist, je anspruchsvoller die zu bewältigende Aufgabe ist, ein Beweis dafür sein könnte, dass die Natur bis an die Grenzen des Möglichen gegangen ist, das Gehirn also zumindest in seiner »Grundeinstellung« nicht über genügend ständig aktivierte Rechenleistung verfügt, um zwei »starke« Hände zu kontrollieren. Sie wird zwar vorgehalten, aber solange sie nicht gebraucht wird, befindet sie sich sozusagen im Schlafmodus. Dabei gibt es beim menschlichen Tun auch relativ einfache Dinge, für die man die Motorik der »falschen« Hand dringend braucht; um bei einem Beispiel aus der Medizin zu bleiben: Es ist für viele junge Chirurgen extrem schwierig, etwas so Simples mit der falschen Hand zu tun wie einen Faden abzuschneiden. Durch Training kann man das jedoch durchaus korrigieren, wie nicht zuletzt auch Musiker und ganz besonders die Virtuosen unter ihnen wissen, wobei die kortikale Repräsentation der schwächeren Hand nachweisbar zunimmt.

Doch Vorsicht: »Kortikale Repräsentation« ist zwar ein oft benutzter Ausdruck, aber er vereinfacht die Dinge ein wenig. Er ist verführerisch, scheint er doch etwas zu bezeichnen, das einem sehr logisch vorkommt: Ein Pianist will ein c im *piano* anschlagen. Die Vorstellung ist, dass vom motorischen Cortex aus willentlich die involvierten Muskeln am Rumpf, am Arm und in der Hand mit Nervenimpulsen in koordinierter Art so gesteuert werden, dass der gewählte Finger schließlich die Taste mit einem bestimmten Druck und einer bestimmten Geschwindigkeit zur Erzeugung der gewünschten Lautstärke spielt. Tatsächlich muss man sich so ähnlich das Bemühen des Anfängers vorstellen, der sich ganz bewusst von Ton zu Ton hangelt und dafür stets ein paar Zehntelsekunden braucht. Hier kann man wirklich von einer kortikalen Repräsentation des *c* sprechen, aber schon ein einfaches, nur zweistimmig gesetztes Volkslied in mäßigem Tempo zu spielen, würde so nicht funktionieren, da es auf der kortikalen, bewussten Ebene einen derartigen Koordinationsaufwand erfordern würde, dass kein flüssiger Vortrag dabei herauskommen könnte. Deswegen macht das Gehirn etwas durchaus nicht Ungewöhnliches: So wie es das Gehen oder die Bewegungsabläufe beim Essen mit Messer und Gabel vom zunächst bewussten Erlernen ins Unbewusste und damit Automatisierte verschiebt, werden auch die Bewegungsabläufe beim Musizieren nach und nach in subkortikale, in diesem Fall auch präkortikale, Regionen übertragen. Unterschiedlich sind allein die Techniken des Übens, sprich des Erlernens mit dem Ziel, etwas im Gedächtnis zu verankern. Wer in der Schulzeit noch Gedichte auswendig lernen musste, weiß, dass es dazu viele Möglichkeiten gibt: sitzenbleiben oder herumlaufen, laut aufsagen oder nicht, Zeile für Zeile oder größere Blöcke auf einmal, unsinnige, aber einprägsame Betonungen usw. Auch Musiker nutzen solche Techniken, aber am Ende steht immer das gleiche Resultat: ein Stück geht in das prozedurale Gedächtnis über – mit einer Besonderheit: niemand muss neu laufen lernen, weil er einen unbekannten Weg beschreitet, und niemand muss neu essen lernen, weil er an Silberbesteck gewöhnt ist und auf einmal eine Plastikgabel bekommt. Die Abläufe sind immer gleich. Aber wer eine unbekannte Sonate einstudiert, muss in gewisser Hinsicht das Klavierspiel neu erlernen, wobei eigentlich gleich zwei Kategorien seines Gedächtnisses gefordert sind: das prozedurale in Bezug auf die Motorik und das semantische in Bezug auf die Noten, jedenfalls dann, wenn man als Solomusiker auswendig spielt, was eine relativ neue »Erfindung« ist: Erst in der Mitte des 19. Jahrhunderts hat sich das Auswendigspielen durchgesetzt. Dass es für die Erinnerungen keinen definierten Hinterlegungsort gibt, haben wir schon gesehen. Cortex, Präcortex, Basalganglien, Cerebellum – diese Strukturen sind allesamt daran beteiligt, ein Werk zu spielen und im Laufe eines zweistündigen Klavierabends mit einem virtuosen Programm Leistungen zu vollbringen, die nicht nur für den überwältigten Laien, sondern auch für den abgebrühtesten Neurophysiologen schiere Magie sind; denn während für sie die Einzelbestandteile der Musik unauffindbar bleiben, gelingt es dem Gehirn, diese innerhalb von Millisekunden zusammenzusetzen und donnernd die *Études d'exécution transcendante* entstehen zu lassen.

Warum bemüht der Musiker nur »eigentlich« zwei Gedächtnisfunktionen? Der Grund ist, dass die stabilste Repräsentation der Musik die motorische ist. Ob ein auswendig spielender Pianist die Noten tatsächlich vor seinen Augen mitlaufen hat, wie Igor Levit 2013 in einem Interview sagte, sei dahingestellt. Es mag so sein, aber nicht in dem Sinne, dass er mitliest. Doch wären viele der Auswendigspieler in der Lage, die Noten auch eines komplexen Stückes aus dem (semantischen) Gedächtnis korrekt niederzuschreiben – jedenfalls in der Einübephase und kurz danach. Im Laufe der Zeit verblasst das semantische Gedächtnis. Die Pianisten frischen es zwar regelmäßig auf, indem sie die Noten noch einmal durchsehen, aber niemand wird auf die Idee kommen, ein Stück auswendig aufzuschreiben und mit dem Original zu vergleichen, während das prozedurale Gedächtnis mit jedem Üben und jeder Aufführung gestärkt wird. Nach einer Weile also könnten bei Weitem nicht mehr alle eine Beethoven-Sonate »aus dem Kopf« aufschreiben, denn sie verlassen sich hauptsächlich auf das motorische Gedächtnis und vertrauen darauf, dass die Finger die richtigen

Tasten schon finden werden; und weil diese Abläufe in bestimmten Gruppen und Phrasen abgelegt sind, wird verständlich, warum viele Künstler ohne Noten nicht an einer x-beliebigen Stelle eines Stückes anfangen können, wenn sie unterbrochen wurden oder durch einen Spielfehler »rausgekommen« sind. Bei Schülervorspielen kann man bei auswendig vorgetragenen Stücken sogar beobachten, dass die Kinder noch einmal ganz von vorn beginnen müssen, weil sie den kompletten Bewegungsablauf der meist kurzen Stücke sozusagen in einer einzigen »Datei« abgelegt haben, die sie bei einem Absturz neu starten müssen. Liegen jedoch die Noten auf dem Pult, können sie über den visuellen Reiz an jeder Stelle wieder einsetzen. Sogar die ganz großen Solomusiker gehen also beim Auswendigspielen Risiken ein, falls sie nicht durch das motorische (prozedurale) und das visuelle Gedächtnis, hier als Teil des semantischen Gedächtnisses, doppelt abgesichert sind – manche von ihnen, wie ausgerechnet Swjatoslaw Richter, zogen daraus Konsequenzen und legten sich im Alter zur eigenen Beruhigung die Noten auf das Pult, auch wenn sie gar nicht hineinsehen mussten.

So stellt sich die Frage, warum wir alle gehen lernen, aber nicht Violine spielen. Natürlich ist uns das Gehen durch die Natur vorgegeben, so sehr, dass sogar hochentwickelte Säugetiere es schon wenige Minuten nach der Geburt versuchen und spätestens nach einigen Tagen beherrschen. Der Mensch ist auch in dieser Hinsicht eine (physiologische) Frühgeburt. Die Möglichkeit, das Geigenspiel zu erlernen, hat dagegen nicht jeder. Allerdings: Selbst wer sie bekommt, lernt es oft nur rudimentär und stümperhaft. Das liegt daran, dass das, was wir unseren Fingern beim Instrumentalspiel abverlangen, unendlich weit über das hinausgeht, was wir leisten, wenn wir uns das Hemd zuknöpfen, die Schnürsenkel binden oder schreiben. Bei solchen Vorgängen vollführen Hände und Finger gemeinsam eine Folge von zielgerichteten Bewegungen, während beim Musizieren von den Fingern sehr oft verlangt wird, dass sie sich vollkommen unabhängig voneinander bewegen. Wenn man sich dagegen die einfache Greifbewegung vorstellt, für die die Natur die Hand ursprünglich auch geschaffen hat, wird einmal mehr das »Künstliche« an der Musik deutlich. Weder das Großhirn noch die subkortikalen Strukturen sind darauf programmiert, dass die rechte Hand mit zwei Fingern trillert und mit drei Fingern eine Melodie spielt, während die linke gleichzeitig Sprünge über mehrere Oktaven macht und dazwischen noch ein paar Zierfiguren unterbringt, und das womöglich *prestissimo* und *crescendo*. Was wir unserem Gehirn hier aufzwingen (und was das Gehirn dabei leistet, obwohl es sozusagen vollkommen gegen seine Natur ist), ist allein unter simplen biomechanischen Gesichtspunkten phänomenal: Bis zu 20 Einzelereignisse pro Hand und Sekunde können geübte Pianisten reproduzierbar erzeugen – hier muss man sich schon mit neurophysikalischen Faktoren wie der Nervenleitgeschwindigkeit, der Latenzzeit zwischen der Ankunft eines Reizes an der motorischen Endplatte und dem Auslösen der entsprechenden Muskelantwort und der Refraktärzeit, der Zeit, in der ein Neuron nicht erneut auf einen Reiz reagieren kann, auseinandersetzen. Natürlich gibt es noch einen weiteren Grund, warum nicht jeder Geigeneleve zu einem Paganini wird: Nicht alle Menschen haben so viel Lust an der Musik, dass sie ihr Gehirn (be)zwingen wollen, und nicht alle Gehirne lassen das mit sich machen. Manche Menschen sind neuronal schlichtweg besser aufgestellt als andere. Deswegen gibt es Klavierspieler, die zwölf Stunden am Tag üben und nach sechs Monaten die *Revolutionsetüde* immer noch nicht auch nur halbwegs anständig vortragen. Auch ein Solokünstler mit »komplettiertem« Repertoire kann niemals aufhören zu üben. Die Anforderungen an das Gehirn sind so ungeheuer, dass auch automatisierte Abläufe immer wieder gefestigt werden müssen – eine Liszt-Etüde zu spielen ist eben doch etwas anderes als Radfahren, das man, einmal gelernt, sein Leben lang nicht wieder verlernt. Den Schweiß und die Tränen sehen wir nicht, wenn jemand sich am Ende des Konzerts verbeugt und wir uns wünschen, auch so Klavier spielen zu können; da sollte man sich nicht auf Arthur

Rubinstein verlassen, der damit kokettierte, gar nicht üben zu müssen. Viel glaubhafter hat sich Vladimir Horowitz ausgedrückt: »Wenn ich einen Tag nicht übe, merke ich das. Wenn ich drei Tage nicht übe, merken es meine Freunde. Wenn ich eine Woche lang nicht übe, merkt es mein Publikum.« Mit mangelnder Musikalität hat das bei diesen Größen nichts zu tun.

Wenn also manche Pianisten über besonders virtuose Tollkühnheiten scherzhaft meinen, man könne sie eigentlich nur mit ausgeschaltetem Hirn spielen, sagen sie, bezogen darauf, dass das Großhirn Aufgaben »nach unten« abgibt, ohne es zu wissen, das Richtige. Das Großhirn setzen wir nach der Phase des bewussten Übens grundsätzlich nur noch wenig ein und eher dort, wo die technischen Anforderungen – z. B. bei einer besonders langsamen Stelle – gering sind. Das erklärt, warum man manchmal genau an diesen »kinderleichten« Stellen kleine Patzer hört, während alle anspruchsvollen Passagen fehlerfrei gemeistert wurden: man hätte das Gehirn eben besser gar nicht eingeschaltet.

Was aber den genialen Pianisten vom »nur« virtuosen Klavierspieler unterscheidet, hat ohnehin nichts mit technischem Handwerk zu tun. 90 % der heutigen Musikhochschulabsolventen kann man wohl als technisch nahezu perfekt bezeichnen, und doch spalten sie sich in zwei sehr unterschiedlich große Gruppen auf. Während man die vielen *Klavierspieler* mit atemberaubenden Virtuosenprogrammen hauptsächlich nach der kleinen Zahl der falschen Töne beurteilen wird, dürfen die wenigen *Pianisten* genauso oft danebengreifen, und die Zuhörer sprechen trotzdem nur davon, wie sehr sie der – für die Finger viel leichtere! – Schubert berührt habe. Denn eines kann man mit noch so viel Üben und Drill nicht lernen: die Seele der Musik zu finden. Wenn man sich Aufnahmen von bedeutenden Künstlern anhört, die unter anderem auch deswegen so bedeutend sind, weil sie sich nicht scheuen, die oft ein wenig abschätzig so genannten »einfachen Stücke« vorzutragen, die jedem halbwegs begabten Kind nach ein paar Jahren Unterricht technisch zugänglich sind, bemerkt man sofort den Unterschied zwischen einem handwerklich sauber und fehlerfrei gespielten Stück und einem Werk, das die Aura von Magie und Ewigkeit umgibt. Die acht *Impromptus* von Schubert sind ein gutes Beispiel; selbst die technisch schwierigsten von ihnen sind immer noch einfach. Ein paar von ihnen kommen schon nach zwei oder drei Jahren Unterricht dran, Zehnjährige bereits tragen das *As-Dur-Impromptu* aus der ersten Serie »hübsch« und »effektvoll« vor. Doch legt man die CDs von András Schiff oder Alfred Brendel ein, versteht man plötzlich, dass diese »leichten« Stücke erschütternde Miniaturen an der Grenze von Leben und Sterben sind, voll melancholischer Poesie, zu Tränen rührende Gesänge von trauriger Heiterkeit. Solche Pianisten sind in der Lage, sich in einen Hirnzustand zu versetzen, der den Emotionen entspricht, die die Musik vermitteln soll. Sie haben nicht nur die Noten im semantischen und die Bewegungen im prozeduralen Gedächtnis, sondern verinnerlichen einen oft durch jahrelanges Nachdenken erarbeiteten Gestaltungsbogen, eine abstrakte Konzeption, die in ihrer auditiven Vorstellung Hunderte Male abgelaufen ist. Der Musik ihre Seele geben, sie so gestalten, dass die Menschen vor Glück weinen müssen: das können nur *Pianisten* (und analog natürlich Cellisten und Violinisten im Gegensatz zu Cello- und Geigenspielern). Zwar kann man auch *Klavierspielern* beibringen, an den richtigen Stellen die Augen zu schließen und die Hingabe an die Musik in theatralisch-affektierter, geradezu histrionischer Art und Weise zu schauspielern; oder sie kaprizieren sich von vornherein auf effekthascherische, zweitklassige Komponisten, bei denen Theaterdonner und Virtuosität die Leute zum Staunen bringen und davon ablenken, dass der musikalische Gehalt oder die musikalische Gestaltung eher dürftig sind. Schumanns *Album für die Jugend* oder Schuberts *Impromptus* jedoch wird man von ihnen nicht zu hören bekommen, und wenn doch, klänge es künstlich und nicht kunstvoll. So kann unvollkommen entwickelte Musikalität sehr wohl mit souveräner Beherrschung von Höchstschwierigkeiten einhergehen – und umgekehrt: Deswegen müssen technisch hervorragende Pianisten manchmal ertragen, dass sie von hochmusikalischen Journalisten, die ihnen handwerklich weit unterlegen sind, schlechte Kritiken bekommen.

Bei den Komponisten scheint es übrigens ähnlich zu sein wie bei den Ausführenden: Von Ausnahmen natürlich abgesehen, ist es ziemlich unwahrscheinlich, dass jemand auf der Top-10-Liste der größten Komponisten Liszt und Rachmaninow aufführen würde. Es mag Situationen im Leben geben, zu denen nichts besser passt als eine irrwitzige Etüde des einen oder ein Schmachtfetzen des anderen, aber nur die wenigsten würden wohl behaupten, dass es »größere« Musik nicht gäbe.

Üben muss nicht immer stur auf das Instrument gerichtet sein. Henselt wird als einer der verbissensten Männer am Klavier dargestellt, die es je gegeben hat – bis zu zehn Stunden täglich soll sein Übungspensum betragen haben, wobei er seinem Gehirn noch etwas anderes abverlangte. Während er nämlich mit abgedämpften Saiten und deswegen nahezu stumm das *Wohltemperierte Klavier* spielte, las er in der Bibel, die statt der Noten auf dem Pult stand. Dies dürfte eine extreme Form der Hierarchisierung von Aufgaben durch das Gehirn gewesen sein, bei der die vollkommene mechanische Beherrschung des Spielens derart automatisiert war, dass das Großhirn Platz für anderes hatte: ebenso gut hätte Henselt sich dabei wahrscheinlich unterhalten können. Analoge Beispiele kennen die meisten von uns aus eigener Erfahrung, zum Beispiel wenn wir eine fremde Sprache lernen und uns anfangs kleinste Ablenkungen aus dem Konzept bringen, während wir uns in einer späteren Stufe unterhalten und dabei gleichzeitig Auto fahren, essen oder eben Musik hören können.

Es gibt sogar noch eine erstaunliche(re) Variante des Übens – vielleicht unterstellen wir Rubinstein und anderen Pianisten, die behaupt(et)en, wenig oder gar nicht zu üben, dass sie diese Methode bevorzug(t)en: Man kann auch durch gedankliches Spielen Musik im prozeduralen Gedächtnis festigen (was nicht dasselbe ist wie die eben erwähnte auditive Vorstellung). Glenn Gould übte vorzugsweise beim Spazierengehen, wobei er offenbar in der Lage war, sich den vollständigen Bewegungsablauf seines Körpers während des tatsächlichen Spiels kinästhetisch vorzustellen und die motorischen Abläufe dadurch im Gehirn zu hinterlegen.

Nicht ganz dazu passend, aber allein schon aus dem Grunde erwähnenswert, weil es einmal wieder um die Erfüllung eines jahrhundertealten Wunsches geht, sind Untersuchungen von US-Forschern, nach denen sich Musizieren im Tiefschlaf üben lässt. Die Forschung dazu ist noch im Gange, auch in Deutschland. Die Sache ist durchaus glaubhaft, wenn man das Verb richtig liest: »üben«, nicht etwa »lernen«. Es geht also darum, Gelerntes und Trainiertes zu festigen, indem – bei diesem Beispiel – nachts Stücke vorgespielt wurden, an denen die Probanden gerade arbeiteten. Es sollte somit gezeigt werden, dass externe Stimulation auch komplexe Fähigkeiten festigen kann. Der Traum, dass man sich ohne eigene Anstrengung ein Wörterbuch oder Noten unter das Kopfkissen legt und am nächsten Morgen eine Fremdsprache spricht oder Klavier spielen kann, dürfte auch künftig genau das bleiben.

Wenden wir uns noch einmal dem hexenmeisterhaften Prima-Vista-Spiel zu und beginnen wir mit etwas Naheliegendem, einem Solokünstler also, der ein ihm unbekanntes Stück ohne jedes Proben vom Blatt spielen will. In der Regel wird er sich nicht sofort ans Instrument begeben, sondern sich zunächst einen kurzen Überblick verschaffen. Abgesehen natürlich von einer gewissen Fingerfertigkeit und theoretischen Kenntnissen in Harmonielehre hilft es sehr, wenn er den Komponisten und seine Eigenarten kennt, weil er dann Stellen, bei denen er nicht notengetreu mitkommt, sinnvoll überbrücken und ausfüllen kann. Gute Vom-Blatt-Spieler haben gelernt, mit den Augen den Fingern etwa sechs bis acht Töne voraus zu sein und die Musik sozusagen zu antizipieren (manche Studenten mit sehr großem Lesepensum praktizieren das durchaus vergleichbare »speedreading«). Dieses Vorausdenken, das man mit einer Augenbewegungskamera nachweisen kann, nennt man die Augen-Hand-Spanne. Bei dieser Koppelung von visueller

Wahrnehmung und motorischer Ausführung werden, wie man mit der fMRT nachweisen konnte, jene neuronalen Netzwerke in Scheitel-, Schläfen- und Stirnlappen besonders stark durchblutet, die auch für die Bewältigung von musikfremden Aufgaben im Zusammenhang mit räumlicher Vorstellungskraft zuständig sind. Dabei gruppieren die Spieler die Noten, was manchmal »Chunking« genannt wird, d.h. sie erkennen in Sekundenbruchteilen Regelmäßigkeiten und Noten»gestalten« und nutzen sie zur Orientierung, vor allem auch zur Hierarchisierung. So wird zum Beispiel ein Lauf nicht Note für Note gelesen, sondern der niedrigste und der höchste Ton werden hierarchisch als die entscheidenden Bestandteile eingeordnet, der Rest wird im Zusammenhang ergänzt, was zeigt, dass Musik »sinnvoll« sein muss, um sich für das Vom-Blatt-Spielen zu eignen; bei neuer Musik ohne Phrasenstruktur gelingt das nicht. Und schließlich verfügte Liszt, der auch neue Spieltechniken erfunden hatte, um »unspielbare« Kunststücke auf dem Klavier zu vollbringen, offenbar nicht nur über eine besonders große Augen-Hand-Spanne, sondern steuerte seine Augenbewegungen in einer speziellen sprunghaften Art, die man Sakkaden nennt und die es ihm ermöglichten, ganze Partituren zu erfassen. Davon ausgehend, dass selbst er nicht fehlerfrei spielte, dürfen wir ihm neben einer ausgeprägten visuell-motorischen auch noch eine bemerkenswerte audio-motorische Koppelung unterstellen, die ihm innerhalb von Millisekunden ermöglichte, einen als falsch wahrgenommenen Ton oder Akkord im nächsten Moment mit dem richtigen weiterzuführen. Klavierspieler wissen, dass man einen falsch begonnenen Lauf »mittendrin« kaum noch korrigieren kann – man muss noch einmal von vorn beginnen. Solche »Erklärungen« dürfen allerdings nicht darüber hinwegtäuschen, dass das Prima-Vista-Spiel von schwierigen Stücken eine unfassbar anspruchsvolle Leistung einiger weniger Gehirne ist. Um ein Stück ins prozedurale Gedächtnis zu überführen, reicht das Prima-Vista-Spiel allerdings in der Regel nicht. Abgesehen vom Vorführen kleiner Kunststückchen hat das Vom-Blatt-Spiel nur in Ausnahmefällen Berechtigung und Sinn, zum Beispiel als Notbehelf bei einem (Schüler-)Konzert, wenn einem Geiger kurzfristig die Klavierbegleitung krank wird.

Auch das auswendige Dirigieren ist ein interessantes Thema. Damit angefangen hat Hans von Bülow, der es aber nicht immer tat; der Erste, der regelmäßig auswendig dirigierte, war Arturo Toscanini, bevor Herbert von Karajan es in genialer Selbstinszenierung ins Mystische erhob. Heute gibt es eine Vielzahl von Dirigenten, die wie selbstverständlich auswendig dirigieren und den staunenden Kritikern erklären, das Pult sei eine Barriere zwischen ihnen und dem Orchester und das Publikum nehme es mit Dankbarkeit auf, wenn diese wegfalle. Andere halten es gegenüber dem Komponisten für arrogant, ein Werk auswendig zu dirigieren. Aus neurophysiologischer Sicht stellt sich das Auswendig-Dirigieren als deutlich anspruchsloser dar als ein auswendig vorgetragener Klavierabend. Die motorischen Repräsentationen sind auf ein paar Dutzend beschränkt, wo es womöglich schwer wird, springen die Musiker selbst ein, und die Hierarchisierung eines Stückes, also das Denken in Phrasen, die zu Einheiten und wiederum noch größeren Einheiten zusammengesetzt werden, ist kaum anders als beim Solokünstler – im Gegenteil: weil der Dirigent ja nicht durch ein zusätzlich selbstgespieltes Instrument abgelenkt ist (in früheren Zeiten war das durchaus anders), kann er sich wesentlich besser auf die gestalterischen Aspekte konzentrieren. Da das prozedurale Gedächtnis deutlich stabiler ist als das semantische, lässt sich die Frage, wie es um die oft zitierte Behauptung steht, Karajan habe jede einzelne Stimme jedes je von ihm dirigierten Werkes im Kopf gehabt, was bedeuten würde, dass man ihn »ohne Vorwarnung« jederzeit hätte bitten können, die Oboen im zweiten Satz von Mahlers 5. Symphonie aufzuschreiben, nicht beantworten – selbst wenn er noch lebte, würde niemand wagen, ihn auf die Probe zu stellen; andererseits gewann Toscanini angeblich einmal eine Wette, weil er eine eher unwichtige Fagottstimme aus dem Gedächtnis niederschrieb. Die letzten Gründe sind hier nicht zu erforschen.

Es reicht, wenn jedes Orchestermitglied seine Noten kennt. Genug Platz für Mythen, Anekdoten, Halbwahres, nicht Überprüfbares und anderes Unergründliche bleibt dennoch. Dirigenten vollbringen auch so neurophysiologische Höchstleistungen, da sie über ein ganz ungewöhnliches räumlich-akustisches Orientierungsvermögen verfügen (müssen). Sie sind in der Lage, ihr Ohr und ihr Gehirn auf jeden der 60 oder mehr Musiker, die halbkreisförmig vor ihnen sitzen, sozusagen »scharf zu stellen«, was man mit Messungen von Potentialschwankungen im Gehirn nachweisen kann. So hören sie, welche der sechzehn ersten Geigen sich einen Patzer geleistet hat, und das ist auch sicher wichtiger, als das letzte Sechzehntelpäuschen jeder Stimme zu kennen.

Wenden wir uns kurz dem Thema »Musik als Handwerk« zu: Grundsätzlich ist es kulturgeschichtlich gesehen spannend, die Wandlung vom Handwerk zur Kunst nachzuverfolgen. Bis ins 15. Jahrhundert existierte der Begriff des Künstlers gar nicht, Künstler wurden erst in späteren Epochen zu solchen gemacht. Die Kunstproduktion war fast ausschließlich auf das Sakrale und Religiöse beschränkt, bei dem ein eigener geistig-kreativer Schaffensprozess weder gebraucht noch gewollt wurde. Alles war Handwerk. Erst in der Neuzeit begannen die Handwerker, individuell-schöpferisch zu arbeiten und sich auch als Künstler zu verstehen. In der Musik ist die Sache etwas komplizierter, da anders als bei einem Bild, einer Skulptur oder einem Roman neben dem Schöpfer auch ein Ausführender benötigt wird. Dieser wurde ab dem frühen 18. Jahrhundert als Künstler angesehen, während die Schöpfer nicht nur in der mittelalterlichen Kirchenmusik und bis weit in die höfische Musik des 17., sogar 18. Jahrhunderts, hinein noch eher als Handwerker betrachtet wurden. Viel zu groß war die Nachfrage nach »neuen Melodien«, als dass es nicht auch für die weniger begabten und heute in Vergessenheit geratenen Komponisten gut zu tun gegeben hätte. Heute würde man dafür das Wort ›Fließbandarbeit‹ verwenden, bei der bestimmte Vorgaben von Harmonielehre und Satztechnik mehr oder (meist) weniger kreativ erfüllt wurden. Selbst die »Großen« hielten sich oft mit Auftragswerken, die innerhalb kürzester Zeit fertiggestellt werden mussten, über Wasser oder erhielten sich auf diese Weise die Gunst eines Fürsten oder Königs. Auch so erklärt sich die ungeheure Menge der Kompositionen von Bach, Händel, Mozart oder Haydn, von denen man manchmal – in übertriebener Deutlichkeit ausgedrückt – den Eindruck hat, sie klängen alle gleich. Das scheint zwar nur so, aber dennoch ist klar, dass der Einsatz des Gehirns sich hin und wieder in Grenzen hielt: dann wurden Aufgaben eben hierarchisiert und das Komponieren »nebenher« betrieben. Interessanterweise betrachtet man noch heute vielerorts den Kirchenorganisten eher als Handwerker denn als Künstler, genauso wie man früher Bach beim Spielen seiner eigenen Werke wahrgenommen hat, die zu seinen Lebzeiten bei Weitem nicht den Anklang fanden wie heute. Nach seinem Tode gerieten sie jahrzehntelang in Vergessenheit und wurden erst seit der Wiener Klassik hochgelobt. Sogar Wagner hat, als er schon längst ein Halbgott war, aber sein luxuriöses Leben ihn dessen ungeachtet ständig in Geldnöte stürzte, für 5000 Dollar einen Festmarsch zur 100. Wiederkehr des amerikanischen Unabhängigkeitstages komponiert, den er selbst schrecklich fand und über den heute das Mäntelchen des Schweigens gedeckt wird, obwohl es sogar eine Einspielung davon gibt.

Abschließend noch einige Gedanken zu musizierenden Linkshändern, zu einem besonderen »Hand«werk also in des Wortes ureigenster Bedeutung. Die Theorie zur Händigkeit besagt, dass die gegenseitige Hirnhälfte funktional dominant ist, eine Asymmetrie, die es anatomisch so nicht gibt. Bei Rechtshändern ist also die linke Hirnhälfte dominant und umgekehrt. Trotz zahlreicher Untersuchungen und Theorien ist nicht klar, warum es Links- und Rechtshänder gibt – und dann auch noch in überdeutlicher Ungleichverteilung –, wohl aber, wie oben gezeigt, warum bei fast allen Menschen *überhaupt* eine Hand stärker ist als die andere. Während sich bei Tieren die Bevorzugung der einen oder anderen vorderen Extremität in etwa die

Waage hält, dominieren beim Menschen die Rechtshänder mit fast 90 % – und das wahrscheinlich seit Jahrtausenden. Evolutionsbiologisch ist das merkwürdig, denn wenn die Linkshändigkeit einen Vorteil böte, müsste sie sich im Ausleseprozess der Natur durchsetzen. Wäre sie von Nachteil, würde sie aber aussterben. Dabei hat sie auf *einem* Gebiet sehr wohl Vorteile – beim Kämpfen nämlich, weil ein rechtshändiger Gegner die Finten eines Linkshänders nicht so gut vorhersehen kann. Bei Kampf- und Spielsportarten wie Boxen, Fechten oder Tennis bringen zugeloste oder durch Sieg in die nächste Runde vorgestoßene Linkshänder einen Rechtshänder meist schon vorher ins Schwitzen.

Auch Musiker sind, bezogen auf die Gesamtbevölkerung, überproportional häufig Linkshänder, besser gesagt: sie werden zu Beidhändern, was für den handwerklichen Teil des Musizierens sicherlich günstig ist. Die an anderer Stelle dieses Buches besprochene »Rechts-« oder »Linkshirnigkeit« ist vermutlich weniger bedeutsam, da die These von der Existenz eines »Musikergehirns« äußerst gewagt ist.

Kehren wir zum Thema dieses Kapitels zurück, der »Handarbeit«: Neben den bekannten Problemen beim Schreiben und bei der Nutzung von Werkzeugen des täglichen Gebrauchs wie Schere und Messer ist die Linkshändigkeit auch beim Erlernen von Musikinstrumenten ein Thema. Während linkshändige Gitarristen – der berühmteste ist wohl immer noch Jimi Hendrix – wie selbstverständlich die Saiten tauschen, gibt es extrem wenige linkshändige Streicher, die den Bogen mit der linken Hand führen, was daran liegen könnte, dass Streicher eher selten eine Solokarriere schaffen und in der Mehrheit im Orchester spielen, wo sie im schlimmsten Falle ihre Kollegen stören würden. Zu berücksichtigen ist auch, dass die Instrumente nicht ganz symmetrisch sind und man sie allein schon deshalb nicht einfach »umdrehen« kann; schließlich ist es für einen rechtshändigen Lehrer sehr schwer, sich in die Handhaltung eines linkshändigen Schülers einzudenken. Deswegen werden auch die Holz- und Blechbläser in der Regel standardmäßig unterrichtet; »linke Bohrungen« und das Umstecken von Ventilen bleiben die absoluten Ausnahmen. Beim Klavier liegen, sehr vereinfachend ausgedrückt, in der Regel rechts die Melodie und links die Begleitung. Den meisten Linkshändern bereitet das jedoch keine Schwierigkeiten. Es gibt genug Übungen (es müssen ja nicht gleich die Grausamkeiten von Godowsky sein), um die schwächere Hand sicher im Cortex zu repräsentieren. Deswegen haben sich Linkshänderklaviere, bei denen die Tasten »andersherum« angeordnet sind, im Konzertbetrieb auch nicht durchsetzen können. Und doch scheint es für diese im privaten Bereich Interessenten zu geben: Der Trierer Musikverlag für Linkshänder Geza Loso bietet Klaviernoten in »linker Notation« an, damit man sich auf den ebenfalls dort verkauften Linkshänderklavieren mit umgekehrter Tastenanordnung besser zurechtfindet. Die Tatsache, dass es sich beim Hersteller dieser Instrumente um die auch sonst überaus renommierte Firma Blüthner handelt, zeigt erstens, dass es um eine ganz und gar seriöse Angelegenheit geht und zweitens, dass es dafür einen Markt gibt. Zusätzlich bietet Geza Loso auch elektrische Klaviere und Keyboards an, die man auf Knopfdruck umschalten kann. Bei aller Bewunderung für die technische Leistung bleiben das aber wohl Spielereien für Liebhaber. Letztlich hat die rechtshändige Welt der Musik noch niemanden davon abgehalten, ein Instrument zu erlernen. Die Kapazität des Gehirns reicht voll und ganz aus, und das bei einigen Menschen sogar für eine weitere sensationelle Zirkusnummer: Es sind Fälle bekannt, wo Pianisten auf einem elektronischen Klavier während des Vortrages eines Stückes die Tasten »umdrehen« und weiterspielten, als sei nichts geschehen – ein unbegreifliches Phänomen.

Das abgelegene Komponierhäuschen und die Massenekstase – Musik und Gemeinschaft

Manchmal verbinden wir große Musiker mit Einsamkeit: der störrische, taube Beethoven, Mahler, der sich zur Arbeit in sein »Komponierhäuschen« in Maiernigg am Wörthersee zurückzog, Sibelius, der weitab der Stadt in der »Stille von Järvenpää« lebte; der gefeierte Solopianist, auf den vor 2000 Zuhörern ein Spotlight fällt und der sich am Ende des Konzertes mit leerem Blick vor ihnen verbeugt und ins Hotel zurückfahren lässt. Uns reizt jene Morbidität, die oftmals untersucht und beschrieben wurde, wir finden Gefallen an den Sonderlingen aus Kunst, Kultur und Wissenschaft.

Doch so faszinierend solche Fälle auch sein mögen, sind sie bei der Musik doch die Ausnahmen. Wie keine zweite Kunst ist die Musik seit ihren menschheitsgeschichtlichen Anfängen etwas in der Gemeinschaft Praktiziertes und Genossenes. Manche Gründe sind banal: Der Chor braucht nun mal mehrere Stimmen, im Orchester kann jedes Mitglied nur ein Instrument zur gleichen Zeit spielen, und von den Superreichen abgesehen, die ein Orchester oder einen Pop-Interpreten sozusagen *privatissime* buchen können, trifft man sich zu Tausenden in der Philharmonie, in der Oper oder beim Open-Air-Konzert einer Rockband für ein Live-Erlebnis. Diese simplen technischen Erwägungen greifen aber viel zu kurz: Wenn wir uns König Ludwig II. von Bayern vorstellen, der tatsächlich verfügen konnte, dass die Opern seines Protegés Richard Wagner für ihn allein gespielt wurden – ist das nicht ein schrecklicher Gedanke? Nicht nur die Interpreten, auch die Menschen im Publikum erfahren bei der Musik etwas, das weit über den physikalisch-neuronalen Höreindruck und auch weit über das hinausgeht, was die Musik an Emotionen und Erinnerungen auslösen kann; denn wenn es nicht so wäre, könnte man sich mit CDs begnügen; am ehesten scheinen Opern unverzichtbar, die es zwar auch als DVDs gibt, auf denen man aber nur sieht, was der

Regisseur der Aufnahme vermitteln wollte. Doch die Menschen strömen in die Konzerte, nehmen weite Anreisen, unbequeme Stühle und hustende Nachbarn in Kauf, um Musik zu hören, die sie zu Hause bei einem Glas Wein in aller Ruhe von einer CD genießen könnten, für die sie nur einen Bruchteil des Preises für die Eintrittskarte gezahlt hätten. Allein die 84 deutschen Musiktheater – eine weltweit einzigartige Dichte, die sich trotz aller geschichtlichen Wirren als Überbleibsel aus jahrhundertelanger Kleinstaaterei bewahrt hat – zählen jährlich etwa so viele Zuschauer wie die Fußball-Bundesliga. Zwar wird immer wieder behauptet, dass das Publikum für klassische Musik schrumpfe, doch das genaue Gegenteil ist der Fall. Der prozentuale Anteil der Erwachsenen, die regelmäßig Veranstaltungen mit klassischer Musik besuchen, liegt in Deutschland bei etwa 7 %. Rechnet man gelegentliche Konzertbesucher dazu, sind es 60 %. Allenfalls lassen sich Verschiebungen zu Lasten der Oper und zugunsten der Orchesterkonzerte feststellen, doch ist auch das ein schwierig zu interpretierender Befund. Eine These sei gewagt: Schaut man sich bei den Opern nämlich die Details an, sieht man, dass Barockopern, die lange nur von Spezialisten geschätzt wurden, einen wahren Boom erleben. Händel, Telemann, Rameau, Purcell und Vivaldi erleben seit einigen Jahren zweistellige Zuwächse bei der Anzahl der Aufführungen. Offenbar geht dies zu Lasten von Verdi, Wagner & Co. Liegt es daran, dass die Handlungen der Barockopern derart unglaubwürdig und schablonenhaft sind – und sich genau deswegen dem ewig psychologisierenden und oft selbstverliebten Regietheater weitestgehend entziehen, das viele Besucher so sehr nervt, dass sie in der Oper am liebsten die Augen schließen (vgl. S. 132)? Wie dem auch sei: die Marktforschung sagt uns, dass Konzerte mit klassischer Musik, Operette und Oper einen Anteil am Live-Musikmarkt von über 30 % haben – vor Rock, Pop und Musicals.

Ganz generell geht der Weg hin zum Live-Erlebnis und weg von der Tonkonserve. Vergleicht man diese Zahlen des oft bemühten »Bildungsbürgertums« mit früheren Erhebungen (es gibt Zahlen sogar noch aus dem Kaiserreich), stellt man eine Zunahme um das über Zehnfache (in %, der Bevölkerungszuwachs ist also berücksichtigt) fest.

Der falsche Eindruck, dass sich weniger Menschen für Klassik interessieren als früher, könnte daher kommen, dass die Konzertbesucher einstmals die »Mächtigen« waren, der Elite angehörten, während seitdem eben auch der Zugang zur Musik demokratisiert wurde. Zwischen 1820 und 1860 wurden Konzerte und Opern auf den ersten Seiten der Zeitungen angekündigt und im Kulturteil mit einer heute undenkbaren Ausführlichkeit beschrieben. Anders ausgedrückt: Es gehen heute wesentlich mehr Menschen in Konzerte, aber sie geben gesellschaftlich und politisch nicht mehr den Ton an, und in den Medien haben die meisten wegen der Reizüberflutung durch andere Künste auch längst ihren früheren Stellenwert verloren. Der Wunsch nach der Magie des gemeinschaftlichen Erlebnisses ist ungebrochen – entgegen aller ökonomischer Vernunft, auch von Bund, Ländern und Kommunen übrigens, die jede Eintrittskarte im Schnitt mit mehr als dem Fünffachen des aufgedruckten Preises subventionieren. In absoluten Zahlen klingt das noch viel beeindruckender: Für jeden Besucher der Berliner Staatsoper Unter den Linden legt die öffentliche Hand fast 250 € drauf!

Doch auch, wenn die Musik nicht im Mittelpunkt steht, ist sie aus vielen Anlässen, zu denen Menschen zusammenkommen, nicht wegzudenken. Dies können familiäre Feiern wie Hochzeiten oder Beerdigungen sein, oft verbunden mit einem religiösen Hintergrund, aber auch öffentliche Zeremonien wie die Verleihung eines Preises, die Abiturfeier oder die Nationalhymnen bei Sportereignissen. Musik bindet, ja ver-bindet.

Auch wir vorgeblich so modernen Menschen des 21. Jahrhunderts besitzen teilweise noch eine genetische Ausstattung, die sich von der unserer Vorfahren vor 100 000 Jahren nicht grundlegend unterscheidet. Der frühe Homo sapiens und der Neandertaler waren vielen ihrer Mitkreaturen, die sie einerseits bedrohten, andererseits aber als Nahrungsquelle attraktiv waren, physisch deutlich unterlegen. Sich vor ihnen zu schützen und sie zu jagen, konnte nur in der Gemeinschaft gelingen. Bis heute sagt der Volksmund: »Gemeinsam geht alles besser.« Das bezieht sich nicht nur auf die Arbeit (früher also: das Jagen), sondern auch auf das gemeinsame Genießen der Früchte der Arbeit (früher: der Verzehr des erlegten Tieres). Das gemeinsame »Musizieren« muss irgendwann wie von selbst entstanden sein; sicherlich gab es mindestens eine evolutionäre Parallelität, wenn nicht sogar einen Zusammenhang und einen sich selbst verstärkenden Kreislauf, denn das gemeinschaftliche Singen und Musizieren verstärkte das Zusammengehörigkeitsgefühl so, dass am nächsten Tag die Jagd vielleicht noch besser gelang. Man darf hypothetisieren: Als die Menschen immer zahlreicher wurden und sich die ersten Gruppen um bestimmte Jagdgründe stritten, mag diejenige, die durch Singen und Trommeln regelmäßig die Gemeinschaft stärkte, einen Selektionsvorteil gehabt haben – dies wäre ein weiterer, sehr interessanter Beitrag zur Diskussion um die angebliche »Nutzlosigkeit« der Musik.

Wenn wir also als Jugendliche um das Lagerfeuer herumsitzen, singen und einer dazu Gitarre spielt, wenn wir empfinden – sogar als Zuhörer –, wie innig ein Streichquartett zusammen musiziert, wenn uns eine fröhliche, singende Wandergruppe begegnet, dann laufen in unserem Gehirn ganz ähnliche Prozesse ab wie schon bei den Neandertalern und dem frühen Homo sapiens – übrigens auch als ein Zeichen des Unterschiedes zwischen Mensch und Tier, denn Tiere sind zu synchronen Bewegungs- und Lautmustern nicht fähig: sie gehen zwar aufeinander ein, antworten mit Bewegungen und Lauten, aber zwei Singvögel sind nicht in der Lage, synchron dasselbe zu zwitschern, und zwei (Menschen-)Affen können nicht denselben Rhythmus trommeln.

Das Streichquartett – in der klassischen Besetzung mit zwei Geigen, einer Bratsche und einem Cello – ist ein Paradebeispiel und wurde nicht zufällig erwähnt. Für viele Musiker ist es, mehr noch als ein Trio, bei dem sich immer zwei gegen einen »verbünden« können, die wunderschönste Art des Zusammenspiels. Mag auch die erste Geige der *primus inter pares* sein – im Quartett geht niemand unter, weder interpretatorisch noch in den Augen und Ohren der Zuhörer; manchmal finden sich Musiker, die ein Leben lang zusammenbleiben. Über vier hinaus wird es schon ein wenig schwieriger, und ab neun spätestens braucht man einen Dirigenten, der dann auch gleich die Deutungshoheit an sich zieht. Das ist neben dem Gefühl, nur einer von vielen zu sein, sicher mit ein Grund, warum die meisten Studenten nicht unbedingt »Orchestermusiker« als ersten Berufswunsch angeben, selbst wenn sie ein Instrument erlernen, das wie der Kontrabass nur begrenzte solistische Möglichkeiten bietet. Im Orchester findet sich natürlich auch das gesamte Repertoire mitmenschlicher Fallstricke, wie sie in jeder Bürogemeinschaft auftreten. Die zweiten Geigen sind neidisch auf die ersten, die ersten auf den Konzertmeister – davon kommt die sprichwörtliche »erste Geige« –, ein paar kommen immer bei den Proben zu spät und ziehen den Zorn der anderen auf sich, und ein Klarinettist hat sich in eine Cellistin verguckt, die viel lieber mal mit dem Hornisten ausgehen würde, der aber verheiratet ist. Geklagt wird über Hörschäden – bei Wagner, Mahler und Bruckner werden im Orchestergraben oder auf der Bühne ohne Weiteres Schalldruckpegel über 100 dB erreicht, mehr schafft ein Presslufthammer, gemessen aus einem Meter Entfernung, auch nicht –, gestritten wird über Zuschüsse für die Berufskleidung und die besten Hotelzimmer bei Tourneen. Einig sind sich alle darin, dass sie zu wenig verdienen: Es geht in einem Orchester zu wie im richtigen Leben – für Soziologen und Psychologen eine überaus interessante Population, deren kleine und große zwischenmenschliche Dramen auch sehr viel damit zu tun haben, wie unser Gehirn funktioniert, und zeigen, auf welch archaischer Stufe es stehen geblieben ist. Dies widerspricht nicht der Vermutung, dass das Musizieren in Gruppen ein evolutionärer Selektionsvorteil gewesen sein könnte. Streit kommt in den besten Familien vor. Ihn zu schlichten und gleichzeitig eine Führungsrolle einzunehmen, kam früher dem Stärksten der

Gruppe zu, der im Idealfall auch der Intelligenteste war. Zwar bekam er das größte und beste Stück Fleisch, aber er wusste, dass er auf die Schwächeren angewiesen war und gab ihnen ihren Teil; diese wiederum erkannten, dass sie ohne den Anführer womöglich gar nichts zu essen hätten und ließen ihm, wenn auch vielleicht widerwillig, den Vortritt. Heute übernimmt der Dirigent diese Rolle. Auch er bekommt den größten Anteil des Applauses für sich, aber natürlich weiß er, dass er den Personenkult nicht übertreiben darf, da die anderen sonst »gegen ihn spielen« könnten, wie es hier und dort bei den sogenannten Orchesterrevolutionen durchaus schon vorgekommen ist.

Das gemeinschaftliche Musizieren als Sozialisationsprozess von Kindern und Jugendlichen gehört ebenfalls in dieses Kapitel. Durch die Laute im Mutterleib und durch die Wiegen- und Kinderlieder, die Eltern ihren Kindern wohl nur unter den allerzerrüttetsten Bedingungen vorenthalten werden, sind die meisten Kinder »von Natur aus« der Musik gegenüber sehr aufgeschlossen. Mehr als beim Sport lernen sie beim gemeinschaftlichen Musizieren, einander zu achten und zu respektieren, und erfahren das Glück, zusammen mit anderen Schönes zu erschaffen. Man muss gar nicht so weit gehen, hohe Ziele wie den Frieden an erste Stelle zu setzen, wie Daniel Barenboim es mit seinem israelisch-palästinensischen West-Eastern Divan Orchestra tut, in dem Jugendliche und junge Erwachsene musizieren und das im August 2011 sogar im Niemandsland der innerkoreanischen Grenze, mit der Neunten von Beethoven natürlich, auftreten durfte. Alle Schulorchester und Chorgemeinschaften fördern die soziale Kompetenz, und es wäre wünschenswert, dass Politik und private Sponsoren viel häufiger nicht nur ein Aushängeschild wie das herausragende Bundesjugendorchester unterstützen, sondern auch Kindern, die auf viel niedrigerer Ebene musizieren, Chancen geben und die gefährdetsten unter ihnen im wahrsten Sinne des Wortes von der Straße holen würden. Das Programm »JEKI« der Bundesregierung (»Jedem Kind ein Instrument«) verfolgt dieses Ziel und stellt eine Form von Sozialpolitik dar, die mit Sicherheit nicht nur Einzelnen zugutekommt, sondern in einer makroökonomischen Betrachtung allen. Wer sich mit anderen darüber auseinandersetzt, ob ein *piano* leise genug ist oder ob sich die Geiger gegenüber den Celli in einer bestimmten Passage nicht etwas mehr zurückhalten sollten, wird möglicherweise beim nächsten Streit auf dem Schulhof nicht die Fäuste benutzen. In der Schweiz ist die musikalische Bildung von Kindern und Jugendlichen seit 2012 sogar in der Verfassung festgeschrieben.

Der Vollständigkeit halber sei erwähnt, dass die Musik im Hinblick auf Massenekstase und Sozialisation natürlich auch missbraucht werden kann. Die Reichsmusikkammer der Nazis verfolgte den Zweck, die Musik der Ideologie unterzuordnen – und selbstverständlich begann die Erziehung bereits in der Schule. Grundsätzlich haben totalitäre Regimes es immer ausnehmend gut verstanden, Klänge, oft im Zusammenspiel mit Tanz oder anderen Formen choreographierter Bewegung, zur Massenhypnose einzusetzen. Dass sie es nicht verlernt haben, sieht man in unseren Tagen beispielsweise in Nordkorea.

Alpen oder Anden – Kommunizieren und manipulieren mit Musik

Stellen wir uns vor, den Fernseher einzuschalten, ohne zu wissen, was läuft. Wir sehen eine menschenleere Berglandschaft. Gewaltige schneebedeckte Gipfel türmen sich auf; unterlegt ist die Szene mit Panflötenmusik. Schon ist klar, dass es sich um die Anden handelt. Wirklich? Man stelle sich dieselbe Szene noch einmal vor, aber diesmal spielt dazu das Horn. Wo sind wir jetzt? Natürlich in der Schweiz. Oder ist das Gebirge vielleicht der Himalaya? Mit einer indischen Sitar lässt sich auch das im Handumdrehen vortäuschen: Kommunikation und Manipulation liegen ganz eng beieinander.

Noch ein Beispiel: Wir zappen durch die Programme und bleiben mittendrin bei einem Spielfilm hängen, von dem wir nicht wissen, ob es ein Thriller, ein Abenteuerfilm oder ein Liebesdrama ist. Wir sehen von hinten eine junge Frau und hören ein nicht zu identifizierendes Geräusch, das die Frau veranlasst, sich umzudrehen. Wir blicken nun in ihr Gesicht und bemerken, wie ihre Augen sich weiten; ihr Mund steht halboffen, sie spricht aber nicht. Es ist klar, dass die Frau auf etwas schaut, was der Zuschauer nicht sieht. Doch worauf? Wenn diese Szene nicht mit Musik untermalt ist, könnte es sowohl ein Tyrannosaurus sein als auch der Geliebte, der nach zehn Jahren Abwesenheit zurückgekehrt ist. Oder ein Mörder, der in der Nachbarschaft sein Unwesen treibt und nun mit dem Messer in der erhobenen Hand vor ihr steht. Auch hier ist es kein Problem, mit der richtigen Musik zumindest grundsätzlich darzustellen, ob die Frau überrascht, verzweifelt, verliebt, verängstigt oder in Panik ist. Einige schrille, dissonante Stöße der Blechbläser, ein paar melodische Figuren auf der Klarinette in mittlerer oder ein paar kreischende Streicher in hoher Lage, am besten auch dissonant – und schon kann man dieselbe Szene in unterschiedliche Kontexte setzen. Unser Gehirn lässt sich manchmal recht einfach steuern, weil es Kategorien abspeichert. Das ist sinnvoll und erleichtert das tägliche Leben ungemein, denn sonst müssten wir jedes Mal, wenn wir einen Hund sehen, überlegen, um welches Tier es sich handelt, ja im Extremfall sogar darüber nachdenken, ob es überhaupt ein Tier ist. Unser Gehirn hat jedoch frühzeitig gelernt, bestimmte Merkmale in einer Weise zu kategorisieren, die ihm erlauben, innerhalb von Millisekunden so unterschiedliche Rassen wie einen Bernhardiner und einen Chihuahua als Hund zu identifizieren. Aber gerade weil es manchmal über solch einfache Mechanismen steuerbar ist, ist das Gehirn gleichzeitig auch anfällig für Manipulationen. Dieses »Gleichmachen von Ungleichem« scheint nicht zu der Multiple Trace Theory zu passen, dennoch spielt es auch beim physikalischen Hören eine Rolle: Wenn ein elektronisch erzeugter Ton Hertz für Hertz nach oben oder unten verändert wird, kommt der Moment, da der Hörer – je nach Hörfähigkeit, Gesundheit und Ausbildung ganz individuell nach 4, 6 oder 10 Hertz – behauptet, dies sei nun ein »anderer« Ton, obwohl aus physikalischer Sicht alle Töne »anders« waren. Allerdings ist dieses »Bewerten« eines Tonhöhenunterschiedes nicht dasselbe wie dessen bereits im Zusammenhang mit dem Höher-Stimmen thematisiertes »Erkennen«.

Auch umgekehrt versuchen und beabsichtigen Komponisten, mit Musik zu kommunizieren, indem sie dem Zuhörer durch eine Betitelung, die manchmal allerdings auch von einem nicht autorisierten Dritten stammt – berühmte Beispiele von vielen: Beethovens *Mondscheinsonate* und *Appassionata* –, mitteilen, was sie sich dabei gedacht haben, was also der Hörer sich nach Möglichkeit ebenfalls vorstellen soll. Werden einzelne Stimmungen in kürzeren Werken ausgedrückt, spricht man von »Charakter-« oder »Genrestücken«. Für umfangreichere Handlungen hat sich der Begriff »Programmmusik« etabliert, die gelegentlich etwas abwertend in den Grenzbereich zur Salonmusik gerückt wird, wozu womöglich einer der größten Meister dieser Gattung überhaupt, Richard Strauss, selbst beigetragen hat, indem er (selbst-)ironisch behauptete, er könne auch »das Telefonbuch komponieren«. Dabei hat sogar Beethoven solche Musik geschrieben: Den Sätzen seiner 6. Symphonie, der *Pastorale*, gab er selbst sehr sprechende Überschriften, und zwar auf Deutsch, was damals ungewöhnlich war: *Erwachen heiterer Gefühle bei der Ankunft auf dem Lande – Szene am Bach – Lustiges Zusammensein der Landleute – Gewitter und Sturm – Hirtengesang – Frohe und dankbare Gefühle nach dem Sturm*. Zusätzlich steht die Symphonie in der »pastoralen« Tonart F-Dur, auch wenn dies in der Kommunikation nur für Fachleute bedeutend ist (vgl. S. 45). Noch berührender und gleichzeitig ein weiterer Beitrag zum Thema »Musik und Emotion« ist die *Les Adieux-Sonate*. Zwar ist auch hier die Betitelung nicht in Beethovens Sinn – er meinte, das von ihm beabsichtigte deutsche »Lebewohl« entspreche nicht dem französischen »Les Adieux« –, aber die von ihm ebenfalls auf Deutsch so benannten Sätze *Das Lebewohl – Abwesenheit – Das Wiedersehen* und die kompositorische Umsetzung der damit verbundenen Gefühlswallungen sind ein grandioses Beispiel für echte Programmmusik, die von jedem Hörer nachzuvollziehen ist. Und doch würden viele Menschen, die die Sonate zum ersten Mal hören und den Titel nicht kennen, ganz andere Gefühle haben. Das Problem der musikalischen Semantik offenbart sich hier deutlich und wurde auch von manchem Komponisten erkannt. So hielt Schumann das detaillierte Programm der *Symphonie fantastique* von Héctor Berlioz für ausgemachte Scharlatanerie, obwohl auch er beinahe in dieselbe Falle – wenn es denn eine ist – stolperte: seine 1. Symphonie wird *Frühlingssymphonie* genannt, weil er selbst bekannte, von einem passenden Gedicht Adolf Böttgers inspiriert worden zu sein und für jeden der vier Sätze bereits programmatische Überschriften ausgesucht hatte, die er in letzter Minute jedoch zurückzog. Die oft aussagestarken Titel seiner eigenen Sammlungen *Kinderszenen* oder *Album für die Jugend* wollte er denn wohl auch nicht als Programm verstanden wissen, aber auch nicht so weit gehen wie Felix Mendelssohn Bartholdy, der zur selben Zeit mit den Heften unter dem Titel *Lieder ohne Worte* allen diesbezüglichen Diskussionen aus dem Weg ging. Ein interessanter Fall ist Claude Debussy, der einerseits ein Meisterwerk tatsächlicher Programmmusik geschrieben hat – *La Mer* –, andererseits seinen 24 *Préludes für Klavier* – nicht durch alle Tonarten angelegt – zum Teil äußerst sprechende Titel gegeben hat, die kaum im Sinne eines Programms aufgefasst werden können und die auch stets erst am Ende der Stücke in Klammern stehen wie *Des pas sur la neige, Ce qu'a vu le vent d'ouest, Les fées sont d'exquises danseuses* oder *La terrasse des audiences du clair de lune*. Damit wollte der Komponist offenlegen, was ihn selbst inspiriert hat, dem Hörer oder Spieler aber seine eigenen Vorstellungen belassen.

Wie jedoch auch in der »ernsten« Musik die Menschen allein schon durch einen Titel manipuliert werden können, zeigt das Beispiel der Ballettmusik *Appalachian Spring* von Aaron Copland, der nach der Erstaufführung überschwänglich dafür gelobt wurde, wie großartig er die Atmosphäre der Appalachen in Musik umgesetzt habe. Die Wahrheit ist, dass die Tänzerin und Choreographin Martha Graham, für die er das Werk geschrieben hatte, ihm den Titel erst wenige Tage vor der Premiere vorgeschlagen hat. Copland hatte einfach nur Ballettmusik komponieren wollen, aber bis heute erfreuen sich die Hörer an den Musik gewordenen grandiosen Bergformationen. Vor diesem Hintergrund lassen sich weitere Überlegungen anstellen: Wäre z. B. die *Finlandia* als *La France* eine wundervolle Darstellung der Farben und Gerüche der Provence, hätte ihr Schöpfer einen französischen Pass gehabt? Vermutlich war sich auch Berlioz der Tatsache bewusst, dass Kommunizieren mit Musik, aber ohne Text und Bilder, eigentlich nicht funktionieren kann, fand es aber zu profan, sein Werk einfach nur zu numerieren. – Die sogenannte *musique concrète*, die nach dem Zweiten Weltkrieg entstand und Geräusche aus Technik und Umwelt verarbeitet, ist dagegen nicht als Entwicklung der Programmmusik, sondern als experimentelle Musikrichtung zu sehen, die eher unter philosophischen und ästhetischen Gesichtspunkten diskutiert wird.

In Form der akustischen Markenführung, neudeutsch unter

»Sound Branding«, »Acoustic Branding« und ähnlichen Bezeichnungen bekannt, beschäftigt sich mittlerweile eine ganze Industrie mit dem Grenzbereich von Kommunikation, Informationsübertragung und Manipulation durch Musik. Wer erkennt nicht die Musik von Klaus Doldinger, die anzeigt, dass es Sonntagabend 20 Uhr 15 ist und nun der *Tatort* folgt? Mehr als nur eine (Wieder-)Erkennungsmusik ist hingegen das Sound-Logo (alternativ ist auch »Audio-Logo« gebräuchlich) der Deutschen Telekom, das zwar selbst keinen Werbeinhalt trägt, aber zusammen mit dem in einer bestimmten Mischung sogar geschützten Farbton Magenta – was übrigens aus neurophysiologischer Sicht eine konstruierte Synästhesie darstellt – ein Branding-Element allererster Güte und ein Beispiel für die erfolgreiche Übertragung einer *per se* informationslosen Folge von wenigen Tönen auf ein ganzes Unternehmen ist. Spezialisierte Firmen lassen sich die Entwicklung einer solchen kaum länger als 2 oder 3 Sekunden dauernden Folge von wenigen Klängen mit sechsstelligen Beträgen honorieren, nehmen sich aber durchaus auch ein halbes Jahr Zeit dafür. Einen Schritt weiter geht man mit Jingles, zu denen gesungen wird – jeder kennt jene kurze Melodie und die bis vor Kurzem noch dazu gesungenen Worte, wenn im Fernsehen die lila Kuh auftaucht. Marketingexperten sprechen von »Psychoakustik« und »multisensorischen Assoziationen«. Musik im Zusammenhang mit Worten und Bildern hat also einen anderen Mitteilungsgehalt als ohne; denn auch Musik ohne Worte kommuniziert, nur empfängt jeder Mensch seine eigene, individuelle Mitteilung, während das zeitgleiche Auftreten von Worten, besser noch Worten *und* Bildern, die Kommunikation im Sinne des Senders prägen kann.

Allerdings hat man immer häufiger den Eindruck, dass jeder Bäcker mit mehr als drei Filialen einen Jingle in Auftrag gibt und sich von einer Agentur einen sogenannten Abbinder schreiben lässt – einen sehr kurzen, oft syntaktisch unvollständigen und möglichst einprägsamen Satz, der die Essenz eines Produktes, einer Dienstleistung oder gar eine gesamte Firmenphilosophie transportieren soll. Überall umgibt uns Musik, oft bis zu einem Punkt, da sie uns entweder nervt oder wir sie im Sinne der Habituation gar nicht mehr wahrnehmen: im Kaufhaus, beim Frisör, sogar im Flugzeug. Es wäre interessant, in einem wissenschaftlich kontrollierten Experiment zu untersuchen, inwieweit »die Genervten« bestimmte Situationen oder Geschäfte meiden und »die Habituierten« tatsächlich zu mehr Konsum angeregt werden. So könnten im Weihnachtsgeschäft, wenn die Kaufhäuser übervoll, die Warteschlangen an den Kassen lang und die Menschen gestresst sind, bestimmte wiederkehrende Schallmuster, die für sich genommen in einem passenden Umfeld durchaus angenehm sind – in diesem Beispiel also Weihnachtslieder –, als geradezu aggressionssteigernd und aus Sicht der Betreiber kontraproduktiv wirken.

Im Grunde ist jeder öffentliche Vortrag eines Musikstückes durch eine andere Person als den Komponisten selbst infolge von Interpretation und Kommunikation auch eine Manipulation. So gesehen sind heutige Popsänger und -gruppen, falls sie selbstgeschriebene Stücke aufführen, äußerst authentisch, aber schon ein Pianist, der aus einem vorgeschriebenen *forte* ein *fortissimo* macht oder ein durch Metronomangabe des Komponisten genau bezeichnetes Tempo geringfügig über- oder unterschreitet, ist ein Manipulator. Auch Dirigenten sind Manipulatoren, oft werden sie dafür gefeiert. Aber erst am Beispiel der Oper wird deutlich, wie das Zusammenspiel von Musik, Wort und Bild die wirklich großen Manipulationen bis hin zur Unkenntlichkeit, Verballhornung, ja völligen Umdeutung ermöglicht. So ist klar, dass, wenn der Vorhang aufgeht und das Publikum anhand von Bühnenbild und Kostümen erkennt, dass eine Handlung z.B. aus dem 16. ins 21. Jahrhundert verlegt wurde, eine bewusste Missachtung des Originals vorliegt, hinter der sich manchmal ein zugegebenermaßen durchdacht absichtsvolles, manchmal aber wohl auch nur provozierendes Konzept verbirgt. So entsteht eine Mischkommunikation einerseits durch die Musik des Komponisten und den Text des Librettisten, die trotz mancher »Striche« in der Regel original bleiben – klassische Schauspiele müssen da wesentlich mehr erdulden –, und andererseits durch das Bühnenbild, die Kostüme, Lichteffekte, Regieanweisungen und die Personenführung, die von den manchmal sehr detaillierten Instruktionen des Komponisten erheblich abweichen (können). Wagner wusste schon, warum er alles selbst machen wollte, und es ist kein Wunder, dass er, selbst ein großer Manipulator mit ausgeprägtem Sendungsbewusstsein, Opern schrieb und nur je eine vollständige und unvollständige Symphonie, die so gut wie nie aufgeführt werden. Auch scheinbar kleine Eingriffe können große Wirkungen haben; so hat es in den letzten Jahren in Europa mehrere Inszenierungen von *Tristan und Isolde* gegeben, in denen die Protagonisten im zweiten Akt mehr oder weniger an den entgegengesetzten Enden der Bühne mit dem Rücken zueinander standen, während sie nach Wagners Absicht in glühender Liebe buchstäblich übereinander herfallen – und genau so brennt auch die Musik. Was sich die Regisseure dabei denken, sei dahingestellt – es gibt wohl noch immer zu viele aus öffentlichen Mitteln üppig finanzierte »Kreative«, denen die Wünsche und die Kritik des Publikums herzlich egal sind. Nicht überall ist »Dortmund« (vgl. S. 48). Was das Publikum denkt und fühlt, ist einfacher zu erraten: Während es mit dem Großhirn versucht, die Intention der Inszenierung zu ergründen, verweigern die tiefen, archaischen Hirnstrukturen sich dem Spektakel. Die Zuhörer leiden an diesem Zwiespalt, denn mit Paradoxien kann das Gehirn grundsätzlich nicht gut umgehen, und das Paradoxon »glühende Worte, glühende Musik« einerseits und »abweisende Gestik und Körpersprache« andererseits ist eklatant. Schon die paradoxe Wahrnehmung nur eines Sinnes stellt uns vor Probleme. Die meisten kennen M. C. Escher, der mit seinen »unmöglichen« Zeichnungen irritierende optische Täuschungen und Paradoxien schuf. Auch rein akustische Paradoxien sind bekannt. So kann man dem auditiven Cortex unter bestimmten Bedingungen vortäuschen, dass eine Tonleiter bis ins Unendliche ansteigt, obwohl immer nur dieselben acht Töne wiederholt werden. Weil wir wissen, dass da etwas nicht stimmen kann, sind wir irritiert, und die Irritationen, die heute von zahlreichen Theater- und Opernaufführungen ausgelöst werden – *Tristan und Isolde* ist ja nur ein Beispiel –, sind zumindest teilweise auch auf solche Paradoxien und Täuschungen, wenn sie bewusst eingesetzt werden also Manipulationen, zurückzuführen. Die Verzweiflung über die Auswüchse des Regietheaters führte übrigens dazu, dass im Jahre 2013 ein Privatmann eine Anzeige in der *F.A.Z.* mit folgendem Text schaltete: »Aus Ehrfurcht und Liebe für Richard Wagner werden wir unsere Ring-II-Plätze in Bayreuth nicht einnehmen.« Etwa zehn Tage später kaufte er eine sündhaft teure 1/4-Seite derselben Zeitung, um sich darin selbst zu interviewen. Sicherlich skurril, aber wie viele begeisterte Mails wird er bekommen haben!

Im Gegensatz zu einer Oper oder einem Schauspiel ist ein Film, einmal gedreht, geschnitten und vom Regisseur mit dem finalen Placet versehen, ein für alle Male fertig. Bei aufwendigen Produktionen werden von Beginn an (Film-)Komponisten hinzugezogen, die das Drehbuch kennen, sich von Beginn an engstens mit den Regisseuren besprechen und im Laufe der Dreharbeiten oft auch schon ungeschnittene Szenen bekommen. Für einen zweistündigen Film eine Musik wie aus einem Guss zu schreiben, die Stimmungen entstehen lässt, Gefühle der Darsteller heraufbeschwört, auch wenn sie nicht sprechen, Dialoge sekundengenau begleitet und nach Möglichkeit auch noch eine eingängige Titelmelodie beinhaltet, ist eine große Herausforderung. Nicht ohne Grund gibt es unter den verschiedenen Kategorien bei der Oscar-Verleihung auch die für die beste Filmmusik. – Diese ist übrigens so alt wie der Film selbst, und diese Aussage schließt die Stummfilmzeit mit ein. Schon bei den allerersten Vorführungen im Paris und Berlin der späten 1890er Jahre saß ein Pianist im Raum und verdeutlichte (man sagt auch: paraphrasierte) oder interpretierte die Stimmungen der Schauspieler. Schon 1903 gab es angeblich die ersten dezidiert komponierten Filmmusiken, doch erst mit dem Aufkommen des Tonfilms erfolgte der eigentliche Wandel hin zu Originalkompositionen. Interessanterweise gibt es heute wieder Filmaufführungen mit (klassischer) Live-Musik.

Bevor es das Fernsehen gab, war die Filmmusik vermutlich anspruchsvoller als heute. Für diese Annahme steht beispielsweise ein Name wie Erich Wolfgang Korngold, der zu Lebzeiten mit keinem Geringeren als Richard Strauss in einem Atemzug genannt wurde. Aber grundsätzlich gilt: Erstens sprechen Filme ein wesentlich breiteres Publikum an als Opern; zweitens steht in ihnen der visuelle Eindruck normalerweise deutlich über dem auditiven; drittens wird die Musik meist kongruent zum Bild eingesetzt, eben weil wir mit Paradoxien nicht gut zurechtkommen, auch wenn mit ihnen bedeutsame Aussagen transportiert oder Spannung dargestellt werden können. Das Gehirn des Zuschauers soll von der primär über das Bild vermittelten Handlung nicht abgelenkt werden. Von Autorenfilmen, die in den großen, auf Hollywood-Blockbuster ausgerichteten Kinozentren eher nicht laufen, ist in dieser Hinsicht deutlich hochklassigere Musik bzw. ein deutlich hochklassigerer Einsatz von Musik zu erwarten. Dennoch gelingt es selbstverständlich auch den »großen«, auf Gewinnmaximierung ausgelegten Produktionen, Musik als kommunikatives oder manipulierendes Gestaltungsmittel einzusetzen – die Geigen beim ersten Kuss sind da ebenso zu nennen wie die bisweilen genutzte, aus der Oper entlehnte Leitmotivtechnik, bei der einzelnen Personen kurze Motive zugeordnet werden, die beim Erklingen Gedächtnisinhalte freisetzen, in jüngerer Zeit beispielsweise in der Trilogie *Herr der Ringe* mit der Musik von Howard Shore. Und wer es schafft, eine Musik zu komponieren, die sich verselbständigt und unabhängig vom Film lebt, darf sich sicher zu Recht für einen großen Tonkünstler halten. Auf Seite 79 wurden schon Anton Karas und Ennio Morricone genannt. Als kleine zusätzliche und sehr subjektive Auswahl (jeder Geschmack ist anders) seien vorgeschlagen (Filmtitel/Komponist): *Titanic* / James Horner, *Psycho* / Bernard Herrman, *Boulevard der Dämmerung* / Franz Waxman, *Lawrence von Arabien* und *Doktor Schiwago* / beide: Maurice Jarre, *Der rosarote Panther* und *Frühstück bei Tiffany* / beide: Henry Mancini, *Jenseits von Afrika* und *Der mit dem Wolf tanzt* / beide: John Barry, *Der König der Löwen* / Hans Zimmer.

Eine Parallelität zum Film findet sich bei der vollkommenen Kongruenz von Musik und Text bei Herz-Schmerz-Liebesliedern für »das breite Publikum« und der weitaus anspruchsvolleren, weil manchmal durchaus auch unpassenden Musik bei gehobenen Chansons, die – sich mit der Qualität der Texte ebenfalls abhebend – von Liebe singen, während die Musik gleichzeitig von Leid und Kummer spricht.

Was hätte Beethoven nicht komponiert, wäre er kein Trinker gewesen? – Alkohol und Drogen

Die Drogen- und Alkoholexzesse heutiger Rockmusiker sind Legende. Nicht wenige sind direkt oder indirekt, weil sie an ihrem Erbrochenen erstickten oder im Rausch Unfälle verursachten, daran gestorben: so z. B. Jim Morrison von den Doors, Jimi Hendrix, Brian Jones von den Rolling Stones, Janis Joplin – die nahezu identischen Lebensdaten dieser vier scheinen auch auf einen gewissen »Zeitgeistfaktor« zu deuten –, Sid Vicious von den Sex Pistols, Ronald (»Bon«) Scott von AC/DC, Kurt Cobain von Nirvana, Falco und Dee Dee Ramone, um nur einige besonders Prominente zu nennen; zuletzt trat im Juli 2011 Amy Winehouse dem legendären »Club 27« bei. Viele mehr, auch solche, die es lange Zeit schaffen, sich gesellschaftlich als halbwegs integriert zu geben, dürften die Folgen ihres Verhaltens noch zu spüren bekommen. Manche Musiker haben die Sucht in ihren Songs thematisiert, wenn auch selten so unverhohlen wie Mick Jagger und Marianne Faithfull mit »Sister Morphine«, Lou Reed von The Velvet Underground mit »Heroin« und Kevin Russel von den Böhsen Onkelz in »H.« Und längst hat Paul McCartney zugegeben – was die Beatles immer bestritten hatten –, dass die Anfangsbuchstaben der Substantive aus dem Lied »Lucy in the Sky with Diamonds« sehr wohl für LSD stehen, ja dass das ganze Album *Sgt. Pepper's Lonely Hearts Club Band* (und sicher nicht nur dieses) unter Drogeneinfluss entstanden ist.

Klassische Musiker mit Drogenproblemen hat es kaum gegeben, obwohl pflanzliche Rauschmittel bei manchen Völkern seit Jahrtausenden konsumiert werden und ihre psychischen Wirkungen in Europa spätestens seit dem 17. Jahrhundert bekannt waren. Auch Goethe und Schiller sollen hin und wieder gehascht haben, vielleicht sogar gemeinsam. Überhaupt scheint der Gebrauch von Drogen unter Malern und Schriftstellern früher weiter verbreitet gewesen zu sein als unter Komponisten, oder diese lebten ihre Sucht, die damals durch euphemistische Ausdrücke wie ›Leidenschaft‹, ›Schwäche‹ oder ›übermäßiger Genuss‹ sprachlich gern verkleidet wurde, weniger öffentlich aus. Vielen der Klassiker war aber der Alkohol alles andere als fremd, und würde man ihren Konsum nach heutigen Maßstäben beurteilen, müssten Beethoven – übrigens mit einschlägiger Familienanamnese –, Wilhelm Friedemann Bach, der älteste Sohn von Johann Sebastian, Mozart, Schubert (oft beschönigend als jemand beschrieben, der »in froher Runde den Becher kreisen ließ«), Schumann, Reger und Mussorgski wohl als alkoholkrank angesehen werden – bei Letzterem wäre allein aufgrund des berühmten Porträts von Ilja Repin schon eine Blickdiagnose möglich.

Alkohol steigt binnen Minuten buchstäblich »zu Kopf« und führt praktisch sofort zu messbaren Veränderungen im Gehirn, wie mit der Magnetresonanzspektroskopie nachgewiesen wurde. So wird die Energiegewinnung umgestellt, und die Konzentration von zellschützenden Stoffen nimmt ab. Bei mäßigem Genuss in größeren Abständen sind diese Vorgänge reversibel; bei kontinuierlicher, regelmäßiger Alkoholzufuhr kommt es jedoch rasch zu Veränderungen der Transmittersysteme im Gehirn; Dopamin- und Serotoninstoffwechsel werden beeinflusst, wodurch sich ein zunächst positiver Einfluss auf die Stimmung, aber auch ein negativer in Bezug auf Aggressivität und Depression erklärt, und verschiedene Rezeptoren werden so umreguliert, dass die dämpfenden und sedierenden Wirkungen des Alkohols die euphorisierenden und deshalb suchtfördernden schließlich überwiegen. Am Ende einer langen »Trinkerkarriere« können die Betroffenen ein hirnorganisches Psychosyndrom aufweisen, wobei die Veränderungen besonders im Hippocampus nachweisbar sind.

In der modernen westlichen Welt ist der Alkohol eine der größten, wenn nicht die größte gesundheitliche und gesellschaftliche Herausforderung. Je nach Quelle gelten 1,5 bis 2,5 Millionen Deutsche als alkoholkrank, von denen etwa 75 000 pro Jahr an den direkten oder indirekten Folgen des exzessiven

Trinkens sterben. Wenn man die »nur« Gefährdeten mit einem Alkohol»problem« mitzählt, ist laut »Jahrbuch Sucht 2016« der Deutschen Hauptstelle für Suchtfragen in Berlin sogar jeder fünfte Deutsche zwischen 18 und 64 Jahren betroffen. Der volkswirtschaftliche Schaden wird auf etwa 40 Milliarden Euro pro Jahr beziffert. Erschreckend ist auch die Tatsache, dass immer mehr Gewalttaten unter Alkoholeinfluss verübt werden. Bei schwerer und gefährlicher Körperverletzung sind beinahe 40% der Täter alkoholisiert, und jugendliche Gewalttäter sind es über alle Straftatbestände hinweg zu etwa 70%. Flat-rate-Trinken und Komasaufen gelten in manchen Kreisen als »normal«. In Bezug auf die Musik sei die provokante und politisch alles andere als korrekte Frage dennoch erlaubt: Welche Meisterwerke der Musik gäbe es vielleicht gar nicht, wenn ihre Schöpfer nicht übermäßig getrunken hätten? Kann man sich vorstellen, dass, nur als Beispiel, die 5. Symphonie nicht existierte, jedenfalls nicht so, wie wir sie kennen, hätte Beethoven am liebsten Wasser und Tee getrunken? Dieser Gedanke lässt sich auf einige der größten Maler und Schriftsteller ausweiten. Man denke an Goethes Genuss von zwei Litern Wein pro Tag – kein *Faust* ohne Alkohol? Der amerikanische Psychiater Donald Goodwin hielt so gut wie alle amerikanischen Literaturnobelpreisträger und 30% aller berühmten US-Autoren überhaupt für Alkoholiker. Hier zeigt sich wieder das schimmernd Halb- und Ganz-Pathologische und gleichzeitig Faszinierende des Genies. Allerdings kann man eine bestimmte ursächliche Wirkung von Alkohol auf einen bestimmten Kompositions-, Mal- oder Schreibstil kaum nachweisen. Wer die These in den Raum stellt, dass Komponisten in den Anfangsstadien ihrer Trunksucht, als die langfristig deutlich überwiegenden negativen Aspekte noch im Hintergrund standen, womöglich »einfallsreicher« waren als nüchterne Kollegen oder als wenn sie selbst nüchtern gewesen wären, kommt schnell ins Spekulative. Um es ganz deutlich und unmissverständlich zu sagen: Manche Menschen sind Genies und trinken. Das Trinken mag positive oder negative Effekte auf ihre Kreativität haben. Aber niemand wird deshalb genial, *weil* er trinkt!

Ähnliches gilt für Drogen, psychoaktive Substanzen, die Wahrnehmung und Bewusstsein verändern können. Zum Teil stellt der Körper sie selbst her (Adrenalin, Noradrenalin), zum Teil handelt es sich nach gängigen Definitionen um vollkommen legale Genussmittel wie Koffein und Nikotin. Auch manche, in der Regel verschreibungspflichtige, Medikamente haben bei entsprechender Dosierung ein hohes psychotropes Potential. Wie problematisch und kompliziert, aber gleichzeitig juristisch bedeutsam hier die Unterscheidungen und Übergänge sind, zeigt ein Blick auf die umfangreichen und immer länger werdenden Anlagen zum Bundesbetäubungsmittelgesetz, denn neue synthetische Drogen werden in rascher Folge erfunden: Allein im Jahr 2010 wurden von der EU-Drogenbeobachtungsstelle 41 neue psychoaktive Substanzen registriert. An erster Stelle steht allerdings nach wie vor das »altbekannte« Cannabis (z. B. in Form von Marihuana oder Haschisch), gefolgt von Kokain, einem Alkaloid, Amphetaminen (dazu gehört in der »reinen« Form des MDMA auch die Modedroge Ecstasy), Halluzinogenen wie LSD und Heroin, einem synthetischen Opioid.

Im Zentrum stehen die meistbenutzte exogene Droge, Cannabis, und die zerstörerischste, leider von vielen Rockgrößen am Ende ihrer »Drogenkarriere« bevorzugte: das Heroin.

Cannabis als »Einsteigerdroge« soll das Denken klarer machen, das Bewusstsein erweitern. Dabei kann es nicht nur inter-, sondern auch intraindividuell je nach Situation äußerst unterschiedlich wirken und ist daher in Bezug auf einen bestimmten erwünschten Effekt schwer berechenbar. Während funktionelle Wirkungen auf das Gehirn im EEG nachweisbar sind, werden durch Cannabis ausgelöste bleibende hirnorganische Veränderungen in der Literatur kontrovers diskutiert, bei Erwachsenen mehrheitlich aber für unwahrscheinlich gehalten, auch wenn eine Minderdurchblutung der Großhirnrinde gezeigt werden konnte. Eine absichtsvolle Einnahme von Cannabis mit dem Ziel, etwa die künstlerische Kreativität zu steigern, dürfte in der Regel zum Scheitern verurteilt sein. Wenn man »Glück« hat, mag man zwar neuartige Gedanken fassen können, das Kurzzeitgedächtnis ist jedoch derart eingeschränkt, dass man sie rasch auf einem Tonträger oder auf Papier »festhalten« muss, und die ja gewünschte Entspannung ist eigentlich auch nicht dazu angetan, großartige Leistungen zu vollbringen. Als schön empfunden werden oft Cannabis-induzierte Synästhesien. Von den klassischen Komponisten kennen wir keine diesbezüglichen Zeugnisse, aber der Dichter Charles Baudelaire schrieb: »Die Töne bekleiden sich mit Farben, und die Farben enthalten Musik.«

Heroin dockt im Gehirn an spezielle Opioidrezeptoren an, wirkt angstlösend, euphorisierend und schmerzlindernd. Erst in höheren Dosen löst es Brechreiz aus und hemmt die Atmung; Atemstillstand, womöglich in Kombination mit Ersticken durch Erbrochenes, ist dann oft auch die unmittelbare Todesursache. Bei vielen Menschen sind wenige Wochen Konsum ausreichend, um physisch und psychisch abhängig zu werden; in der Folge kommt es bei den meisten zu einem raschen sozialen Abstieg, da der Konsum finanziert werden muss. Für die Pop- und Rockheroen – die Wörter Held/*Hero*, noch deutlicher: Heldin/*Heroine* (analog in den romanischen Sprachen) und Heroin sind eng verwandt – ist dies in der Regel kein Problem, was sie für ihre anfälligen Anhänger nur noch mehr zu Vorbildern werden lässt. Dabei müssten sie nur auf einige der einschlägigen Songtexte hören, um zu verstehen, welchen Preis auch die glorifizierten Stars für ihre Sucht (und für ihre Musik, die sie ohne Drogeneinfluss gar nicht hätten schreiben können?) zahlen oder wie eindringlich sie vor dem Konsum warnen. So lauten einige der Zeilen in John Lennons Song »Cold Turkey«, in dem er den Versuch des Loskommens vom Heroin thematisiert – die vergleichsweise harmlosen LSD-Zeiten hatte er längst hinter sich gelassen –: »Can't see no future / can't see no sky / I wish I was dead / Thirty-six hours / Rolling in pain«, und in »Hand of Doom« sang die Gruppe Black Sabbath unter anderem: »Oh you, you know you must be blind / to do such things like this / to take the sleep that you don't know / you're giving Death a kiss.«

Ähnlich wie beim Cannabis ist gar nicht recht erklärbar, wieso Heroin Kreativitätsschübe auslösen sollte; was immer mit ›Bewusstseinserweiterung‹, ›Seelenbefreiung‹ oder anderen Wortschöpfungen gemeint ist – insgesamt ist Heroin eine sedierende Droge, und es ist mehr als zweifelhaft, dass darunter bessere Songs entstehen, egal was die Betroffenen selbst dazu meinen. Musiker, die wie Charlie Parker und Eric Clapton erfolgreich »ausgestiegen« sind, haben sich, als sie wieder »clean« waren, genau in diesem Sinne geäußert. So ist zu vermuten, dass die Musik der in diesem Kapitel Genannten nicht wegen, sondern trotz der Einnahme von Drogen entstand und entsteht.

Unterscheiden muss man noch zwischen aktiver und »passiver« Musik: Zu dem Thema »Musikwahrnehmung unter Drogeneinfluss« gibt es erstaunlich viele Untersuchungen, und zur Vereinfachung wollen wir die Mischform, bei der ein bekifftes Publikum bekifften Musikern zuhört – das legendäre Woodstock-Festival mag hier Pate stehen – mit einschließen.

Geradezu institutionalisiert scheint das Musikhören unter Drogen bei einer bestimmten Form der Partyszene zu sein, den Rave- oder Technopartys, bei denen mit extrem lauter, ausschließlich auf schnellen Rhythmus ausgerichteter Musik tranceähnliche, durch Ecstasy und andere Modedrogen noch verstärkte Zustände erzeugt werden. Auffällig ist die unbedingte Notwendigkeit eines gemeinschaftlichen Erlebnisses; es ist eher unwahrscheinlich, dass die gleiche Musik ähnliche Wahrnehmungsveränderungen in einem kleineren, häuslichen Kreis herbeiführen würde. Auch synästhesieartige Lichteffekte, oft in Form von rhythmischer Emission im Gleichklang mit der Musik, und das Tanzen bis zur körperlichen Erschöpfung tragen zu den von den Jugendlichen erwünschten Bewusstseinswandlungen bei. Je nach Droge, Dosis und eigener Stimmung können Klänge verschwimmen oder im Gegenteil als räumlich getrennt und dabei lebendiger erscheinen; all dies geht mit EEG-Veränderungen einher.

Obwohl diese Aspekte nur bei in der Regel jungen Konsumenten, die Rock- und Popmusik in all ihren Unterarten hörten, erforscht sind, darf man trotz fehlender Untersuchungen davon ausgehen, dass beim Opernpublikum, besonders wenn es sehr laut wird, ganz ähnliche Veränderungen festzustellen wären; zwar fehlen die Elemente der Bewegung und der schnellen Rhythmen, aber die Lichteffekte und das Gemeinschaftserlebnis sind vorhanden. Mancher Wissenschaftler wird in ausgelassener Stimmung schon davon geträumt haben, das Bayreuther Festspielpublikum vor der *Götterdämmerung* kollektiv unter Drogen zu setzen, zu verkabeln und dann sechs Stunden zu beobachten.

Im Zusammenhang mit der Bemerkung, der Körper stelle manche psychoaktive Substanzen selber her, sei an dieser Stelle noch einmal etwas ausführlicher auf die Endorphine eingegangen – eine ebenso verräterische wie problematische Wortschöpfung, denn es ist als Kunstwort die Abkürzung für »endogene Morphine«. Von Hypophyse und Hypothalamus ausgeschüttet, lindern sie das Schmerzempfinden, vermitteln körperliche Lustgefühle und positive Empfindungen beim Sport, beim Sex und beim Essen. Eigentlich bräuchte man also gar keine von außen zugeführten synthetischen Drogen, da der Körper ein Selbstversorger ist oder zumindest sein kann. Ob man auch durch die selbst ausgeschütteten »Glückshormone« süchtig werden kann, ist trotz eindeutiger Bejahung durch Laien in einschlägigen Internet-Foren strittig, aber Extremläufer, die ständig an die äußerste Grenze ihrer Belastungsfähigkeit gehen, die in mehreren Unterarten als offizielle Krankheit kodifizierte Hypersexualität (vulgär als »Sexsucht« bekannt) oder Menschen, die einfach nicht aufhören können, Schokolade in sich hineinzufuttern, weil sie sich dabei zunächst so gut fühlen, scheinen darauf hinzudeuten. Dennoch sollte man mit dem inflationär benutzten Begriff ›Sucht‹ vorsichtig umgehen.

Gibt es auch eine Gier nach Musik im pathologischen Sinne? Kann Musik selbst eine Droge sein, kann sie in unserem Körper neurophysiologische, biochemische und psychische

Veränderungen auslösen, die mit denen von Drogen vergleichbar sind? Auf den zweiten Blick stellt sich die Frage eigentlich gar nicht, denn aufgrund der eingangs geäußerten Hypothesen zur Musik als biologischer Notwendigkeit und der oben dargestellten Art und Weise, wie sie Emotionen, Erinnerungen, Wahrnehmungen und Bewusstseinszustände auslösen und verändern kann, scheint der Konsum von Musik dem von Drogen in mancher Hinsicht nicht unähnlich zu sein. Der Unterschied: Musik ist legal, und statt ein paar Hundert Rauschmitteln bietet sie eine unendlich große Auswahl, aus der jeder den ihm passenden Kick wählen kann. Allerdings berühren uns manche Arten von Musik »nur« wegen individueller Vorlieben mehr als andere, während andere bei der Mehrzahl der Menschen geradezu ekstatisch wirken. Dann muss man nicht »high« sein, um wie ein Zugekiffter Auto zu fahren.

Psychologische Experimente haben gezeigt, dass die Fahrer insbesondere bei anspruchsvollen Strecken und lauter Musik zu höheren Geschwindigkeiten und geringerer Aufmerksamkeit neigen, doch selbst eine leise Berieselung auf einer unproblematischen Strecke ist unter dem Gesichtspunkt der Gefährdung nicht als vollkommen unbedenklich anzusehen. Das passt sehr gut zu der Erkenntnis, dass Musik nicht grundsätzlich unsere Arbeitsleistungen verbessert. Nicht einmal zum Stressabbau taugt sie: Zwar konnte gezeigt werden, dass bestimmte Musik, die man hört, während man im Stau steht, beruhigend und aggressionsabbauend wirkt – aber nur, wenn man von vornherein keinen Zeitdruck hat. Juristen diskutieren bereits, ob laute Musik, die indirekt über § 1 der Straßenverkehrsordnung (»Jeder ... hat sich so zu verhalten, dass kein Anderer geschädigt, gefährdet oder ... behindert oder belästigt wird«) ohnehin verboten ist, nicht zusätzlich noch in der Fahrerlaubnisverordnung berücksichtigt werden muss, analog §§ 13 und 14 (»Klärung von Eignungszweifeln bei Alkoholproblematik« bzw. »im Hinblick auf Betäubungsmittel und Arzneimittel«) – Punkte für *Parsifal* also, und Idiotentest wegen *Isolde*.

Die Liebe – Erotische Musik

Die Liebe wird im Kopf gemacht, auch wenn zu befürchten ist, dass viele Menschen über diesen Satz, der so selbstverständlich und gleichzeitig so tiefschürfend ist, nicht nachdenken, besonders Jugendliche im Zeitalter der sexuellen Reizüberflutung und kostenlosen Erreichbarkeit von Pornographie mit wenigen Mausklicks. Aber selbst wer Liebe nicht mit Sex gleichsetzt, stolpert über ihre Banalisierung – mehr als 80 % aller Texte der zeitgenössischen Popmusik dürften etwas mit Liebe zu tun haben, und die oft grausam belanglosen Texte hören sich auf Französisch und Italienisch auch nur so lange schöner an, bis man sie versteht. Jedenfalls besteht und bestand an der Verbalisierung der Liebe kein Mangel, dies auch schon in der großen Zeit des Kunstliedes, als Schubert, Schumann, Brahms, Wolf und andere Gedichte vertonten. Diese hatten zwar nicht so oft wie die heutigen Songs etwas mit Liebe zu tun, denn zur Zeit der Romantik war auch die Natur ein bedeutendes Thema, und praktisch nie etwas mit Sex – und wenn doch, eher versteckt und metaphorisch wie im *Heideröslein* –, aber weder die Dichter noch die Komponisten waren Asketen.

Natürlich ist die Liebe immer auch ein Thema in der Oper gewesen – hier kann man noch weiter zurückgehen. Schon im Barockzeitalter des Georg Philipp Telemann trug eine seiner Opern die Liebe sogar im Titel: *Die wunderbare Beständigkeit der Liebe oder Orpheus*, und auch Georg Friedrich Händel hat Liebesopern komponiert. Der Opernkomponist Johann Adolf Hasse schrieb seine großen Mezzosopranpartien seiner Frau, der Sängerin Faustina Bordoni, praktisch auf den Leib. Die Worte »*Ich liebe dich*«, »*Ti amo*« und »*Je t'aime*« kommen sinngemäß oder sogar genau so in Opern derart oft vor, dass man es kaum noch zählen kann; ihre musikalisch extrem breitgefächerte Unterlegung jedoch zeigt die Problematik der »erotischen Musik« schon an – wieder einmal geht es um die Semiotik und Semantik.

Außer durch die Verbalisierung der Liebe in Form vertonter Gedichte oder Libretti werden erotische Spannungen und Entwicklungen in der Oper zusätzlich durch Regieanweisungen und Personenführung dargestellt. Doch zu allen Zeiten haben auch Musiker selbst mit ihrer erotischen Ausstrahlung sicherlich die Art und Weise beeinflusst, wie ihre Musik wahrgenommen wurde: Wer würde nicht sofort an Paganini, Liszt und Chopin denken? Aus späteren Epochen könnten einem die rauchige Stimme von Marlene Dietrich, der hüftschwenkende Elvis Presley oder die schwül aufgeladene Aura bei den Auftritten von Freddie Mercury einfallen, viele oft schwarze Interpreten samtiger Soulmusik, die, gleich ob männlich oder weiblich, implizit häufig auch mit dem den Weißen angeblich überlegenen Sexappeal »spielen« und deren Stücke von vornherein für Nachtbars geschrieben zu sein scheinen; Jim Morrison, der bei einem legendären Konzert seine Zuhörer aufforderte, zu ihm auf die Bühne zu kommen und ihn sexuell zu berühren, oder ein Robbie Williams, der von jungen Mädchen zu einem Sexsymbol stilisiert wurde. Doch was ist mit der Musik selbst? Es geht also um die Frage, ob Musik unabhängig von äußeren Umständen, einem in Gesang umgesetzten erotischen Text oder der Person eines Interpreten »Liebe darstellen« kann, und folglich eben gerade *nicht* um alte Hollywoodfilme, in denen immer die Streicher einsetzen, wenn zwei sich zum ersten Mal küssen. Wenn Liebe im Kopf gemacht wird und Musik im Gehirn entsteht und emotional bewertet wird – welche Schlüsse sind daraus zu ziehen? Über dieses Thema gibt es überraschenderweise so gut wie keine Literatur.

Verstehen kann man dieses mangelnde wissenschaftliche Interesse vielleicht noch im Hinblick auf eine langdauernde stabile Beziehung, eine reife Liebe auf der Basis von Vertrauen und Partnerschaft, bei der es aus der Sicht von Hirnforschern vergleichsweise ruhig zugeht und es keinen Grund gibt anzunehmen, dass Musik eine größere Rolle als Liebesmediator spielt. Doch dass auch das neurophysiologisch viel aufregendere Thema, das romantische Verliebtsein, bei dem unsere Aktionspotentiale Achterbahn fahren und das Gehirn in einem lustvollen Hormon-Chaos versinkt, bei dem Dopamin, Oxytocin, Vasopressin und Adrenalin rauschhaft durch unser Blut jagen, zwar millionenfach in Gedichten, Romanen und Filmen und natürlich auch von Wissenschaftlern aufgegriffen worden ist, aber nicht systematisch im Zusammenhang mit Musik *ohne Text*, ist erstaunlich. Selbstverständlich gibt es zahlreiche Darstellungen zu Liebesliedern einschließlich jenen neueren Datums, die sich passend zum pornographisierten Zeitgeist gar nicht erst mit romantischer Liebe oder einer langen, stabilen Liebe aufhalten, sondern sofort zum Sex übergehen. Das sind aber soziologische Ansätze und keine neuro- oder musikwissenschaftlichen. Auch über die Erotik des Tanzes, besonders natürlich des Tangos, gibt es lange Abhandlungen. Diese sehnsuchtsvoll-melancholische Musik kommt zwar tatsächlich ohne Worte aus, ist aber umso mehr durch Bewegungen und Berührungen bis zur Anzüglichkeit, ja Lüsternheit gekennzeichnet, wird also auch erst durch ein zusätzliches Element zu »erotischer Musik«. Foren im Internet helfen ebenso wenig weiter; dort unterhält man sich fleißig über erotische Musik, Freunde der Klassik sind jedoch in der Minderheit. Zwei Dinge fallen allerdings auf: Erstens die extrem große Bandbreite der als »erotisch« angesehenen Musik, was darauf hindeutet, dass die Wahrnehmung auch in diesem Fall extrem individuell ist und nach unseren Überlegungen weiter oben kaum überraschend sehr viel mit dem Thema »Musik und Erinnerung« zu tun hat, also: welches Stück lief beim ersten Kuss auf der Party oder beim ersten Sex. Wenn der Kuss oder der Sex als angenehm empfunden wurden, wird die positive Erinnerung daran – im Grunde als Teil der Sozialisation – auf die Musik übertragen, sogar unbewusst. Zweitens: Die durchaus zu findenden etwas häufigeren Nennungen werden in der Regel mit musikfremden »Beigaben« wie etwa Donna Summers orgasmusartigem Stöhnen in ihrem Hit »Love to Love You Baby« begründet. Die Stimme sei ein Geschlechtsorgan, meinte dazu der amerikanische Autor Wayne Koestenbaum. Solche Umstände aber wollten wir in unserem Exkurs ja bewusst ausschalten, weswegen auch ein Klassiker wie »Je t'aime… moi non plus« hier nicht interessiert. CD-Serien wie »Erotic Lounge« und »Sinners Lounge« sind voll von solchen Songs. Allerdings ist der größte Teil der heutigen Popmusik mit Texten unterlegt, und moderne tonale Musik spielt in der öffentlichen Wahrnehmung kaum eine Rolle, die atonale noch viel weniger.

Kommen wir deswegen wieder zur Klassik zurück, lassen aber die Liebesarien der großen Opern weg. Was fällt einem dann ein? Chopin, Rachmaninow, Ravel, Debussy und auch Wagner – denn die Vorspiele sind ja ohne Gesang, und der *Liebestod* wird oft auch instrumental aufgeführt. Bei Debussy erinnert man sich als Erstes wohl an das *Prélude à l'après-midi d'un faune*, bei Rachmaninow an die Klavierkonzerte und bei Ravel natürlich an den *Bolero*, der manchen sogar als Inbegriff erotischer Musik gilt, denn er verläuft extrem rhythmusbetont in einer stetigen Steigerung mit immer satterer Instrumentation und ansteigender Lautstärke hin zu einem einzigen Höhepunkt. Kein Wunder also, dass er schon mehrfach als Filmmusik diente, wie übrigens Stücke aller anderen genannten Komponisten auch, man denke nur an die Bedeutung von Rachmaninows 2. Klavierkonzert in dem Film *Das verflixte siebte Jahr* mit Marilyn Monroe. Dieses Stück widmete er übrigens seinem Neurologen und Psychiater Nikolai Dahl. Die therapeutische Beziehung zwischen den beiden wurde 2015 sogar in dem amerikanischen Musical *Preludes* thematisiert (deutschsprachige Erstaufführung 2017 in Linz/Österreich). Und überhaupt und immer wieder Rachmaninow: Im Jahre 2012 legte die Verwaltung der Petersburger Philharmonie für ein Rachmaninow-Konzert aus Gründen des Jugendschutzes ein Mindestalter von 16 Jahren fest.

Lassen sich vom *Bolero* und anderen Stücken Kompositionsregeln für erotische Musik ableiten? Wiederholungen und Rhythmik – nicht notwendigerweise durch Schlagzeug pointiert, obwohl dies beim *Bolero* natürlich den größten Teil der Faszination ausmacht – scheinen eine wichtige Rolle zu spielen, außerdem dynamische Höhepunkte – eventuell auch nur ein ganz großer am Schluss, so auch wieder beim *Bolero*. Die Klangstrukturen sind schwieriger auf einen Nenner zu bringen. Sicherlich ist die ausgeprägte und *in extenso* analysierte Chromatik im *Tristan* ein ungeheuer raffiniertes Mittel, nicht nur die Raserei der beiden Protagonisten glaubhaft darzustellen, sondern auch die des Publikums zu begründen, aber als durchgängig nachzuweisendes Element ist sie nicht anzuführen. Auch besonders farbensatte und harmonisch gewagte Akkorde sind nicht unbedingt ein gemeinsames Merkmal, denn die würde man Chopin wohl nicht in diesem Maße zugestehen.

Am Ende steht eine wissenschaftlich enttäuschende, aus Sicht des Individuums aber durchaus befriedigende Erkenntnis: Wir sind zu unterschiedlich, als dass allgemeingültige Aussagen über erotische Musik getroffen werden können. Die Literatur ist, wen würde es überraschen, voll von solchen Individualismen abseits der »üblichen Verdächtigen« wie Rachmaninow und Co. In J. M. Coetzee's autobiografischem Roman *Sommer des Lebens* kommt eine Freundin zu Worte: »[...] das Streichquintett von Schubert. Ich würde das nicht gerade als sexy Musik bezeichnen, [...], doch er wollte, dass wir uns lieben, und er hatte den speziellen Wunsch [...], dass wir unsere Aktivitäten zur Musik ausführten, zum langsamen Satz.« Die Stelle geht noch weiter und ist ziemlich witzig. Vielleicht passt in diesem Zusammenhang ein Ausspruch von Wilhelm Furtwängler: »Am Ende läuft alles in der Musik auf die Liebe hinaus.« Was genau er damit gemeint hat, wissen wir nicht, und vermutlich versteht jeder Mensch diesen Satz etwas anders, weil eben sowohl die Musik als auch die Liebe für jeden etwas anderes bedeuten. Während non-verbale Verliebtheits- und Liebesbekundungen ja noch gewissen Konventionen gehorchen (die allerdings auch dem Wandel der Zeit unterliegen und insbesondere interkulturell erheblichen Raum für Missverständnisse bieten), trifft dies auf die Musik nicht zu. »Musik ist, mehr als Erotik, die ausschweifendste Individuation«, sagte der Schriftsteller Rudolf Leonhard. Mit anderen Worten: Man kann keinen Menschen mit der »richtigen« Musik erobern, aber es kann sicher auch nicht schaden, Klavier spielen zu können, wenn jemand sich aus ganz anderen Gründen in einen verliebt hat.

Männer und Frauen – Noch immer interessiert, was die Dirigentin trägt

Die meisten von uns kennen Clara Schumann, die Frau von Robert Schumann. Mit dieser Formulierung allein ist viel gesagt: Sie war die Frau »von jemandem«. Zwar stellte sie als Pianistin ihren Mann so sehr in *ihren* Schatten, dass es sogar zu Ehestreitigkeiten kam, doch wie viele wissen, dass sie selbst auch komponiert hat? Oder Fanny Hensel, geborene Mendelssohn Bartholdy – sie war die Schwester »von jemandem«, und auch sie kennt man eher als Pianistin denn als Komponistin, obwohl sie so gut war, dass ihr viel berühmterer Bruder Felix ihr halbvollendete Werke zum »Fertigkomponieren« gab und Stücke seiner Schwester unter eigenem Namen veröffentlichte.

Wenigstens kennt man Clara Schumann und Fanny Hensel überhaupt. Aber Jeanne-Louise Farrenc, Cécile Chaminade, Mel Bonis (eigentlich hieß sie Mélanie, verkürzte ihren Namen aber, um wenigstens im schriftlichen Umgang ihr Geschlecht nicht preiszugeben), Amy Marcy Beach, Lili Boulanger, Grażyna Bacewicz oder Ruth Zechlin? Dabei waren diese Komponistinnen bereits zu ihren Lebzeiten in unvoreingenommenen Kreisen durchaus anerkannt. Immerhin, es gibt noch, besser: jetzt wieder und immer mehr, Forscher, Feuilleton-Redaktionen (die solche Werke besprechen) und ganz offensichtlich auch Leser, die sich für diese Frauen interessieren, und das sogar in aller Ausführlichkeit. So erschien im Jahre 2016 ein über 400 Seiten starkes Buch von Beatrix Borchard über die Primadonna und Komponistin Pauline Viardet, die keine Geringeren als Chopin, Schumann, Meyerbeer, Saint-Saëns und Berlioz faszinierte – auch wenn ihre Bedeutung als Sängerin sicherlich größer war als die der Komponistin.

In der hohen Zeit der klassischen Musik nahmen Frauen eine gesellschaftlich untergeordnete Stellung ein. Lange durften sie nicht einmal öffentlich singen – für die hohen Stimmen hatte man Kastraten. Frauen hatten sich um Heim, Herd und Kinder zu kümmern. Vielleicht gibt es deswegen auch so wenige Malerinnen; nur unter den Schriftstellern scheinen Frauen in größerem Maße zu finden zu sein, wohl deswegen, weil man ein Blatt Papier und die Feder zwischen der Wäsche, dem Kochen, dem Beaufsichtigen der damals ja oft zahlreichen Kinder und der Fürsorge für den Mann gerade noch unterbringen konnte. Die Emanzipation war noch kein Thema – Clara Schumann selbst bezeichnete ihr Komponieren als »Frauenzimmerarbeit«.

Obwohl also der Verdacht naheliegt, dass »männliche« und »weibliche« Musik, gerade auch was die produktive Seite angeht, viel eher etwas mit veralteten gesellschaftlichen Normen als mit biologischen Unterschieden zu tun hat, eine Annahme, die durch die Gleichverteilung von Männern und Frauen in der heutigen Popmusik oder an den Musikhochschulen untermauert wird, haben sich Forscher mit der Frage beschäftigt, ob es aus neurobiologischer und -anatomischer Sicht nicht vielleicht doch geschlechtsspezifische Unterschiede gibt. Zwar galten die ersten Arbeiten auf diesem Gebiet nicht spezifisch den musikalischen Fähigkeiten, aber schon seit den 1970er Jahren wurde postuliert, dass eine Reihe von bei Frauen und Männern anders ausgeprägten Fähigkeiten auf Unterschiede der Hemisphärenasymmetrie – oft ein wenig salopp als »Rechts-« oder »Linkshirnigkeit« bezeichnet – zurückzuführen seien, die bereits im Mutterleib hormonell angelegt werden und nicht nur zu einer Reihe von morphologischen Unterschieden führen, sondern auch zu einer anderen »Verdrahtung« im Gehirn. Daraus soll sich bei Männern unter anderem eine Überlegenheit beim räumlichen Vorstellungsvermögen, bei mathematischen Herleitungen und bestimmten motorischen Fähigkeiten erklären, während Frauen sprachlich gewandter sind (eingeschlossen die Muttersprache), eine höhere Wahrnehmungsgeschwindigkeit besitzen und feinmotorische Präzisionsaufgaben besser bewältigen. Außerdem sind Männer tendenziell eher lateralisiert und die Frauen tendenziell eher »beidhirnig«; so sind, obwohl an den allermeisten Aufgaben grundsätzlich die Strukturen beider Hirnhälften mitwirken, bei Männern die sprachlichen Kompetenzen links und die nichtsprachlichen rechts jeweils deutlich asymmetrischer angelegt als bei Frauen.

Unter dem gewagten Postulat, dass es »Musikergehirne« tatsächlich gibt, stellt sich dementsprechend die Frage, ob davon männliche und weibliche Ausprägungen existieren.

Das komplexe Thema des »Musikergehirns« ist in diesem Buch an vielen Stellen implizit erörtert worden. Die kindliche Prägung, Emotionen, Erinnerungen, also die vollständige individuelle Musikbiographie und mit ihr das interpretierende, bewertende Bewusstsein, machen das Gehirn eines musikalisch begabten und aktiven Menschen zu einem »Musikergehirn« im umgangssprachlichen Sinne. Allerdings verfügt das Gehirn über eine derartig große Plastizität – »Die Musik ist überall und nirgends« –, dass die Hinterlegungsorte mit Sicherheit nicht aufzufinden sind. Was jedoch makroskopisch, mikroskopisch und mit einer Reihe von Techniken sehr wohl nachweisbar ist, sind durch Üben und Ausüben von Musik erworbene Veränderungen – Trainingseffekte, die sämtlich mit der Kontrolle über die Musik im Zusammenhang stehen. Erinnert sei an die kortikale Repräsentation der Hände – dass diese deutlich zunimmt, kann zum Beispiel regelmäßig für die linke Hand von Streichern nachgewiesen werden, also die bei den meisten Menschen schwächere, die aber hier die schwierigeren Aufgaben übernimmt. Je früher in der Kindheit man mit dem Spiel beginnt und je intensiver man übt, desto stärker ist dieser Effekt, der so weit gehen kann, dass Neuroanatomen sogar von einer kortikalen Reorganisation sprechen und manche Forscher sich dazu hinreißen lassen zu behaupten, sie könnten am Gehirn eines Menschen ablesen, ob er Bassist oder Flötist ist. Grundsätzlich kann man bei Profimusikern nachweisen, dass in jenen Hirngebieten, die für die Ausübung von Musik zuständig sind, die Dichte der grauen Substanz zunimmt, so im Kleinhirn für die automatisierte Motorik, in der Heschlschen Querwindung für die Verarbeitung von akustischen Reizen und in den Gebieten für räumlich-visuelle Analysen und sensomotorische Koordination. Es ist diskutiert worden, ob es auch Nichtmusiker mit solchen »Musikergehirnen« gibt, was auf eine genetische Veranlagung zur Musik hindeuten könnte, aber dies wird generell verneint – zu deutlich seien die Trainingseffekte. Das Gehirn schafft sich seine neurologischen Voraussetzungen durch Erfahrung und Übung also selbst. Doch auch wenn sie uns in die Wiege gelegt wären – über Begabung, Talent, Inspiration und Genie würde dies nicht das Geringste aussagen. Man kann den Menschen nicht erschaffen, der Beethovens Zehnte vielleicht doch noch schreiben würde, und man würde das Potential dazu auch nicht identifizieren können, unterzöge man alle Menschen auf der Welt den allerkomplexesten Untersuchungen.

Gibt es nun also männliche und weibliche Musikergehirne? Auch hier erleichtert ein Blick auf die Geschlechtshormone den Einstieg. Mehrere Untersuchungen an musikalisch begabten Jugendlichen scheinen die – in Fachkreisen wegen ihrer sehr schwachen statistischen Signifikanz allerdings nicht unumstrittene – Theorie zu stützen, dass Mädchen mit einem (ganz leichten) Testosteron-Überschuss und Jungen mit einem (ebenso gering ausgeprägten) Testosteron-Mangel am kreativsten sind. Nach dieser »Androgynie-Hypothese« würde sich die Beidhemisphärigkeit des Gehirns auf einem Niveau unterhalb dem der stark weiblich geprägten Frauen, aber oberhalb dem der stark männlich geprägten Männer, angleichen. Oft sagt man den »Schöngeistern« ja Eigenschaften nach, die man eher mit Frauen assoziiert, eine hohe Sensibilität etwa, wie Chopin sie besaß. Richtig stichhaltig ist das allerdings nicht – die Musik- und Kunstgeschichte insgesamt ist voll von kraftvoll-männlichen Machogestalten.

Was den passiven Teil angeht, also die Musikwahrnehmung, gibt es – statistisch ebenfalls schwache – Hinweise, dass Jungen Musik eher rational verstehen wollen und den Drang haben, sich zu ihr zu bewegen, während Mädchen bei trauriger Musik schneller weinen, Musik mit anderen Gedanken verknüpfen und grundsätzlich beim Musikhören abgelenkter sind. Aber bei den Musikgeschmäckern sind die Unterschiede marginal. Vorpubertäre Mädchen mögen klassische Musik ein wenig häufiger als Jungen, aber danach übernehmen sie deren Hardrock- und Rapvorlieben, wobei sich die Frage stellt, ob dies möglicherweise nicht schlichtweg deswegen so ist, weil beide Geschlechter dieser Art von Musik am häufigsten ausgesetzt sind. An den EEGs kann man die Unterschiede beim Hören von gemochter und nicht gemochter Musik deutlich erkennen, nicht jedoch, ob die Wellen von einem männlichen oder weiblichen Gehirn stammen.

Bleibt die Anatomie, die ja, wie wir sahen, wenn überhaupt nur die Aspekte der Musik betreffen kann, über die wir Kontrolle ausüben. Die grundsätzlichen Veränderungen haben wir bereits angesprochen; es gibt aber ein paar Regionen des Gehirns, die sich bei musikalischen Männern und Frauen darüber hinaus unterscheiden. So sind bei musikalischen Männern tendenziell zumindest in Teilen der Hippocampus, das Riechhirn und das Planum parietale (stark vereinfachend das »Lesezentrum«) vergrößert, während musikalische Frauen – bei aller wohlangebrachten statistischen Skepsis – einen teilweise größeren linken Stirnlappen, ein größeres Cingulum und ein größeres Corpus callosum besitzen. Letzteres ist insofern interessant, als es bei musikalischen Männern deutlich mehr Verbindungen zwischen den beiden Hirnhälften enthält als bei unmusikalischen, allerdings unerklärlicherweise *nur* bei Männern: Bei musikalischen Frauen ist die Anzahl der Verbindungen im Corpus callosum nämlich sogar geringer als bei nicht musikalischen, ja sogar – wenn auch nicht statistisch signifikant – geringer als bei nicht musikalischen Männern. Dies passt überhaupt nicht zu der logisch erscheinenden Annahme, dass die ausgeprägtere weibliche Beidhemisphärigkeit nicht zuletzt von einer größeren Zahl von Verbindungen im Corpus callosum herrühren müsste. Um es klar zu sagen: Es gibt einige schwer interpretierbare Tendenzen, aber keine eindeutigen und statistisch unangreifbaren Hinweise, dass männliche und weibliche Gehirne sich in Bezug auf musikalische Fähigkeiten, die Wahrnehmung oder die Verarbeitung von Musik unterscheiden, aber sie geben nichts her, um eine männliche und eine weibliche Musik zu postulieren. So wird unsere Arbeitshypothese bestätigt: Der in der klassischen Musik zu konstatierende Mangel an Komponistinnen ist das Resultat der damaligen gesellschaftlichen Ordnung und hat mit geringerer Begabung nichts zu tun. So finden sich denn auch unter den zeitgenössischen zumindest in Fachkreisen weltweit anerkannten Komponisten zahlreiche Frauen wie Younghi Pagh-Paan, Elena Firsova, Judith Weir, Un-suk Chin oder Charlotte Seither. Wer diese Namen nie gehört hat, mache für sich selbst die Gegenprobe: Wie viele zeitgenössische männliche Komponisten könnte er benennen? (Wer sich für das Thema interessiert, sei im Übrigen auf das Frankfurter *Archiv Frau und Musik* verwiesen.)

Allerdings – ganz so einfach sind die Dinge selbst in den Zeiten der Gleichstellung von Mann und Frau dann doch nicht: Während wir Pianistinnen und Violinistinnen im Musikbetrieb als vollkommen normal ansehen – selbstverständlich auch als Solistinnen –, gibt es ein paar Instrumente, die bis heute deutlich »männlich« oder »weiblich« besetzt sind, so die Posaune und die Harfe, und eine Funktion, bei der die absolute männliche Dominanz gut zum in letzter Zeit viel diskutierten Thema »Frauen in Führungspositionen« passt: Warum gibt es eigentlich so wenige Dirigentinnen?

Zur Erklärung muss man wieder einen historischen Ansatz wählen. Im Laufe der Jahrhunderte hat sich das Bild der »Frauen-« und »Männerinstrumente« mehrfach gewandelt. Das Thema ist hier nicht die metaphorische Bedeutung von Instrumenten im Sinne einer Weiblichkeit oder Männlichkeit wie etwa die Darstellung des nackten Rückens von Kiki de Montparnasse als Streichinstrument durch ihren Geliebten Man Ray auf dem berühmten Foto *Le Violon d'Ingres* von 1924 oder die Bedeutung der Geige in Grillparzers Novelle *Der arme Spielmann*; vielmehr geht es um spielpraktische Aspekte. So ziemte es sich wegen der geöffneten Beine für Frauen lange nicht, Cello zu spielen. Die Blechblasinstrumente galten wegen ihrer Unförmigkeit, ihres Gewichtes und ihrer deshalb im wahrsten Sinne des Wortes »schweren« Handhabung als Männerdomäne, was durch ihre

Dominanz bei der Militärmusik noch betont wurde (die sich wiederum dadurch erklärt, dass sie wegen ihrer Lautstärke als einzige Instrumente den Schlachtenlärm früherer Tage durchdringen konnten). Trotzdem mutet es vollkommen anachronistisch an, dass noch in den 1980er (!) Jahren die als Soloposaunistin bei den Münchner Philharmonikern angestellte Abbie Conant gegen ihren Arbeitgeber prozessieren musste, weil der weltberühmte Dirigent Sergiu Celibidache ihr absprach, die physischen Voraussetzungen für dieses Instrument mitzubringen und sie zur zweiten Posaune degradiert hatte, worüber sogar der halbdokumentarische Film *Allein unter Männern* gedreht wurde.

Die Harfe, das Instrument des biblischen Königs David und eines der ältesten Instrumente überhaupt – der Unterschied zwischen einer Harfe und der im Altertum tatsächlich verwendeten Lyra wird hier ignoriert – war bis ins Mittelalter hinein ein typisches Männerinstrument und wurde dann zu einer Frauendomäne – merkwürdigerweise, drängt es sich doch wie das Cello so unschicklich zwischen die Beine. Heute sind 95 % der Harfenisten Frauen. Dieser Wandel ist auch deswegen überraschend, weil man entgegen aller Klischees zum Harfespielen viel Kraft braucht und sich auf den Fingern schnell Hornhaut bildet: Trotz der »zarten« Klänge der Harfe haben ihre Spielerinnen eher die Hände von Bauarbeitern – und wohl auch die Oberarme, wenn sie ihr 40 Kilogramm schweres Instrument selbst tragen müssen. (Für längere Strecken gibt es natürlich eine spezielle Karre.) Vom Bild des süßen Engelchens mit Flügeln stimmt eigentlich gar nichts – aber warum es sich so hartnäckig hält, ist unklar.

Bleibt noch die Frage der Dirigentinnen. Bis zum Beginn des 20. Jahrhunderts waren Frauen in den meisten Orchestern nicht erlaubt. Als Gegengewicht formierten sich hier und da reine Frauenorchester, so das Leipziger Damenorchester der Josephine Amann-Weinlich, das in ganz Europa und in den USA auf Tournee ging, sich jedoch bei aller Publikumsbegeisterung nie ganz von seinem Ruf als bessere Zirkusattraktion befreien konnte. Erst ab den 1950er Jahren öffneten sich die Orchester allmählich für Frauen, doch wurden diese von den Männern immer noch oft als Eindringlinge betrachtet. Herbert von Karajan behauptete während einer Pressekonferenz allen Ernstes, dass Frauen in die Küche gehörten und nicht ins Symphonieorchester – allerdings ließ er zu und förderte sogar, dass eine Frau, Sylvia Caduff, 1978 für ihn einsprang, als er erkrankt war.

Die Australierin Simone Young, bis 2015 hamburgische Generalmusikdirektorin und Intendantin der Staatsoper, hat in einem Interview gemeint, dass Muttersein und Karriere in einem Beruf, bei dem man an vielen Abenden bis spät am Pult steht und oft auf Reisen ist, nicht vereinbar seien. Viele Frauen seien dazu nicht bereit. Allerdings zeigt sich in anderen Berufen, dass Frauen für ihre Karriere sehr wohl gewillt sind, große Opfer zu bringen. In der Politik sind die Frauen seit Langem auf dem Vormarsch, und in der Wirtschaft werden sie mit oder ohne gesetzliche Quote auch immer mehr Top-Positionen besetzen. Führungsqualitäten wie Motivations- und Konfliktfähigkeit, Durchsetzungsvermögen und Autorität muss auch ein Dirigent mitbringen, und es gibt keinen Grund, warum Frauen ihre Talente nicht auch in der Musik unter Beweis stellen könnten. Ganz im Gegenteil: Aufgrund ihrer ausgeprägteren Sozialkompetenz und emotionalen Intelligenz – auch wenn diese Begriffe von Personalberatern und Arbeitspsychologen überstrapaziert sind – scheinen Frauen sogar dazu prädestiniert zu sein, die besseren Dirigenten zu werden. Die männliche Angst, die Macht zu verlieren, wird zusammen mit dem intransparenten Postengeschacher im öffentlich finanzierten Musikbetrieb die Frauen in größerer Zahl wohl noch einige Zeit vom Pult fernhalten können – aber nicht dauerhaft. Die Dinosaurier sterben aus, vielleicht sogar unter den Kritikern, wenn sie bei einer Rezension einfach mal weglassen, welches Kleid eine Dirigentin beim Konzert trug. Allerdings könnten die Frauen es den Journalisten auch ein wenig einfacher machen: Simone Young hatte zeitweise eine Vorliebe für Stiletto-Schuhe, die zu beschreiben mancher von ihnen vielleicht nicht ganz grundlos für Chronistenpflicht hielt. Auch als Ende April 2011 die Meldung um die

Welt ging, dass zum ersten Mal in der 232-jährigen Geschichte der Mailänder Scala eine Frau, die Finnin Susanna Mälkki, eine Oper dirigiert hatte, konnte ein Rezensent der *Rheinischen Post* sich eine Spitze nicht verkneifen und schrieb: »Die Dame hat eine moderne Oper dirigiert, für die sich unter den Belcanto-Fetischisten am Pult sonst vermutlich keiner fand.« Immerhin lautete der letzte Satz: »Das Orchester der Scala war hingerissen – und das Publikum war es auch.« Sogar die italienische *Repubblica* verzichtete in ihrem Interview mit Frau Mälkki auf die Frage nach der Kleidung ... nur bis zum Schluss, als sie als achte und letzte doch noch gestellt wurde. Immerhin: vor einigen Jahren wäre es wahrscheinlich die erste gewesen. Auch 2013 war es noch einer besonderen Erwähnung wert, dass erstmals eine Frau, die Amerikanerin Marin Alsop, die legendäre »Last Night of the Proms« in der Londoner Royal Albert Hall dirigierte, aber solche Hinweise werden nach und nach verschwinden. Fortschrittlich war allein schon, dass nicht berichtet wurde, was sie trug – natürlich aber kann es sich bei YouTube jeder anschauen.

Mahler auf der Couch – Musik und neurologisch-psychiatrische Erkrankungen

Es ist nicht immer leicht, die ärztlichen Befunde früherer Jahrhunderte richtig zu interpretieren. Eigentlich muss man Mediziner *und* Medizinhistoriker sein, denn manche Krankheiten unter heute noch gleichem Namen bezeichneten früher etwas anderes; so stellt die Diagnose »Rheumatismus« in alten Berichten die Historiker immer wieder vor knifflige Rätsel. Oder man stelle sich vor, dass noch im Frühbarock zu Lebzeiten des späten Claudio Monteverdi keineswegs jeder Arzt wusste, wie der Blutkreislauf funktioniert, denn er war erst 1628 von dem Engländer William Harvey zum ersten Mal korrekt beschrieben worden, und selbst dieser kannte noch nicht die Kapillargefäße und verstand daher nicht, wie das Blut vom arteriellen in den venösen Schenkel gelangt. Bei den hier interessierenden Erkrankungen von Gehirn und Psyche bildete sich erst ab dem Ende des 19. Jahrhunderts überhaupt eine Systematik heraus, obwohl schon 1805 in Bayreuth die erste psychiatrische Heilanstalt eröffnet und 1811 in Leipzig der erste Lehrstuhl für »Psychische Therapie« eingerichtet wurde. Doch erst um das Jahr 1900 herum errichteten Emil Kraepelin, Sigmund Freud, Eugen Bleuler und Julius Wagner von Jauregg die teilweise heute noch gültigen Grundpfeiler ihres Faches. Alle vier wurden 1856/57 innerhalb von 14 Monaten geboren: Die Zeit war »reif«, und die Psychiatrie war damals eine »deutsche«, mindestens deutschsprachige, Wissenschaft. Leider waren die allergrößten Komponisten Anfang des 20. Jahrhunderts schon lange tot, so dass es eine faszinierende Vorstellung bleiben muss, wie der Vater-Sohn-Konflikt im Hause Mozart psychologisch hätte aufgearbeitet werden können oder sich Richard Wagner in der Psychoanalyse zu denken – vielleicht Stoff für einen historisch nicht ganz korrekten Film, schrieb Freud seine wichtigsten Werke doch erst nach Wagners Tod und benutzte auch das Wort ›Psychoanalyse‹ erstmals 1896 – oder Anton Bruckner mit einem Therapeuten im Gespräch über seine Psychoneurosen, die u.a. in einer wahnhaft kranken Religiosität ihren Ausdruck fanden. Verbürgt ist, dass Gustav Mahler sich im Jahre 1910 bei Freud im holländischen Seebad Leyden einer »Kurzanalyse« unterzog, die nur wenige Stunden dauerte – eine Begebenheit, die bereits verfilmt wurde (*Mahler auf der Couch*). Chopin, Brahms und Tschaikowsky waren depressiv, Berlioz wäre nach heutigen Maßstäben ein Psychopath; die Liste ließe sich beinahe beliebig fortsetzen. Dagegen erscheinen George Gershwin, der an einem Hirntumor starb, oder Giuseppe Verdi und Otto Nicolai, die Hirnblutungen erlagen, als ziemlich »uninteressante« Fälle.

Manchmal haben Komponisten versucht, ihre Krankheiten in Musik zu setzen. Beethoven hat seine beginnende Taubheit am Ende des dritten Satzes der 5. Symphonie so eindrucksvoll dargestellt, dass diese Stelle als »Autopathographie« bezeichnet worden ist, eine Interpretation, die jedoch nicht von allen Forschern geteilt wird. Vom Komponisten selbst in einem Brief unmissverständlich dargestellt und zusätzlich mit dem überaus sprechenden Titel *Aus meinem Leben* untermauert, beschreibt hingegen Friedrich Smetana seinen Werdegang im *Streichquartett e-Moll* und setzt im 4. Satz mit einem extrem hohen Violinton den Beginn seiner Ertaubung in Musik. Bei seiner Leichenöffnung fanden sich übrigens spezifische hirnorganische Befunde, die neben einer ganzen Reihe von psychischen Auffälligkeiten nicht zuletzt auch die Taubheit erklärten: Er hatte Neurolues im Endstadium, die progressive Paralyse, eine Diagnose, die »auf höhere Weisung« – Smetana war schon zu Lebzeiten ein tschechisches Nationaldenkmal gewesen – vertuscht bzw. verfälscht werden musste.

Oft wird auch die 6. Symphonie des übersensiblen Tschaikowsky so interpretiert, als habe er darin die seelischen Lasten seines Lebens beschrieben und gleichzeitig verarbeitet, und legendenhaft passt dazu, dass er wenige Tage nach der von ihm selbst dirigierten Uraufführung unter bis heute nicht ganz geklärten Umständen starb. Immer wieder ist auch angenommen worden, dass Mahler in seiner 9. Symphonie seinen eigenen Tod komponierte. Diese Beispiele mögen genügen, zumal bei manchen dieser Deutungen auch Spekulatives im Spiel ist.

Es mag sich bei den erwähnten Werken in einem gewissen, sehr persönlichen Sinne durchaus um eine Spielart der Programmmusik handeln. Und doch sind es Ausnahmen. Nur in seltenen Fällen ist es möglich, eine bestimmte Musik als Ursache-Wirkung-Beziehung im Sinne einer Krankheit-Werk-Beziehung zu deuten, womit natürlich nicht gemeint ist, dass man beispielsweise die Entstehungsgeschichte von *Tristan und Isolde* nicht mit Wagners Lebensumständen und seiner Affäre mit Mathilde Wesendonck in Zusammenhang bringen kann – allein darüber dürfte es Dutzende von laufenden Regalmetern an Literatur geben. Aber man kann nicht nachweisen, dass ein bestimmter Akkord an einer bestimmten Stelle auf einen Brief von oder ein Gespräch mit Mathilde zurückzuführen ist.

Zwei ergiebige Fälle, bei denen man psychische und hirnorganische Erkrankungen in einen direkten Zusammenhang zum Kompositionsstil setzen kann, gibt es aber doch: Robert Schumann und Maurice Ravel, selbst wenn nach dem eben Gesagten zu berücksichtigen ist, dass Schumanns Befunde und Diagnosen in die sehr frühe Zeit der Psychiatrie fielen und das Krankenhaus, in dem er seine letzten Lebensjahre verbrachte, damals wie selbstverständlich »Irrenanstalt« genannt wurde.

Von Schumann sind Symptome, die man heute Persönlichkeitsfindungsstörungen nennen würde, schon aus der Kindheit und Pubertät bekannt. Zeitlebens verzweifelte er daran, die unvereinbaren Wünsche nach öffentlicher Anerkennung – verbunden mit einer bürgerlichen Existenz – einerseits und innerem Rückzug – gleichbedeutend mit ungebundenem Künstlertum – andererseits zu vereinen. Die beherrschende Mutter, die komplizierte Verbindung mit Clara, die ihrerseits angesichts des dominanten Vaters nicht ohne Seelenballast war, die Tatsache, dass Robert schon in der Kindheit nachts im Halbschlaf am Klavier versuchte, seinen Gefühlen Ausdruck zu verleihen – all diese Dinge würden ihn heute zu einem sehr offensichtlichen

Kandidaten für eine Psychotherapie machen. Ob er gegen Ende seines Lebens psychotisch dekompensierte oder ein hirnorganisches Leiden hatte, womöglich Ausdruck einer syphilitischen Infektion, wird bis in die allerjüngste Zeit kontrovers diskutiert. In unserem Zusammenhang ist bedeutender, dass viele Forscher der Meinung sind, man könne – ganz anders als zum Beispiel bei der ebenfalls hochkomplexen Persönlichkeit Beethovens – Schumanns Musik in großen Teilen zu seinem psychischen Empfinden in ganz unmittelbare Beziehung setzen.

Vielfach deuten bereits die Titel seiner Werke auf ein lebhaftes Innenleben: *Fantasiestücke, Papillons, Symphonische Etüden, Märchenbilder, Nachtstücke, Waldszenen, Gesänge der Frühe, Faschingsschwank aus Wien/Fantasiebilder*. Sie sollten nicht so verstanden werden, dass Schumann Programmmusik schreiben wollte, sie sind vielmehr Ausdruck seiner überbordenden Vorstellungskraft. Noch erhöht wird dies, wenn er Fantasiepersonen auftreten lässt wie in den *Davidsbündlertänzen* – Schumann selbst erscheint in den Figuren Florestan und Eusebius, während der Davidsbund eine reine Erfindung ist – oder in der eigenwilligen *Kreisleriana*, nach der von E.T.A. Hoffmann erfundenen Figur eines Kapellmeisters; und die Widmungsträgerin seines Opus 1, der *Abegg-Variationen*, Pauline Comtesse d'Abegg, hat ebenfalls nicht existiert (jedenfalls nicht als Adelige und mit diesem Vornamen). Diese Werke zeugen nicht nur von einem Drang zur Erneuerung der klassischen, weitgehend ausgereizten Gattungen, sondern auch von Schumanns Bemühen, sich selbst als Tonkünstler mit musikalischer Individualität zu definieren. Als erster deutscher Komponist führte er neben den üblichen italienischen Anweisungen in größerer Zahl deutsche Satz- und Vortragsbezeichnungen ein, die oft schon für sich allein von großartiger Erfindungsgabe künden (der späte Beethoven hatte damit begonnen, jedoch weitaus spärlicher). So finden sich in der *Humoreske* u.a.: *Einfach, Sehr rasch und leicht, Hastig, Nach und nach immer lebhafter und stärker, Innig, Mit einigem Pomp, Zum Beschluss*, in der *Fantasie: Durchaus phantastisch und leidenschaftlich vor-*

zutragen, *Im Legendenton, Durchaus energisch* und *Langsam getragen*. In diesem dreisätzigen Werk, einer verkappten und weiterentwickelten Sonate, die den langsamen Satz am Ende führt, gibt es am Schluss des zweiten Satzes jene bereits erwähnten 30 Sekunden, die eine der gefürchtetsten Stellen der gesamten Klavierliteratur darstellen, bei der im Konzert auch die ganz Großen daneben greifen »dürfen« (vgl. S. 101): Obwohl Schumann auch sonst technisch sehr anspruchsvoll schrieb – wer aus seiner eigenen Zeit an der Jugendmusikschule nur die *Kinderszenen* oder das *Album für die Jugend* kennt, sollte sich von deren Einfachheit nicht täuschen lassen –, ist diese Passage in ganz besonders »grausamer« Weise gesetzt – und das unter dem Gesichtspunkt musikalischer Dramaturgie auch noch ganz unnötigerweise, ja sogar kontraproduktiv. Es könnte eine Art enttäuschter Rache des Komponisten an den Pianisten sein, hatte er sich doch durch selbstentwickelte, gänzlich ungeeignete Vorrichtungen, die die Unabhängigkeit der Finger fördern sollten, eine Sehnenscheidenentzündung beigebracht, die nach dem Abklingen eine für die Pianistenkarriere nicht mehr gebrauchsfähige Hand zurückließ.

Schumann spielte auch gern mit Buchstaben. Das Thema der bereits erwähnten *Abegg-Variationen* lautet natürlich A–B–E–G–G. Besonders berühmt sind seine »Lettres dansantes« im *Carnaval*. Diese sind A–S (Es)–C–H, der Name des Geburtsortes seiner ersten Verlobten Ernestine von Fricken, immer wieder umgestellt zu S (Es)–C–H–A, den einzigen Buchstaben von Schumanns Namen, die Töne bezeichnen. Diese Buchstaben stecken auch in dem ursprünglich vorgesehenen deutschen Titel *Fasching*, im Untertitel »Schwänke auf vier Noten«, wobei das Wort Schwank wiederum selbst diese Buchstaben enthält. Die Töne – Buchstaben! – E–H–E können an prominenter Stelle zu Zeiten, als ihm die Partnerschaft mit Clara besonders wichtig war, nachgewiesen werden. Auch wenn Schumann sich einer gewissen Skurrilität bewusst war, steckt doch auch die gezielte autobiographische Expression von Ambivalenz und fortwährender, im Grunde lebenslanger Seinskrise in diesen »Spielereien«. Über sein letztes Orchesterwerk, das *Violinkonzert in d-Moll*, das nach seinem Tod lange unter Verschluss gehalten und erst 1937 erstmals aufgeführt wurde, schrieb Schumann selbst, es sei »ein Abbild von einem gewissen Ernst, hinter dem oft eine fröhliche Stimmung hervorsieht«. Während der Komposition seines letzten Stückes schließlich, den *Geistervariationen*, so genannt, weil er glaubte, der tote Schubert habe ihm das Thema eingegeben, stürzte Schumann sich in den Rhein, wahrscheinlich nach dem Komponieren der vierten Variation: Die fünfte, die er nach seiner Rettung noch ausführte, unterscheidet sich strukturell sehr stark von den anderen, als ob er den Grenzbereich zwischen Leben und Tod habe darstellen wollen, wobei ihm wiederum wichtig war, sich im wahrsten Sinne des Wortes darüber zu »äußern«: Das letzte, was er vor seiner Einweisung in die Heilanstalt tat, war, das Werk Clara zuzusenden, die zu einer Freundin gezogen war, um häuslichen Aufregungen zu entgehen. Es war ihm wichtig, die Welt an seiner Zerrissenheit teilhaben zu lassen.

Das Leiden von Maurice Ravel, dem er schließlich erlag, ist zwar hirnorganischer Natur, doch ist auch er darüber hinaus unter psychologischen Aspekten eine interessante Erscheinung. Klein von Wuchs, mit einem überproportional groß erscheinenden Kopf, der auf einen Hydrocephalus deutet, von elegantem Habitus und stets in vollendet dandyhafter Kleidung auftretend, kannte er wohl sämtliche weltlichen Genüsse außer den sexuellen. Seine Exzentrizität äußerte sich in seinem mit kleinteiligem Nippes, Kitsch und technischen Spielereien vollgestellten Haus in Monfort-l'Amaury ebenso wie in seiner kunstvollen Handschrift und insbesondere seiner kleinen, sehr präzisen und gestochen scharfen Notenhandschrift. Zeitlebens fühlte er sich nicht richtig gesund; er war geplagt von Schlaflosigkeit und arbeitete langsam. Doch obwohl Neurologie und Psychiatrie an der Schwelle zur Moderne standen, wurde eine aussagekräftige Diagnose nie gestellt; nichtssagende Etiketten wie Neurasthenie und Infantilismus wurden immer wieder bemüht. In jedem Falle dürfte die These, dass die 1932 bei einem Unfall – sein Taxi stieß mit einem anderen Wagen zusammen – erlittenen Kopfverletzungen die Ursache für seine Todeskrankheit waren, angesichts der lebenslangen Kette von immer gravierender werdenden neurologischen und psychiatrischen Erscheinungen nicht haltbar sein, zumal sich bereits 1927 während seiner Amerikareise ernsthafte Störungen wie vorübergehender Sprachverlust gezeigt hatten. Später bereitete ihm das Schreiben Mühe – zum einen, was den Vorgang des Schreibens selbst betraf, zum anderen in Bezug auf die Orthographie. Er hatte Schwierigkeiten, die Gliedmaßen kontrolliert zu bewegen, und seine Wortfindungsstörungen – besonders, was Namen anbelangte – wurden immer ausgeprägter. Er litt sehr darunter, nach seinen eigenen Worten »noch so viel Musik in mir« zu haben, die er aber nicht mehr aufschreiben konnte. Dabei nahm er Musik wahr, bemerkte auch Fehler, wenn seine eigenen Stücke zur Aufführung kamen, konnte sie aber selbst nicht mehr spielen.

Ravels Krankheit war vermutlich – eine Sektion hat nicht stattgefunden – die Picksche Atrophie, eine sehr seltene Form der frontotemporalen Demenz, deren sichere Diagnose erst nach dem Tode möglich ist und die wieder einmal zeigt, dass Musikalität keine einheitliche Fähigkeit ist, sondern aus zahlreichen Einzelbestandteilen besteht, die im Gehirn sehr stark verteilt repräsentiert sind. Mit der Diagnose ließen sich nach Meinung mancher Forscher auch Ravels Störungen des Schlaf-Wach-Rhythmus, seine exzentrischen Manierismen und zwanghaften Wiederholungshandlungen erklären. In diesem Lichte hat sich in der Fachliteratur die Meinung herausgebildet, dass Ravels berühmtestes Werk, ja eines der berühmtesten Werke der Orchesterliteratur überhaupt, ein direkter Ausdruck seiner schon früh, schleichend und daher lange unbemerkt bzw. kompensiert verlaufenden Krankheit sei: der *Bolero*, jenes beinahe jedem bekannte und je nach Geschmack oder Laune entweder nervtötende oder aufputschende Stück, in dem über einem je nach Interpretation 15 oder mehr Minuten lang gleichbleibenden

Trommelrhythmus zwei kurze Themen 18-mal wiederholt und nur durch Hinzufügen weiterer Instrumente variiert werden. Ravels Ausspruch, er habe nur ein wirklich bekanntes Werk komponiert, welches aber leider keine Musik enthalte, ist möglicherweise als traurige, ja verzweifelte Einsicht in Vorgänge in seinem Gehirn zu deuten, für die er sonst keine Erklärung hatte. Auch *La Valse*, jener schaurig-groteske Abgesang auf den Wiener Walzer und gleichzeitig dessen verzerrendste Karikatur, wurde in die Richtung von Zwanghaftigkeit und quälerischer Stereotypie gedeutet, die sich unmittelbar aus der Atrophie der frontotemporalen Hirnlappen ableiten ließen. Noch nicht in Beziehung zu Ravels Krankheit gesetzt wurde eine Auffälligkeit, wie es sie in der Geschichte der klassischen Musik sonst eigentlich nur noch bei Chopin gibt: dass er sich nämlich musikalisch überhaupt nicht entwickelt hat. Es gibt keinen frühen oder späten Stil, keine Eigenarten, die sich entwickelt haben oder wieder verloren gegangen sind – Ravel war von Anfang an »fertig«; wer die Entstehungsjahre seiner Stücke nicht kennt, wird sie zeitlich nicht einordnen können. Der Gedanke, dass dieser Aspekt ebenfalls zu seiner Hirnerkrankung passt, verdiente weitere Untersuchungen – und könnte auch der Chopin-Forschung ein vollkommen neues Kapitel eröffnen. Wer meint, Chopins fehlende musikalische Entwicklung sei dem Umstand geschuldet, dass er ja auch nur 39 Jahre alt geworden ist, dem sei entgegengehalten, dass Beethoven mit 39 deutlich anders schrieb als mit 25 und dass andere, ebenfalls jung gestorbene Komponisten wie Schubert oder Schumann ihren Stil sehr wohl weiterentwickelten.

In dieses Kapitel gehört ein Exkurs zu neurologischen Störungen bei einer besonderen Art von ausführenden Musikern, den sogenannten Savants – der noch aus dem 19. Jahrhundert stammende, früher synonym gebrauchte Begriff ›Idiot Savant‹, der ›schwachsinnig Wissende‹, gilt längst nicht nur als diskriminierend, sondern auch als faktisch inkorrekt –, Menschen, die generell geistig retardiert sind, z.T. sogar stark, die aber auf gewissen begrenzten Gebieten ganz außerordentliche Leistungen zeigen. Man spricht von ›Inselbegabungen‹. So gibt es Menschen, die im Kopf spektakuläre mathematische Rechnungen ausführen können, aber nicht verstehen, was es bedeutet, wenn das Brot in der Bäckerei 3 Euro kostet. Ihr Schicksal wurde in dem mehrfach Oskar-prämierten Film *Rain Man* einer breiten Öffentlichkeit bekannt gemacht. Oft wird gesagt, dass der Film den Autismus thematisiert, was streng genommen nicht stimmt; nur etwa die Hälfte der Savants sind Autisten. Kim Peek, dessen Lebensgeschichte und unfassbare Gedächtnisleistungen die Vorlage für *Rain Man* waren, war jedenfalls kein Autist; er war aber, was in dem Film nicht angeschnitten wird, auch ein Musik-Savant, der sowohl enorme theoretische Kenntnisse besaß, weil er innerhalb von acht Sekunden zwei Buchseiten – eine mit dem rechten, eine mit dem linken Auge – scannen und so speichern konnte, dass er den Text jederzeit fehlerfrei wieder abrufen konnte, als auch begonnen hatte, selbst Klavier zu spielen. Dabei allerdings stand er »Kollegen« wie seinen Landsmännern Matt Savage oder Leslie Lemke nach, die selbst schwierige Stücke nach einmaligem Hören fehlerfrei auf dem Klavier nachspielen können – und Lemke ist blind.

Um zu verstehen, dass diese vordergründig großartigen Leistungen nicht das Geringste etwa mit Mozarts phänomenalem Gedächtnis bei der Niederschrift des *Miserere* zu tun haben (vgl. S. 96), und um die Tragik von Kim Peeks Leben bewerten zu können, muss man sich vorstellen, dass er schwerste Hirnanomalien aufwies; insbesondere fehlte ihm das Corpus callosum. Es wurde daher spekuliert, dass Informationen ungefiltert in beide Hirnhälften strömten und in diesen neue Nervenverbindungen entstanden, die seine phantastischen Leistungen möglich machten; aber er hat nie gelernt, sich selbst anzuziehen und war sein Leben lang auf Hilfe angewiesen. Im Übrigen ist es eher ungewöhnlich, dass Savants derart massive Hirnveränderungen haben; oft haben sie gar keine oder nur gering ausgeprägte, und diese sind von Fall zu Fall verschieden. So gibt es bis heute keine gesicherten Erklärungen für das Savant-

Syndrom; drei Theorien werden diskutiert: Die erste besagt, dass die linke Hirnhälfte (in der Regel mit den heutigen Methoden aber nicht sicher nachweisbare) Defizite aufweist. In Bezug auf die Musik hat diese Theorie allerdings den Mangel, dass man, wie in diesem Buch an mehreren Stellen thematisiert, längst davon ausgeht, dass die Musik im Gehirn an zahlreichen Orten relativ »chaotisch« repräsentiert ist und das Gehirn sich selbst umorganisieren kann. Nach der zweiten Hypothese wird die Inselbegabung bereits im Mutterleib durch eine massive Überproduktion von Testosteron angelegt. Interessanterweise sind sechs von sieben Savants Männer, und wir erinnern uns nun an die Hypothese, wonach »ein bisschen zu viel« Testosteron aus Mädchen bessere Musiker macht. Die dritte Theorie schließlich besagt, dass bei den Gehirnen von Savants die Filtermechanismen versagen – auch wenn das Corpus callosum, anders als bei Kim Peek, intakt ist: während das Gehirn von Gesunden alles Überflüssige ignoriert bzw. aus dem Kurzzeitgedächtnis nicht ins Langzeitgedächtnis überführt, ist das bei Savants anders. Forscher arbeiten schon daran herauszufinden, ob man auch bei Gesunden gezielt mehr Informationen »durchlassen« könnte. Zwar erscheint es sinnlos (selbst wenn es keine Mühe kostet und in einer halben Stunde zu bewerkstelligen ist), alle Berliner Telefonnummern auswendig zu lernen, aber in vielen Lebensbereichen wäre es zweifellos hilfreich, wenn man sich mehr merken könnte. Ein Aspekt jedoch bereitet Unbehagen: Wenn jemand mit der Geschwindigkeit von Kim Peek die 1000 Seiten von Thomas Manns *Zauberberg* in einer Stunde »lesen« könnte – was hätte er davon verstanden?

Ebenfalls verfilmt (*Shine*) wurde die Geschichte des australischen Pianisten David Helfgott, der allerdings weder Autist noch Savant ist, sondern »nur« an einer schweren schizoaffektiven Störung litt, wegen der er zehn Jahre in der Psychiatrie verbrachte, bevor er sich auf die Konzertbühnen der Welt zurückkämpfte. Obwohl er auf seinen Tourneen umjubelt wird, gilt er in Fachkreisen keinesfalls als guter und erst recht nicht als herausragender Pianist; er scheint ein besonderes Publikum anzuziehen, das ihn eher wegen seiner herzergreifenden, von Hollywood natürlich auch entsprechend aufbereiteten Lebensgeschichte als wegen seiner pianistischen Fähigkeiten erleben will.

Eine genetisch bedingte Anomalie ist das Williams-Syndrom, das mit einer Reihe von physischen Auffälligkeiten und einer mentalen Retardierung einhergeht, die beim flüchtigen Kontakt aber verborgen bleiben können; so verfügen viele dieser Menschen trotz ihres niedrigen IQ von oft nur 60 über einen enormen Wortschatz, den sie überaus eloquent einzusetzen wissen. Auffällig ist, dass fast alle Patienten mit Williams-Syndrom große Musikliebhaber sind, was einer starken Ausprägung der linken Hörrinde zugeschrieben wird. Im Gegensatz zu den in sich gekehrten Savant-Musikern suchen Menschen mit Williams-Syndrom stets die Nähe und Zuwendung anderer und lernen und üben oft. Viele verfügen über das absolute Gehör, und sie können sowohl als ausführende – Pianisten, Sänger – wie auch als schöpferisch tätige Menschen herausragende Leistungen erbringen. Manche Forscher gehen so weit, ihnen eine spezifische »musikalische Intelligenz« zuzusprechen, die sie in Teilen des Hirnstammes und der Amygdala glauben lokalisieren zu können. Die traurige Kehrseite der Medaille ist, dass Williams-Patienten einfachste Rechenoperationen nicht ausführen können, so gut wie kein räumliches Vorstellungsvermögen haben und in der Regel nicht ohne Hilfe leben können.

Eine kleine Coda: Mehr als jeder zweite Berufsmusiker leidet unter pathologischem Lampenfieber – also nicht jenem nervösen Kribbeln vor einem öffentlichen Auftritt, das eine Höchstleistung im Grunde erst ermöglicht, sondern unter extremen krankhaften Ängsten, was dazu geführt hat, dass im Jahre 2010 an der Psychiatrischen Klinik der Universität Bonn eine Lampenfieber-Ambulanz für Berufsmusiker eingerichtet wurde, die offenbar guten Zulauf hat.

Musiktherapie – Schon die Bibel erzählt davon

Schon in der Bibel wird beschrieben, welch positive Wirkung das Harfenspiel auf die Melancholie von König Saul hatte. Überhaupt ist die Bibel erstaunlich voll von Musik. An mehr als 80 Stellen werden Musikinstrumente erwähnt, und überall wird getanzt und gesungen. Auch aus dem Alten Ägypten und dem China um das Jahr 1500 v. Chr. gibt es Aufzeichnungen, die den Einsatz von Musik bei Kranken belegen. Die Chinesen schrieben der Musik auch Einfluss auf Charakter und Moral zu. Das klassische Griechenland verfügte über eine ausgefeilte Musiktheorie; die Überlieferung, dass Pythagoras die Musik zu therapeutischen Zwecken bei der Heilung negativer Gemütszustände genutzt hat und seine Kenntnisse auch ins antike Rom gelangten, ist jedoch nicht unumstritten.

Der frühromantische Dichter Novalis meinte, dass jede Krankheit ein musikalisches Problem und die Heilung eine musikalische Auflösung sei. Die wissenschaftlich fundierte Musiktherapie als eigenständige Disziplin hat sich allerdings erst in der zweiten Hälfte des 20. Jahrhunderts herausgebildet und organisiert, und 2008 schlossen sich mehrere Verbände – darunter die alte *Deutsche Gesellschaft für Musiktherapie* – zur *Deutschen Musiktherapeutischen Gesellschaft* zusammen. Daneben gibt es noch ein halbes Dutzend anderer Fachgesellschaften im Überschneidungsbereich Musik und Medizin, darunter die *Deutsche Gesellschaft für Musikphysiologie und Musikermedizin* und das *Deutsche Zentrum für Musiktherapieforschung* in Heidelberg; an immer mehr Musikhochschulen kann man Musiktherapie studieren bzw. im Rahmen eines Masterstudienganges eine entsprechende Zusatzqualifikation erwerben. In Deutschland arbeiten etwa 3000 Musiktherapeuten, und in Hannover existiert unter der Leitung des Arztes und Musikers Eckart Altenmüller eine der weltweit führenden Forschungseinrichtungen zum Thema Musik, Gehirn, Musiktherapie und -physiologie, das *Institut für Musikphysiologie und Musikermedizin*.

Die Heilung im klinischen Sinn, mindestens aber ein messbarer positiver Einfluss auf die Krankheitssymptome, ist bei der Therapie mit Musik das äußerste Extrem einer Skala der Veränderungen von Bewusstseins- und Wahrnehmungszuständen, deren grundlegende Mechanismen in dem Kapitel »Gefühle und Empfindungen« beschrieben wurden. Das fängt an mit ganz alltäglichen »Selbstheilungen« – man hört »schöne« Musik, um seine Laune zu verbessern – und geht weiter mit dem Einsatz von Musik in Zahnarztpraxen und bei operativen Eingriffen. Die anxiolytische, angstlösende, Wirkung von Musik bei der Narkoseeinleitung ist wissenschaftlich belegt; oft geht sie einher mit einer Anhebung der Schmerzschwelle überhaupt. Am besten funktioniert dies, wenn die Patienten ihre Musik selbst mitbringen; die eigene Wahl in einer als passiv und in Hilflosigkeit erlebten Situation ist offenbar zumindest teilweise eine gewisse Kompensation für den als bedrohlich erlebten Verlust der Kontrolle über sich selbst. In einer deutschen Studie aus dem Jahre 2016 wurden zwar mit Musik von Bach, Mozart und Johann Strauss günstige Wirkungen auf kardiovaskuläre Parameter wie Blutdruck und Herzfrequenz nachgewiesen, doch auch hier dürfte letztlich gelten: Nur was gefällt, hilft auch, oder etwas konzilianter: Die Musik, die den Probanden am meisten anspricht, hat den stärksten Effekt.

Wenn man den »Schwierigkeitsgrad« auf der virtuellen Skala weiter erhöht, kommt man schließlich zu einem zielgerichteten, planvollen und langfristigen Einsatz von Musik im Rahmen einer ausschließlichen oder unterstützenden Musiktherapie nicht nur bei psychischen, sondern auch bei organischen Erkrankungen, wo sie z.B. im Rahmen der Psychoonkologie eingesetzt wird. Als besonders glaubhafter Zeuge (auch wenn es nur eine Einzelfallbeschreibung ist) erklärte der von Magenkrebs genesene italienische Dirigent Claudio Abbado, wie wichtig für ihn die Musik bei der Überwindung der Krankheit gewesen sei. 14 Jahre später allerdings konnte auch sie einem Rezidiv nichts mehr entgegensetzen, er starb 2014 im Alter von 80 Jahren.

Wahrscheinlich hat die Musik auch einen positiven Einfluss auf das Immunsystem. Besonders zu erwähnen ist die gut belegte Wirkung von Musik einschließlich des Singens – sei es passiv-rezipierend oder aktiv-ausführend – bei der Behandlung des Autismus, der Depression, der Schizophrenie, bei Angstzuständen verschiedener Genese, der Rehabilitation nach einem Schlaganfall und schließlich bei Morbus Parkinson und Multipler Sklerose. Die Wortwahl ›gut belegt‹ statt ›wissenschaftlich bewiesen‹ soll andeuten, dass die Musiktherapie als eher »weiche Disziplin« lange Zeit nicht über die statistisch harten Fakten verfügte, die man nicht zuletzt unter den Aspekten von Kosten und Ressourcenallokation im Gesundheitswesen vorlegen müsste. Andererseits geben auch Kritiker zu, dass dieses Fach mittlerweile deutlich mehr zu bieten hat als nur anekdotische Einzelfallbeschreibungen. Die Parkinsonsche Krankheit – die alte deutsche Bezeichnung ›Schüttellähmung‹ wird in Fachkreisen nicht mehr verwendet – ist gekennzeichnet durch Rigor (Muskelstarre), Tremor (Zittern), Bradykinese oder sogar Akinese (verlangsamte oder gar keine Bewegungen) und Haltungsinstabilität. Schon lange weiß man, dass dafür der Mangel des Botenstoffes Dopamin in der Substantia nigra, einem Basalganglion im Mittelhirn, ursächlich ist. Da man das Dopamin nicht direkt ersetzen kann – es kann die Blut-Hirn-Schranke nicht passieren –, erfolgt die medikamentöse Behandlung durch Dopamin-Vorstufen, dopaminerge (ähnlich wie Dopamin wirkende) Substanzen oder Pharmaka, die den Abbau des noch natürlich produzierten Dopamins hemmen. Auch werden neurochirurgische Behandlungsmethoden eingesetzt. Letztlich aber ist das Fortschreiten der Krankheit nur zu verlangsamen, nicht aber vollständig anzuhalten, weswegen früher oder später stets auch unterstützende, nicht ursächlich wirkende Behandlungen wie Physiotherapie oder Sprachtherapie nötig werden. Daneben werden zahlreiche Außenseitertherapien beschrieben, von denen einige in den Grenzbereich zur Scharlatanerie fallen, wie es bei grundsätzlich nicht heilbaren Erkrankungen, die einen über Jahrzehnte progredienten Verlauf haben und die Lebensqualität immer stärker beeinträchtigen, häufig der Fall ist. Die Musiktherapie, obwohl eher selten angewandt, ist hier eindeutig den seriösen Therapieansätzen zuzurechnen, wie schon im Jahre 2000 in einer kontrollierten Einfachblindstudie nachgewiesen wurde. Dies bedeutet, dass Patienten randomisiert (nach zufälligem Muster) entweder Physiotherapie oder Musiktherapie erhielten, wobei der Untersucher, der über drei Monate hinweg bestimmte Symptome nach standardisierten Verfahren bewertete, nicht wusste, welche der beiden Therapien angewandt wurde. Die statistisch noch aussagekräftigere Versuchsanordnung, die Doppelblindstudie, bei der auch die Patienten nicht wissen, ob sie z. B. ein Placebo oder eine Wirksubstanz einnehmen, war hier natürlich nicht möglich. Es zeigte sich, dass bei den Patienten mit Musiktherapie die Bradykinese positiv beeinflusst wurde, der Rigor allerdings mehr durch die Physiotherapie. Insgesamt jedoch konnten die Patienten der Musikgruppe im Laufe der Therapie deutlich besser ihren Alltagsaktivitäten nachgehen. Offenbar stabilisiert die rhythmische Komponente der Musik die vom Gehirn gesteuerte Motorik und kann sogar neue Automatismen bahnen bzw. verlernte wieder aktivieren, was man fachsprachlich als ›rhythmisch-akustische Stimulation‹ oder ›Reizen des auditiven Perzeptions-Aktions-Systems‹ bezeichnet. Das Problem sowohl der Physiotherapie- als auch der Musiktherapiepatienten ist, dass der Effekt nach Abbruch der Behandlung sehr schnell verpufft. *Die* Musik für Parkinsonkranke scheint im Übrigen nicht zu existieren; sie soll nur rhythmisch markant und gleichförmig sein – im einfachsten Fall reicht schon ein Metronom –, ansonsten geben die persönlichen Vorlieben den Ausschlag. Ziel wäre es, die Patienten dazu anzuhalten, nach entsprechender Anleitung die Therapie zu Hause weitestgehend selbständig durchzuführen. Die Einbeziehung eines anderen Menschen über den Tanz würde einen weiteren erfolgversprechenden Therapieansatz gerade bei Parkinson-Patienten eröffnen.

Wieder einmal zeigt sich, dass die Musik eine ganz besondere Kunst ist; zwar gibt es für den Gebrauch der Künste in der

Therapie insgesamt sogar das Forschungsfeld der »Medical Humanities«, ein selten benutzter, ins Deutsche kaum zu übertragender Begriff. Und doch: Wenn Malerei, Bildhauerei und Schreibkurse als Außenseitertherapien manchmal eingesetzt werden, geschieht dies in der Regel »aktiv«, obwohl es sogar das Fachwort ›Bibliotherapie‹ für eine Heilung durch das Lesen gibt, die von zahlreichen Schriftstellern thematisiert wurde; aber selbst, wenn manch einer bei der Lektüre seines Lieblingsgedichtes Trost finden mag, ist eine messbare Beeinflussung einer Krankheit kaum vorstellbar. Genau dies ist beim passiven Genuss von Musik jedoch erwiesenermaßen möglich – und beim aktiven Ausüben erst recht: Viele Menschen, die in gesunden Jahren ein Instrument erlernt haben und an organisch bedingten Bewegungsstörungen leiden, können nahezu fehlerfrei anspruchsvolle Stücke spielen, nur um Sekunden danach nicht in der Lage zu sein, den Kaffee umzurühren. Die Bahnung der unterbrochenen Bewegungsautomatismen kann also sowohl passiv als auch aktiv durch Musik wiederhergestellt werden, ja möglicherweise sogar dadurch, dass Patienten sich Musik einfach nur vorstellen. So beschreibt Oliver Sacks in seinem Buch *Der einarmige Pianist* eine postenzephalitische Patientin mit schweren Bewegungsstörungen, der man nur die Opuszahlen von Werken Chopins zurufen musste, um praktisch augenblicklich zu erleben, wie Haltung und Ausdruck der Frau sich normalisierten – und auch ihr EEG.

Musik kann also körperliche und seelische Leiden lindern. Umgekehrt kann sie diese aber auch auslösen. Während die bei individueller Prädisposition durchaus anzunehmende ungünstige Wirkung auf die Psyche nicht so untersucht ist, dass man allgemeingültige Aussagen treffen könnte (die Bemerkung von Sir Simon Rattle, dass *Tristan und Isolde* ihn wahnsinnig machen könne, dürfte wohl eher umgangssprachlich gemeint sein – und von vielen Wagner-Besessenen geteilt werden), ist gesichert, dass Musik sehr wohl organisch krank machen kann, in einem Sinne allerdings, der nicht zur Fragestellung dieses Buches passt und deswegen nur kurz angesprochen wird. Eine kleine Auswahl: Sehnenscheidenentzündungen bei Pianisten, Muskel- und Knochenprobleme aufgrund bestimmter unphysiologischer Körperhaltungen bei Streichern oder Kontaktallergien durch das Mundstück bei Bläsern. Im Februar 2012 eröffnete an der Universität Düsseldorf deswegen sogar eine »Interdisziplinäre Ambulanz für Musikermedizin«. Am häufigsten jedoch dürfte die schon angesprochene Schwerhörigkeit bei älteren Orchestermusikern sein. Das Problem ist keineswegs trivial, mittlerweile hat sich sogar die EU des Problems angenommen, deren Lärmschutzverordnung ausdrücklich auch für Orchester gilt. Viele Musiker klagen allerdings darüber, dass ein Gehörschutz die Wahrnehmung des Klangbildes verfälscht, ganz besonders Bläser, bei denen der Ton dann mehr über den Knochen als die Luft geleitet wird.

Weniger erstaunlich erscheint es, wenn Popmusiker schwerhörig werden. Manch einer outet sich, bei anderen fällt eine Hörhilfe unter dem noch immer wallenden Haar irgendwann doch auf – Roger Taylor, Eric Clapton, Phil Collins, Bono, Sting oder Cher seien genannt. Der Sänger Brian Johnson musste seine Tätigkeit bei AC/DC aufgeben, um sein Gehör nicht völlig zu verlieren, Neil Young gilt als mindestens halb taub – sie alle würden auf einer vollständigen Liste wohl eher wenig Platz einnehmen. Viele Rockmusiker arbeiten zum Selbstschutz inzwischen mit In-ear-headphones.

Noch ein zweiter nicht zu diesem Buch passender Aspekt soll an dieser Stelle kurz angerissen werden. Es gibt nämlich noch eine viel schrecklichere Art, Menschen mit Musik krank zu machen: Folter. Zu betrachten sind dabei Lautstärke, Dauer und Art. So sollen die Folterhandbücher der CIA 84 dB Dauerbeschallung über 18 Stunden und 100 dB über zwei Stunden erlauben. Systematisch wurde die Folter mit Musik erstmals im Koreakrieg eingesetzt, um Gefangene psychisch zu brechen. In Vietnam wurden Panzer, Jeeps und Flugzeuge mit Hochleistungslautsprechern, sogenannten Lautsprecherkanonen, bestückt; sogar Fußsoldaten trugen weniger monströse Lautsprecher als Teil ihres Marschgepäcks auf dem Rücken. Heute stehen solche Kanonen auf beiden Seiten der Grenze zwischen Nord- und Südkorea; sie übertragen allerdings nicht hauptsächlich Musik, sondern Propagandaparolen.

Die Nazis setzten Musikfolter in den KZs ebenso ein wie die Amerikaner in Guantánamo, wobei Gefangene muslimischen Glaubens allein schon dadurch Stress und Angst ausgesetzt wurden (Hauptvermittler im Gehirn ist der Mandelkern), dass sie westliche Musik hören mussten – selbst wenn es nicht über Stunden Heavy Metal in unerträglicher Lautstärke war. Die Methoden waren noch viel perfider: Die Amerikaner setzten unglaublicherweise nämlich auch Lieder aus der *Sesamstraße* zur Folter ein.

Anekdotisch auch noch dieses: In dem Roman *Uhrwerk Orange* (auch: *Die Uhrwerk-Orange*) von Anthony Burgess wird die Hauptperson, der Ich-Erzähler Alex, durch klassische Musik, besonders Beethovens Neunte, zu Gewalttaten angestachelt. Das ist zwar belletristische Fiktion aus dem Jahre 1962. Aber wie viel Realität dahinter steckt, zeigt ein Beitrag in der F.A.Z. vom 19. Januar 2016, wo von dem Festival »Krieg singen« im Berliner Haus der Kulturen berichtet wurde. »Was ist dran an dem Satz, Diskotheken bereiten Jugendliche auf einen Krieg vor?« Am Ende des Artikels heißt es: »Wenn das Nachdenken über Musik und Gewalt eines lehrt, dann ist es, die Dialektik der Welt zu erkennen: Alles vermeintlich Schöne und Wahre kann hässlich und falsch sein.«

Synästhesien – Der Flieder riecht nach A-Dur, und das Fis ist lila

Alle Reize unserer Sensorik werden vom Gehirn stark vernetzt: Wenn der frisch gebackene Apfelkuchen auf dem Tisch steht, sehen und riechen wir ihn und antizipieren schon den Geschmack. Es gibt aber noch eine Steigerung, eine wundersame Anomalität ganz anderer Art und ein faszinierendes Feld für die Hirnforschung: die Synästhesie. Nach dem griechischen Ursprung bedeutet sie etwa ›Mitwahrnehmung‹ oder ›gekoppeltes Empfinden‹: ein Sinnesreiz löst gleichzeitig auch Reaktionen eigentlich unbeteiligter Sinne aus, Buchstaben werden farbig empfunden, die Geschmacksrichtungen haben eine Form oder – was uns hier beschäftigen soll – Töne werden nicht nur als akustischer, sondern bei der häufigsten Form auch als visueller Reiz wahrgenommen, sogar dann, wenn man sich die Musik nur vorstellt: Synästheten »sehen« Musik, hören Töne farbig, und zwar von Kind an, spontan, durchgängig und immer auf dieselbe Weise, d. h. ein Ton ist bei dem einen rot, bei dem anderen gelb, aber bei einer Person hat er immer nur diese eine Farbe.

Im Gegensatz zu diesen genuinen Synästhesien gibt es auch absichtsvoll konstruierte, z. B. in der Symbolik, etwa in der Gestaltung von Plattenhüllen oder in der Mnemotechnik. Schließlich können Synästhesien bei einer Schizophrenie oder durch Drogen induziert auch vorübergehend auftreten. Am ergiebigsten jedoch ist die wechselseitige Inspiration von Musik und Malerei. Frank Kupka sagte einmal: »Ich glaube, dass ich etwas zwischen Hören und Sehen finden kann, und ich kann eine Fuge in Farben produzieren wie Bach in Tönen«; und August Macke meinte: »In den Farben gibt es geradezu Kontrapunkt, Violin-, Bassschlüssel, Moll, Dur wie in der Musik.«

Viele von Wassily Kandinskys Werken sind nicht zuletzt auch solchen Farb-Ton-Zuordnungen zu verdanken, über die er sich mit Schönberg austauschte; für ihn war die Synästhesie allerdings eine Kunsttheorie, ein Konstrukt also, in dem er u. a. Instrumenten Farben zuordnete, so dass es Versuche gegeben hat, seine Bilder »zu spielen«. Etwa zeitgleich entwickelte Alexander László die vollständige Theorie einer »Farblichtmusik«. Es wurde aber nicht nur Musik gemalt und wurden Symphonien, Opern und Sonaten (und interessanterweise sehr oft Fugen) in musikalischen Fantasien bildhaft verarbeitet, sondern Komponisten vertonten auch Gemälde, was weniger bekannt ist als das Umsetzen von Gedichten in Musik.

Seit Hunderten von Jahren beschäftigen sich Wissenschaftler mit der Frage, ob zwischen Tönen und Farben Zusammenhänge bestehen, auch wenn das Wort »Synästhesie« erst 1866 von dem französischen Neurophysiologen Alfred Vulpian geprägt wurde. Kein Wunder also, dass auch die Beschäftigung mit »synästhetischen Instrumenten« weit in die Vergangenheit zurückreicht: Schon 1725 baute Louis-Bertrand Castel eine sogenannte »Augenorgel«; von da an gibt es eine Reihe von Erfindungen und Entwicklungen bis hin zum optophonischen Klavier des in Auschwitz ermordeten Wladimir Baranow-Rossiné. Mittlerweile werden sogar Kompositionswettbewerbe für Farblichtflügel ausgeschrieben.

Das Wort ›Klangfarbe‹ bekommt in diesem Zusammenhang eine recht hintergründige Bedeutung, und es fallen einem weitere musikalische Fachausdrücke ein, in denen Farben stecken: in der chromatischen Tonleiter beispielsweise – einer Tonleiter aus Halbtonschritten – steckt »chroma«, das griechische Wort für Farbe. Oder man denke, sprachlich noch offensichtlicher, an die Gesangstechnik der Koloratur, die faszinierende Kunst einer Koloratursopranistin, Noten zu verzieren, sie »farbiger« zu gestalten.

Auch für die Literatur stellt die Vermischung der Wahrnehmung von Farben und Tönen ein dankbares Feld dar: So dichtet Clemens Brentano in seinem *Abendständchen* von »der Töne Licht«, und Richard Wagner, der sich selbst ja auch als Dichter sah, legt Tristan bei Bangränes Ankunft die Worte »Hör' ich das Licht?« in den Mund, wobei das »Licht« im 2. Akt allerdings auch das Symbol für den Tag und die Fackel, mithin die Bedrohung der Liebenden, ist. Auch sonst ist nicht immer klar, ob solche Stellen synästhetisch oder einfach nur metaphorisch und allegorisch zu deuten sind, wie wohl bei dem Kapellmeister Kreisler von E. T. A. Hoffmann, der uns schon begegnet ist: Dieser trägt einmal ein Kleid in der Farbe cis-Moll mit einem Kragen aus E-Dur. Noch in unseren Tagen fasziniert die Synästhesie die Schriftsteller, so Martin Suter, der sich des Themas in seinem 2006 erschienenen und 2012 verfilmten Roman *Der Teufel von Mailand* annahm, und der Schriftsteller Alexander Nitzberg hat 2012 seinen Gedichtband *Farbenklavier* mit ausdrücklichem Bezug zu Skrjabin herausgebracht.

Wir wollen uns hier auf die interessanteste Gruppe, die genuinen Synästheten mit den oben beschriebenen Merkmalen beschränken, die ansonsten keine Auffälligkeiten zeigen. Sie leben mit ihren Phänomenen von Kindheit an derart natürlich, dass sie oft ganz erstaunt sind, wenn sie später erfahren, dass für die meisten Menschen ein *c* nicht blau oder rot ist. Dies ist übrigens auch der Grund, warum es in der Literatur stark abweichende Zahlen über die Häufigkeit der Synästhesie gibt; es könnte deutlich mehr Menschen betreffen als die manchmal genannten 0,05 %: Die Betroffenen sehen schlichtweg keine Veranlassung, zum Arzt zu gehen, werden in letzter Zeit allerdings gezielt für psychologische und neurophysiologische Untersuchungen gesucht, so dass es bald verlässlichere Daten geben könnte. Doch selbst wenn es die derzeit hin und wieder schon vermuteten 4 % wären, ist das Phänomen selten. Deswegen und wegen des Problems der Glaubhaftigkeit der Probanden galt die Synästhesie lange als schwer erforschbar. Erst seit den späten 1980er Jahren ist sie Gegenstand wissenschaftlicher Untersuchungen. Man konnte nachweisen, dass Synästhesien, egal in welcher der etwa 40 (!) bekannten Kombinationen, durch die Ko-Aktivierung mehrerer sensorischer Areale in der Großhirnrinde entstehen, was ziemlich plausibel klingt. Warum das aber passiert, weiß man nicht genau. Interessant ist, dass Synästhesien bei Kindern häufiger vorkommen (und sich bei den meisten wieder verlieren) als bei Erwachsenen, was zu der Theorie geführt hat, dass alle Menschen grundsätzlich zunächst einmal mit einer angeborenen Hyperkonnektivität zwischen unterschiedlichen Hirnarealen geboren werden (Hyperbinding-Theorie). Das noch nicht ausgereifte Gehirn würde sozusagen erst lernen, die verschiedenen Sinneseindrücke zu sortieren und zu trennen, was dann in der Regel auch geschieht, aber eben nicht immer. Die Tatsache, dass es familiäre Häufungen zu geben scheint – tatsächlich fand der Wiener Molekularbiologe Josef Penninger im Jahre 2010 bei Mäusen ein entsprechendes Gen –, muss nicht unbedingt gegen diese Theorie sprechen. 2011 veröffentlichte eine schweizerische Forschergruppe neue Erkenntnisse, wonach die Gehirne von Synästheten insgesamt eine wesentlich höhere Vernetzung aufweisen als die von anderen Personen. Wurde die Synästhesie früher als pathologisch angesehen, findet sie sich in den heute international gebräuchlichen Krankheitskodiermanualen wie DSM-IV und ICD-10 nicht mehr – ganz im Gegenteil: Nachdem man sie in neuerer Zeit als eine Laune der Natur betrachtete, der kein Krankheitswert zukomme, untersucht man nun, ob das Phänomen nicht sogar praktische Vorteile im täglichen Leben haben könnte, z. B. beim Gedächtnis oder bei der Kreativität. Immer öfter wird die Synästhesie mittlerweile geradezu als Begabung angesehen, und die Zeit scheint zu Ende zu gehen, da die Betroffenen ungern darüber sprachen, weil sie befürchteten, sozial ausgegrenzt zu werden.

Auch unter den Komponisten hat es angeblich Synästheten gegeben; ob Franz Liszt, Nikolai Rimski-Korsakow, Jean Sibelius und Olivier Messiaen allerdings genuine Synästheten waren oder ihre Aussagen zu den Farben der Musik nicht doch eher metaphorisch-allegorisch zu verstehen sind, sei dahingestellt. Auch programmatische Titel wie *Bilder einer Ausstellung* von Modest Mussorgski sollten eben nicht dazu verleiten, Komponisten inflationär als Synästheten zu bezeichnen. Alexander Skrjabin jedoch dürfte die meisten Kriterien des genuinen Synästheten erfüllt haben, allerdings vermischen sich diese

Erscheinungen bei seiner Entwicklung des Farbenklaviers oder, noch deutlicher, bei seiner nicht ausgeführten Idee eines Gesamtkunstwerkes, in denen Worte, Farben, Töne, Düfte, Berührungen und Tanz sich vereinen sollten, mit Formen der konstruierten Synästhesie.

Als berühmte Popmusiker-Synästheten werden immer wieder Jimi Hendrix und Bob Dylan genannt. Tatsächlich hat Hendrix Töne und Akkorde in Farben notiert, aber es kann sein, dass er dies als Gedächtnisstütze getan hat. Noch zweifelhafter ist der Fall des Literaturnobelpreisträgers von 2016, Dylan, der eine erstaunliche Mehrfachbegabung als Musiker, Dichter und Maler hat, die als Synästhesie zu bezeichnen wissenschaftlich aber wohl nicht korrekt ist. Als zeitgenössische Vertreterin der klassischen Musik soll die französische Pianistin Hélène Grimaud eine Synästhetin sein, die in einem Interview allerdings angab, erst als Elfjährige während des Spiels eines Bach-Präludiums »orange-rote Farbkleckse mit unscharfen Konturen« gesehen zu haben, die »dynamisch zu meinem Spiel pulsierten. Jede Note und jede Tonlage hat für mich seither eine eigene Farbenwelt«. Dies hört sich nicht wirklich nach einer genuinen Synästhesie an; allerdings behauptet Grimaud auch, eine Seelenverwandtschaft mit Wölfen zu verspüren – vermarkten lässt sich beides bestens.

Aus der heutigen Pop- und Rockmusik, deren Aufführungen manchmal explizit als »Sound and Light Shows« angekündigt werden, sind die visuellen Aspekte nicht mehr wegzudenken. Auch hier gibt es mit der ›Lichtorgel‹ (man erinnert sich an Skrjabins Farbenklavier) ein interessantes Zwitterinstrument und -wort. Die avantgardistisch-radikale Kunstrichtung Fluxus führte »Gesamtkunstwerke« mit Videos, Licht, Musik, Bewegung und mehr oder weniger verständlichen Handlungen auf, an deren Ende manchmal ein Klavier zertrümmert wurde. Moderatere Verwandte dieser pompösen Events sind Veranstaltungen, bei denen z. B. bei einsetzender Dunkelheit im Sommer ein Barockorchester in einem Schlossgarten spielt und Fackeln brennen. Das hat mit Synästhesie im wissenschaftlichen Sinne nichts zu tun, eher mit Ambiente; manche Leute machen ja auch zu Hause das Licht aus und hören Musik bei Kerzenschein und genießen dabei ein Glas Wein – hier ist es so, dass verschiedene Sinne *tatsächlich* gleichzeitig angesprochen werden und das Musikerlebnis dabei noch überhöht wird. Andersherum hören viele Menschen nachts Musik über den Kopfhörer und würden nicht auf die Idee kommen, auch nur eine einzige Kerze anzuzünden – fast möchte man das als ›inverse Synästhesie‹ bezeichnen (das Wort ›Monoästhesie‹ scheint nicht zu existieren), eine extreme Art der Konzentration auf eine einzige Sinneswahrnehmung; auch in Konzerten schließen manche Leute die Augen. Dass man sich im Museum beim Betrachten der Bilder ruhig verhält, erscheint hier wie das Pendant, bei dem die akustischen zugunsten der visuellen Reize ausgeblendet werden. Das Faszinosum des vollständigen Aufgehens in nur einer Sinneswahrnehmung hat auch zum Mythos der blinden Musiker geführt; offenbar ist ihr Gehirn in der Lage, den brachliegenden visuellen Cortex zumindest teilweise zum Hören und Tasten umzubilden, was ihre oft als besonders einfühlsam beschriebene Musik und Spielweise erklären könnte.

Ganz anders sind eben Rock- und Popkonzerte, bei denen das Gemeinschaftserlebnis noch hinzukommt, ja vielleicht im Vordergrund steht. Der größte Musik-Trash-Wettbewerb der Welt, der Eurovision Song Contest, kann hier als Anschauung dienen: Musikalisches Geringvermögen und Zwei-Akkord-Lieder werden durch aufwendige Lichteffekte, ablenkende Showeinlagen, die weder zu Musik noch Text eine Beziehung haben, oder Tollhaus-Frisuren übertüncht. Stimmen müssen die Sänger nicht haben, extravagante Kleidung ist jedoch Pflicht. Der Lohn für die Beteiligten sind mittlerweile über 200 Millionen Fernsehzuschauer und eine Vermarktung als Mega-Spektakel: ein durchaus ernüchternder Beitrag zum Thema »Musik und Gehirn«. Wer den Autor für bösartig hält, möge rasch einen Blick in das Literaturverzeichnis unter dem Buchstaben *M* werfen.

Morendo

Mors certa, hora incerta – so lautet ein oft zitierter Sinnspruch aus dem alten Rom. Der Tod ist das einzig Sichere im Leben, der Abschluss, auf den jedes Lebewesen ab dem Moment der Zeugung zustrebt, auch wenn wir nicht wissen, wann er uns ereilt. Wegen dieser faktischen Gewissheit und der zeitlichen Ungewissheit und weil wir aus eigener Anschauung weder etwas über ihn wissen noch von anderen etwas über ihn lernen können, ist der Tod für die Künste seit dem Beginn der Auseinandersetzung des Menschen mit der Endlichkeit seiner Existenz neben der Liebe *das* Sujet überhaupt gewesen. Die Trauermusik hat insofern eine Sonderrolle eingenommen, als sie bis in die Neuzeit hinein an die Kirche gebunden war. Die Auseinandersetzung mit dem Tode war eine doppelte: Einerseits wurde der Tod Christi beklagt, andererseits gab man sich geradezu einer Sehnsucht nach dem Tode hin, um durch die Vereinigung mit Christus zum ewigen Leben zu gelangen. Nebenbei hatte Musik die Funktion, im Begräbnisritual zur Trauerbewältigung beizutragen. Allerdings war sie schon früh nicht nur religiöse Gebrauchskunst, sondern sollte auch, wie zum Beispiel die von vielen Komponisten geschriebenen Passionen und Oratorien, ästhetische Ansprüche befriedigen. Diese wurden ab der zweiten Hälfte des 18. Jahrhunderts dann sogar in den Vordergrund gestellt, als die Trauermusik sich emanzipierte und über die weiterhin und bis heute existierende personen- und/oder anlassgebundene Form zu einer Todesmusik *sui generis* entwickelte, die zwar in einigen Ausprägungen wie dem Requiem – der katholischen Totenmesse – noch einen christlichen Bezug hatte, aber auch und immer öfter außerhalb der Kirche gespielt wurde. Die Uraufführung von Mozarts *Requiem* am 2. Januar 1793 fand erstmals an einem weltlichen Ort statt, dem Wiener Saal der Restauration Jahn, und gilt insofern als Wendepunkt. In der Folge entstanden eigenständig und losgelöst von der ursprünglichen Bedeutung Formen wie Totentänze (z. B. der

Danse macabre von Saint-Saëns), Trauermärsche und Lamentos, Plaintes, Nänien und Threnodien, besondere Varianten von Klageliedern. Daneben gibt es zahllose Vertonungen von Todesszenen im Kunstlied (Schubert: *Der Erlkönig*; *Der Tod und das Mädchen*, ein ganz bedeutendes Sujet in Kunst, Musik und Literatur seit der Renaissance, hier zurückgehend auf das gleichnamige Gedicht von Matthias Claudius; Mussorgski: *Lieder und Tänze des Todes*; Mahler: *Kindertotenlieder*). Gegen Ende des 19. Jahrhunderts wurde in Frankreich eine barocke Form instrumentaler Todesmusik, der Tombeau (Grabstein), wiederentdeckt und von Paul Dukas in *Pièce écrite pour le tombeau de Claude Debussy* und von Ravel in seinem *Le tombeau de Couperin* aufgegriffen. Derselbe Komponist hat aber mit seiner *Pavane pour une infante défunte* auch »unechte« Todesmusik geschrieben; sie klingt zwar feierlich, erhaben und traurig, den Titel jedoch wählte er wegen des eleganten Klanges der Worte. Trotzdem gilt, dass der Tod – auch der personifizierte – seit der Hochklassik nicht mehr ausschließlich besungen und beklagt, sondern musikalisch *dargestellt* wurde – zumindest war das die Intention.

Todesmusik ist fast immer sehr schöne, ja sogar besonders schöne Musik und deswegen paradox, denn die Wirklichkeit des Todes, von den Hinterbliebenen in der Regel als abgründig entsetzlich empfunden, wird durch die Musik ästhetisiert, ja verklärt – was in Strauss' *Tod und Verklärung* sogar einen eindeutigen sprachlichen Ausdruck erfährt. Erst in der veristisch-naturalistischen Oper nach Wagner, beim späten Verdi in Ansätzen bereits zu erkennen, wird die Darstellung des Todes auf der Bühne brutaler – aber nicht die Musik. Das schafft Distanz. In der Literatur und in der Malerei ist der Tod (Krankheit, Krieg, Verbrechen) schon früh oft in schonungsloser Grausamkeit dargestellt worden, aber selbst eine Musik (im Gegensatz zur Handlung), die in unmittelbarer Nähe zum Furchtbarsten entstanden ist wie die Theresienstadt-Oper *Der Kaiser von Atlantis oder der Tod dankt ab* (manchmal: *Der Kaiser von Atlantis oder die Tod-Verweigerung*) des in Auschwitz ermordeten Viktor Ullmann löst kein Erschrecken aus, ebenso wenig wie die in einem sibirischen Gefangenenlager spielende Oper *Aus einem Totenhaus* von Leoš Janáček. Auch die unter dem Eindruck des Zweiten Weltkrieges geschaffenen Werke von Schostakowitsch (7. [*Leningrader*] Symphonie), Benjamin Britten (*War Requiem*) oder Arthur Honegger (*Symphonie Liturgique*) sind sogar in ihren verstörendsten Passagen immer Kunstwerke, die man zunächst als Musik wahrnimmt, ja überhaupt nur so wahrnehmen würde, kennte man nicht die Hintergründe. Die zur Verfügung stehenden musikalischen Mittel, also nach und nach aussetzende Instrumente, Dissonanzen, abwärts gerichtete Melodien, sind weder Spezifika von Todesmusiken noch ist deren Symbolcharakter allgemein verständlich. Selbst die Bedeutung des stärksten Mittels der Musik, der Generalpause wie in Brahms' *Deutschem Requiem* oder Heinrich Schütz' *Die sieben Worte Jesu am Kreuz*, erschließt sich, wenn überhaupt, nur im Kontext. Beethoven machte sich bei der Konzeption zur *Egmont-Ouvertüre* dazu sogar Notizen, weil es ihm nicht als offensichtlich erschien. Musik kann den Tod ebenso wenig ausdrücken wie die Liebe; wie sie braucht er zum Ausdruck das Wort. Und doch ist dies eher Trennung als Gemeinsamkeit: Die Liebe ist bekannt und wird ersehnt; der Tod ist unbekannt und wird gefürchtet. Die Kunst, die sich des Todes annimmt, ist von der Wirklichkeit mehr getrennt als bei der Beschäftigung mit jedem anderen Thema, und auf die Musik trifft dies in besonderem Maße zu, weil eine unwirkliche Wirklichkeit zu einer wirklichen Schönheit erhoben wird.

Musik ist bis heute ein wesentlicher Teil der gemeinsamen Trauer und der gemeinsamen Verarbeitung des Todes. »Klassischerweise« eignet sich dazu jede langsame, getragene Musik, die weder harmonisch, rhythmisch noch melodisch versucht, sich in den Vordergrund zu drängen. Deswegen schätzen wir die Musik Bachs und anderer Komponisten des Barock so sehr, wenn wir Trost suchen, obwohl sie unseren Schmerz zunächst sogar noch zu vertiefen scheint. Oliver Sacks erzählt, wie ergriffen eine große Menschenmenge am fünften Jahrestag des

11. September in New York einem jungen Geiger zuhörte, der eine Chaconne von Bach spielte. Langsame, feierliche Musik kann bei entsprechender emotionaler Voreinstellung auf die Massen ebenso gemeinschaftsbildend wirken wie Disco-Musik – und bei manipulativem Einsatz dazu auch missbraucht werden; man denke an die Nationalhymnen. Der tief berührende zweite Satz von Bruckners 7. Symphonie, die ungeheuer aufwühlende und gleichzeitig tröstliche Trauermusik für Wagner, wurde auf Befehl der Nazis im Radio gesendet, um die Bevölkerung auf die Bekanntgabe der Niederlage von Stalingrad vorzubereiten, und ebenso, bevor Großadmiral Dönitz am 1. Mai 1945 den Tod Hitlers verkündete.

Wenn wir uns vergegenwärtigen, wie sehr die Wahrnehmung und die emotionale Verarbeitung von Musik mit Erinnerungen – musikalischen wie nichtmusikalischen – verknüpft sind, wird deutlich, dass Berichte über Nahtoderfahrungen, Totenbettvisionen oder Erzählungen von aufgewachten Komapatienten etwas zu der Frage beitragen könnten, ob es neben den parapsychologisch untersuchten Lebensbildschauen und Lichttunneln Musiken gibt, die Sterbenden mehr als andere durch den Kopf gehen. Angeblich hat etwa ein Viertel der befragten Personen mit einem Nahtoderlebnis Musikwahrnehmungen gehabt, wobei folgende Punkte kritisch zu bedenken sind: Es gibt nur wenige Menschen mit solchen Erlebnissen, und selbst die sind nicht alle befragt worden; es gibt Menschen, die aus Geltungssucht oder anderen Gründen Nahtoderlebnisse erfinden; aber auch die glaubhaften und interviewten Fälle wurden nicht systematisch-standardisiert nach ihren Musikerlebnissen befragt. Selbst wenn dies geschehen wäre, müssten die nicht überprüfbaren Aussagen mit großer Vorsicht interpretiert werden. So bleiben Einzeldarstellungen, wonach »schöne« Musik gehört, also imaginiert oder halluziniert wurde, äußerst unbefriedigend. Auch Therapeuten, die Menschen beim Sterben begleiten und dabei oft Musik einsetzen – wir sprechen nun also von physikalisch realer Musik –, verlieren sich rasch im Esoterisch-Transzendentalen; auf einschlägigen Websites finden sich Hinweise auf tibetanische Klangschalen, Zen-Musik, japanische Flöten und pentatonische Skalen, Musiken also, die bei der Meditation entspannend wirken sollen. Es gibt zwar vereinzelt Beiträge in medizinischen Fachzeitschriften, aber auch diese bleiben bei der Auswahl der Musik vage: »ruhig« solle sie sein. Die seriösen Publikationen streichen jedoch heraus, dass die Therapeuten immer versuchen, eine der Lebensgeschichte des Sterbenden gemäße Musik zu finden, um sie trotz Schmerzen, Angst und Hoffnungslosigkeit über (schöne) Emotionen und Erinnerungen mit ihrer Situation zu versöhnen und in die letzte Phase des Sterbens, das Akzeptieren des Todes, zu führen. Dies ist nicht weiter erstaunlich; noch aufschlussreicher wäre es aber zu erforschen, ob sich bei einem klassischen Durchlaufen der Phasen der Auseinandersetzung mit dem Tode (Verdrängung, Wut, Verhandeln mit dem Schicksal, Niedergeschlagenheit und schließlich eben das Sich-Fügen) die Musikvorlieben ändern. Übrigens ist der Hörsinn der letzte, der versagt, weswegen ein Sterbender es als angenehm empfinden könnte, wenn leise Musik weiter erklingt, auch wenn die ihn Begleitenden glauben, er sei bereits tot.

Eine weitere Frage ist, ob Menschen, die den Freitod suchen, vor ihrer Entscheidung eine bestimmte Musik hören. Bei einem psychisch Gesunden ist auszuschließen, dass Musik ihn in den Freitod treiben könnte, aber Menschen mit Freitodgedanken zeigen eine Reihe von Prädispositionen; ob dazu eine bestimmte Musik gehört, müsste systematisch an einer ausreichend hohen Zahl von Betroffenen untersucht werden, also entweder Menschen, die in letzter Sekunde von ihrer Tat Abstand nahmen oder gerettet wurden oder, bei vollzogener Tat, durch Befragen von Angehörigen und Freunden, durch einen Blick auf die Platte im CD-Player oder Ähnliches. Aus systematisch-methodologischer Sicht wäre dies allerdings ein außerordentlich schwieriges Unterfangen mit ungewissem Ausgang – die Hypothese ist daher, dass es keine »Freitodmusik« gibt, sondern dass die Betroffenen, wenn überhaupt, aus der Musik, die aufgrund ihrer lebenslangen individuellen Hörbiographie in ihren Gehirnen gespeichert ist, »Fröhliches« mit einer ebenso großen Wahrscheinlichkeit auswählen wie »Trauriges«.

Kann (Todes-)Musik selbst töten? Legendenhaft verbrämt vielleicht dort, wo Tod und Liebe sich sehr nahekommen. So sind zwei Dirigenten, Felix Mottl und Joseph Keilberth, während des zweiten Aktes von *Tristan und Isolde* am Pult gestorben; Giuseppe Sinopoli erlitt 2001 beim Dirigat der *Aida* im Orchestergraben einen Herzinfarkt und starb kurz darauf. Etwas abseits der Liebe, aber durchaus romantisch, liegt wohl Strauss' *Alpensymphonie*, bei deren Aufführung der Dirigent Israel Yinon 2015 in Luzern starb. Der Ur-Darsteller des Tristan, Ludwig Schnorr von Carolsfeld, starb nach den drei ersten Aufführungen, wenn auch nicht auf der Bühne. Ob er wirklich den körperlichen und seelischen Belastungen seiner Rolle erlag, sei dahingestellt. Direkt auf der Bühne starben 1921 Josef Mann als Radames in *Aida* (Herzinfarkt) und 1960 Leonard Warren als Don Carlo in *Die Macht des Schicksals* (Hirnblutung). Das ist Stoff für Romane und Filme, aber es muss doch bezweifelt werden, dass Künstler während der Ausübung ihres Berufes häufiger sterben als Angehörige anderer Berufsgruppen.

Dargestellt wird der Tod natürlich oft. Schon in Monteverdis *L'Orfeo*, von vielen Musikwissenschaftlern als erste eigentliche Oper überhaupt angesehen, geht es um Liebe und Tod; die ganz großen Vertoner des Todes – natürlich auf der Grundlage ergreifender Libretti – waren später Wagner, Verdi und Puccini. Hier seien nur wenige Beispiele genannt. Es gibt Morde mit allerlei Werkzeugen (Bizets Carmen wird erstochen; Pelléas aus *Pelléas et Mélisande* von Debussy wird von seinem Bruder Golaud erschlagen; Siegfried wird in Wagners *Götterdämmerung* von Hagen mit dem Speer durchbohrt; der Marquis von Posa aus Verdis *Don Carlos* wird erschossen), Selbsttötungen in vielen Varianten (in Donizettis *Lucia di Lammermoor* stürzt Edgardo sich ins Schwert; die Leonora aus Verdis *Troubadour* nimmt Gift; Tosca in Puccinis gleichnamiger Oper springt in den Tod, Verdis Otello erdolcht sich, nachdem er Desdemona erwürgt hat), während eine Krankheit als Todesursache wie Mimis und Violettas Schwindsucht in Puccinis *La Bohème* bzw. Verdis *La Traviata* eher selten ist. All diese bewegenden Tode, gleich ob mit oder ohne medizinisch oder kriminologisch eindeutige Ursache, werden in älteren Opernführern manchmal wunderbar romantisch beschrieben: Massenets Manon »haucht ihr verspieltes Leben aus«; Salud aus de Fallas *Ein kurzes Leben* »schwankt und sinkt tot zu Boden«; Wagners Tannhäuser »bricht tot an Elisabeths Sarg zusammen«, die Elsa aus *Lohengrin* desselben Komponisten »sinkt entseelt zu Boden«; Verdis eben erwähnte Violetta »meint, neues Leben in sich zu spüren; doch sinkt sie um; es war zu viel für sie; der Arzt kann nur noch den Tod feststellen«; Verdis Aida »haucht in Radames' Armen ihre Seele aus«; Puccinis gerade angeführte Mimi »schlummert sanft hinüber«.

Doch auch jüngere Opernführer schreiben nicht nüchterner: »Auf einer Straße bei Le Havre stirbt sie [Manon] in den Armen ihres verzweifelten Geliebten.« – »Ihren Namen auf den Lippen, stirbt Tannhäuser; seine Seele ist gerettet.« – »[Violetta] fühlt ein letztes Aufbäumen ihrer Kräfte, bevor sie in Alfredos Armen stirbt.« – »Während die Liebenden [Radames und Aida] vereint Abschied vom Leben nehmen, fleht Amneris zu den Göttern um Frieden.« – »Als die Freunde zurückkehren, stirbt Mimi ganz still. Rodolfo bricht verzweifelt an ihrem Lager zusammen.«

Offenbar lösen die Tode dieser Personen selbst bei den Verfassern sachlicher Lexikonbeiträge Gefühle aus. Zweifellos hatten die Autoren die Musik »im Kopf«, während sie schrieben, oder hörten sie sogar beim Abfassen ihrer Artikel. Und doch wären all diese Szenen ohne den Text bzw. ohne die Visualisierung aus der Musik heraus allein nicht als »Todesmusiken« zu verstehen. Abgesehen davon, dass die klassische Oper den Tod derart verklärt, also in faktisch falscher, aber künstlerisch erhabener Art ästhetisiert, dass manch einer sich fast wünschen mag, auf der Stelle selbst zu sterben, gibt es, wie schon gezeigt, eben keine eindeutigen und vor allem generell akzeptierten »Todesharmonien« oder »Todesmelodien«. Am ehesten hat noch der Trauermarsch mit etwa 60 Schlägen pro Minute einen gewissen »Anzeigewert«, doch wenn man sich anhört, was beispielsweise Chopin im zweiten Satz seiner Sonate op. 35, Beethoven in der *Eroica* oder Mahler in seiner 5. Symphonie an Melodik und Harmonik daraus gemacht haben, wird das Problem der Semiotik und Semantik ein weiteres Mal klar. Andere berühmte Trauermusiken wie die zu Siegfrieds Tod, die *Funeral Music for Queen Mary* von Henry Purcell, die aus Puccinis *Edgar*, das Violinkonzert *Dem Andenken eines Engels* von Alban Berg zu Ehren der mit 18 Jahren verstorbenen Tochter von Alma Mahler-Werfel und Walter Gropius oder die vielen Requien zeigen ebenfalls überdeutlich, dass die Darstellung des Todes des Wortes bedarf, mag die Musik noch so ergreifend, tragisch oder feierlich sein. Die auf den ersten Blick interessant erscheinende Idee, anhand einer Auswahl von Todesszenen der Oper festzustellen zu versuchen, ob es Gemeinsamkeiten bei der musikalischen Darstellung des Todes gibt – eine Tonart vielleicht oder Harmonien, die Komponisten ganz unterschiedlicher Epochen und Stile mit dem Tode assoziierten und von denen sie annahmen, dass sie im Gehirn des Zuschauers/Zuhörers dieselben Assoziationen auslösen würden –, ist deswegen von vornherein zum Scheitern verurteilt. Im Zusammenhang mit dem im Kapitel über die Emotionen Dargestellten erschließt sich ohne Weiteres, dass die gesangliche oder instrumentalmusikalische Darstellung des Todes in unserem Kopf tiefste Empfindungen hervorrufen kann, und doch führt unser einzigartiger musikalischer Lebensweg dazu, dass es keine selbsterläuternde Todesmusik gibt. Natürlich ist es erschütternd, den biographischen Bezug von Brahms' *Vier ernsten Gesängen* zu kennen oder zu wissen, an welcher Stelle der Niederschrift von *Turandot* Puccini starb, doch *muss* man es eben wissen. Ohne historische und philosophische Kenntnisse noch schwieriger zu verstehen sind Situationen auf der Bühne, bei denen die gerade auch musikalische Darstellung des Todes für etwas ganz anderes steht, so in Strauss' *Salome* oder Bergs

Lulu, deren Sterben letztlich die gesellschaftliche Auseinandersetzung mit den Weiblichkeitsbildern anfangs des 20. Jahrhunderts spiegelt.

Interessant ist die Betrachtung der Lebensumstände der Komponisten in Bezug auf ihren eigenen Tod. So könnte Mozart mehrfach Vorahnungen gehabt haben, sein Requiem, eigentlich ein Auftragswerk, für seine eigene Trauerfeier zu schreiben, und die legendenhafte Mystifizierung der Umstände begann bald nach seinem Tode. Schuberts Werke seiner letzten zwei Jahre, darunter die *Winterreise*, könnten ebenfalls unter dem Aspekt von Todesphantasien gedeutet werden, und auch Bruckner hatte 1890 Todesahnungen – obwohl ihm noch sechs Jahre blieben –, als er die Coda des ersten Satzes der 8. Symphonie neu fasste und meinte, es sei, als ob jemand im Sterben liege und ihm gegenüber die Uhr gleichmäßig weiterschlage. Eine ganz besondere Auseinandersetzung mit dem eigenen Tode sind die *Vier letzten Lieder* von Richard Strauss, geschrieben für Orchester und Sopran in der üppigsten, sattesten Farbenpracht der Spätromantik, die allerdings lange vorbei war, weswegen man besser von ›Neo-Romantik‹ sprechen sollte. Man muss sich vorstellen, dass der 84-jährige Strauss 1948 über Gedichten von Hermann Hesse und Joseph von Eichendorff saß, aus der friedlichen Schweiz auf das in Trümmern liegende Europa schaute (sein Haus in Garmisch-Partenkirchen war allerdings ebenfalls unzerstört, und amerikanische Einquartierungen blieben ihm erspart) und, besonders mit dem letzten Lied, seinen eigenen Tod besang – schon ein Jahr vorher hatte er einer Reporterin auf die Frage nach seinen Zukunftsplänen mit »Na sterben halt!« geantwortet; so lässt er zur abschließenden Zeile des Eichendorff-Gedichtes »Wie sind wir wandermüde – ist dies etwa der Tod?« das Hauptthema von *Tod und Verklärung* erklingen, das er 60 Jahre vorher geschrieben hatte. Wenn man weiß, dass Strauss generell ein Meister im Gebrauch selbstglorifizierender Eigenzitate war, könnte dies ergreifender Kitsch sein, ist aber in diesem Fall von heiterer Resignation und herzzerreißend erhabener Schönheit, so dass es zu Tränen rührt und buchstäblich »zum Sterben schön« ist. Kurz darauf, am 8. September 1949 – die Lieder waren noch nicht aufgeführt –, starb Strauss tatsächlich und hatte George Gershwin ebenso überlebt wie die Protagonisten der Zwölftonmusik Alban Berg und Anton Webern; Bob Dylan war acht und John Lennon bereits neun Jahre alt! Strauss war sich bewusst, der große Übriggebliebene der Musikgeschichte zu sein. So kann man die Lieder durchaus in dem Sinne deuten, dass er seine eigene Sterbebegleitungsmusik schuf, mit der er alle Emotionen, Erinnerungen und Assoziationen seines langen Lebens zusammenfasste, so als habe sein Gehirn im Angesicht des Todes einen versöhnlichen Schlussstrich ziehen wollen. *Morendo* eben – die Musik hat dem Tode sogar eine eigene Vortragsbezeichnung geschenkt; oder ist es umgekehrt?

Die Zukunft der Musik; die Musik der Zukunft. Die Zukunft des Gehirns; das Gehirn der Zukunft

Man sollte annehmen, dass 100 Milliarden Neuronen und ihre myriadenfachen Verschaltungen über die nur zwölf Töne, aus denen praktisch die gesamte Musik besteht, die wir in unserem Leben hören, in irgendeiner Weise neurophysiologisch, erkenntnistheoretisch, ontologisch, allgemeinphilosophisch und musikwissenschaftlich »Herr werden« würden. Dem ist aber nicht so. Das Problem fängt schon damit an, dass die Neurowissenschaften auch die »unbeschreiblichen« Gefühle, Wahrnehmungen und Erinnerungen mit physikalischen Begriffen zu greifen versuchen, da es für sie letztlich darum geht, dass bestimmte Neuronen in bestimmten Abschnitten des Gehirns zu einem bestimmten Zeitpunkt feuern. Das ist zulässig und vernünftig, führt ab einem bestimmten Punkt aber nicht weiter. Beim Musikhören und -bewerten ist der höchstentwickelte Teil unseres Gehirns direkt mit dem entwicklungsgeschichtlich primitivsten verbunden, eine rätselhafte, nicht fassbare Konstellation; wir werden uns langfristig damit abfinden müssen, dass auch die korrektesten neurophysiologischen Beschreibungen selten *Erklärungen* dessen sind, was die Musik in unseren Köpfen auslöst. Dies hat auch mit dem klassischen und größten nicht überwindbaren Dilemma der Hirnforschung zu tun: Niemals werden wir eine Außenposition einnehmen können – wir sind immer die Gefangenen unseres Selbst und denken mit dem Organ, dessen Funktion wir untersuchen wollen. Es scheint ein wenig so zu sein wie bei der Heisenbergschen Unschärferelation der Quantenphysik, nach der man den Ort und den Impuls eines Teilchens nicht gleichzeitig bestimmen kann. Doch selbst wenn wir eine neutrale Position besetzen könnten: trotz der fantastischen Leistungen unseres Gehirns ist klar, dass seine Fähigkeiten begrenzt sind, woraus man folgern kann, dass auch unsere Möglichkeiten, das Gehirn und damit uns selbst zu verstehen, begrenzt sind. Schließlich geht es um eine Methodenfrage: Der streng naturwissenschaftliche Denkansatz lässt die nicht messbaren und erst recht nicht quantifizierbaren Werte unseres Menschseins wie Liebe, Treue, Moral, Verantwortung oder das Gefühl für Recht und Unrecht vollkommen außer Acht. Natürlich kann man diese essenziellen Kategorien in kontrollierten Experimenten zeitweise ausblenden, doch im »wirklichen Leben« basiert unser gesamtes Weltbild auf ihnen.

Kann die Philosophie helfen? Sicher auch, doch genauso sicher ist: auch sie nicht allein. Wie gezeigt, sind philosophische Deutungsansätze der Musik seit der Antike bekannt. In der deutschen Frühromantik und im von Friedrich Wilhelm Joseph Schelling geprägten Idealismus wurden Gedanken weiterentwickelt, nach denen Kunst den Rang von Philosophie und Religion hat; was schon damals heftig kritisiert wurde, wird natürlich auch heute nicht Allgemeingut werden, aber eine Wiederbelebung dieser Ideen könnte die gegenwärtige Diskussion um das *Quo vadis* erweitern und befruchten. In der Tat gibt es bereits das Gebiet der Musikphilosophie, so wie in der Musikwissenschaft weitere Teildisziplinen wie Musikpsychologie, -ästhetik, -soziologie entstanden sind, die wichtige Schnittstellen zu anderen Fächern darstellen. Sie alle unter einem ganzheitlichen Aspekt zu betrachten, wie es beispielsweise die Abteilung Musik des *Max-Planck-Instituts für empirische Ästhetik* in Frankfurt versucht, ist wichtig, denn noch immer ist der »klassische« Musikwissenschaftler eher ein Quellenforscher, Historiker, Ethnologe und systematischer Beschreiber, der im eigenen Fachgebiet manchmal genauso gefangen zu sein scheint wie der Neurowissenschaftler in seinem. Beispielsweise werden bis zum heutigen Tag auf profunde Art und Weise Harmonien von 200 Jahre alten Stücken seziert und komplexe Analysen darüber publiziert, über die die Komponisten bestenfalls staunen könnten und die das Publikum verwirren, weil sie den Zauber der Klänge nicht im Geringsten aufdecken können – erst recht nicht, wenn dabei in Verkennung der tatsächlichen Intentionen auch Komponisten zu Zielen, ja Opfern werden, die Schwächen in der Harmonielehre aufwiesen oder sich selbst für unvollkommen hielten wie beispielsweise Schubert, der fast alles aus dem Bauch heraus komponierte und doch der größte aller Melodienerfinder war. Solch hochakademische Diskurse, in denen in die unschuldigsten Passagen die tiefgründigsten Geheimnisse hineininterpretiert werden, tragen zum Verständnis der Musik wenig bei. Alle Disziplinen sind nötig und berechtigt, und alle sind limitiert.

Wohl nicht viele Menschen würden Belletristik, Lyrik, Malerei, Bildhauerei oder Architektur vorbehaltlos und in ihrer Gesamtheit als »schön« bezeichnen; einzelne Werke – gewiss; auch das Gesamtwerk eines oder mehrerer Lieblingskünstler oder einer bestimmten Epoche, aber eben doch nicht eine ganze Gattung. Obwohl unser auditives Vermögen deutlich schwächer ausgeprägt ist als das visuelle, ist das bei der Musik anders: Sie wird, von den besprochenen, vergleichsweise wenigen Ausnahmen abgesehen, von den allermeisten Menschen als »schön« empfunden, selbst Hardrock-Fans werden einer Kantate von Bach allenfalls gleichgültig gegenüberstehen, sie aber nicht grundsätzlich als hässlich ablehnen. Hinzu kommt: Wie oft liest jemand sein bevorzugtes Gedicht, wie oft nehmen wir im Leben einen Roman weitere Male zur Hand, auch wenn er uns beim ersten Lesen tief berührt hat? Wie oft schlagen wir einen Kunstband auf, um uns ein bestimmtes Bild anzuschauen, selbst wenn es unser bevorzugtes ist? Von unseren Lieblingsmusiken können wir jedoch nicht genug bekommen.

Der generelle Einwand, es sei auch viel schwieriger, sich der Musik zu entziehen als der Betrachtung eines Bildes oder dem Lesen eines Romans, zieht bei näherer Betrachtung nicht; sie ist im Supermarkt oder in einer Warteschleife am Telefon zwar manchmal tatsächlich eine Frage des Müssens, meistens aber mindestens eine Frage des wohlwollenden Duldens – man kann das Radio ja auch ausschalten. In Bezug auf die Lieblingsmusik(en) jedoch ist sie eine des Wollens, und dieses Wollen ist bei den meisten von uns sehr stark. Wo die Musik nicht physikalisch gegenwärtig ist, ist sie es in unseren Köpfen. Das unterscheidet sie auch von einem Hörbuch, von dem man vordergründig meinen könnte, es stelle den (vorgelesenen) Roman auf eine Ebene mit der (vorgespielten) Musik. Von kurzen Gedichten abgesehen, braucht man nämlich den selbst gelesenen oder vorgelesenen Text, um sich die durch ihn evozierten Bilder vorzustellen; eine »Vorstellungswelt« auch ohne den Text existiert nur sehr allgemein – und wo doch etwas detaillierter, dürfte es in der Regel an einer Verfilmung liegen, an die man sich erinnert. Wie viele Menschen, Literaturwissenschaftler eingeschlossen, hätten wohl von fünf Romanen auch nur den ersten Absatz fehlerfrei im Gedächtnis? Selbst (interessierte) Laien hingegen haben zahlreiche und lange Musikstücke im Kopf und können sie auf Wunsch abrufen.

Ein weiterer Unterschied ist, dass man die Musik auch gleichsam nebenher hören kann; einer Symphonie von Beethoven ist es egal, ob jemand sich in einem abgedunkelten Zimmer andächtig-ehrfürchtig in sie versenkt, sie als gedämpfte (!) Hintergrundmusik als Stimulans zu einer intellektuellen Höchstleistung nutzt oder währenddessen einer einfachen Tätigkeit nachgeht. Einem Hörbuch wird man mehr Beachtung schenken müssen, will man nicht nach kurzer Zeit den Faden verlieren. Musik wirkt eben (auch) in den Tiefen des Gehirns, während ein Text keine archaischen Bedürfnisse befriedigen kann.

Die Betrachtung eines Bildes oder einer Skulptur läuft ohnehin ganz anders ab, da wir in der Regel innerhalb von Millisekunden einen ersten Eindruck gewinnen: Das Bild wird zwar wie eine Sonate oder ein Roman auch in einem zeitlichen Ablauf erschaffen, aber die Rezeption ist ganzheitlich und momentan, mag man sich nach dem ersten Eindruck auch noch so sehr in Einzelheiten vertiefen.

Dagegen ist die Musik Zeitkunst; sie ist ephemer, vergänglich und hat einen unumkehrbaren und unidirektionalen Verlauf. (Deswegen meinte Wolfgang Rihm – als kleine Ergänzung zum Thema »Musik und Tod« –, Musik als vergehende Kunst beschreibe *stets* auch den Tod.) Auch hier scheint es eine Parallele zu einem Text zu geben, doch ein weiteres Mal erkennen wir bei intensiverem Nachdenken, dass der Vergleich nicht richtig ist. Musik kann man in ihrer Zeitlichkeit nämlich nicht abkürzen. Es gibt keine Zusammenfassung einer Symphonie (allenfalls Ausschnitte auf einer CD, was aber etwas anderes ist), während man einen Roman kürzen und immer weiter kürzen und schließlich auf einer halben Seite zusammenfassen kann. Nur ein Aspekt der Zeitlichkeit wurde durch die Technik überwunden: Vor der Erfindung des Grammophons war die Musik im wahrsten Sinne des Wortes »vergangen«, wenn ein Konzert vorbei war. Wenn man nicht gerade in einer Musikmetropole wie Wien, Leipzig oder Paris wohnte, musste man in früheren Jahrhunderten manchmal Monate, vielleicht Jahre bis zum nächsten Musikerlebnis warten – ausgenommen nur der Sonderfall der Kirchenmusik. Während die Literatur bei rasch fortschreitender Alphabetisierung allgemein zugänglich war, gab und gibt es, wie gezeigt, nur wenige Menschen, die durch die Lektüre einer Partitur Musik in ihrem Kopf entstehen lassen konnten und können; und mochte in bildungsbürgerlichen Familien auch immer öfter musiziert werden – eine Symphonie oder Oper war nicht darstellbar und wurde erst mit der Erfindung der Tonaufzeichnung quasi »verewigt«. Doch in den schönsten Musikerlebnissen, den »live« in Gemeinschaft genossenen, ist die Magie des flüchtigen Augenblicks noch immer präsent. Mehr noch: Die wenigen (Wahrnehmungspsychologen und Erkenntnistheoretiker meinen: zwei) Sekunden unserer Aufmerksamkeitsspanne, die den schmalen Grat der Gegenwart als Grenzbereich zwischen Vergangenheit und Zukunft darstellen und als eben dieser »flüchtige Augenblick« die Einheit von Raum und Zeit bilden, werden so offensichtlich nur durch die Musik markiert. Manche Wissenschaftler postulieren sogar, dass beim Musikhören das Jetztzeitfenster eine längere Dauer habe – auch diese allerdings nur in zusätzlichen Sekunden gemessen. Und während ein Buch im Regal oder ein Bild an der Wand als Gegenstände wahrgenommen werden, die sich allein dadurch der Zeitlichkeit entziehen, werden eine CD oder eine Partitur eben nur dann Musik, wenn sie gespielt oder aufgeführt werden. Dadurch ist die Musik abstrakt, nicht-materiell und nicht fassbar. Ein Bild oder ein Buch – sogar ein Originalmanuskript – kann man besitzen, aber die Musik würde man selbst dann nicht besitzen, wenn man das Autograph eines Werkes ersteigern könnte. Musik ist kein Gegenstand, sondern ein Prozess, ein innerer Ablauf von Geschehnissen, bei dem sich Körper- und Seelenzustand als Antwort auf den Prozess selbst auch verändern. Dies ist ein weiterer Grund, warum der Beschreibbarkeit und Erklärbarkeit der Musik Grenzen gesetzt sind; wieder werden wir an die Heisenbergsche Unschärferelation erinnert. Offenbar überfordern die 12 Töne der Musik unser Gehirn schlichtweg, wenn auch in lustvollster Art und Weise. Die Musik bleibt innerhalb der Künste etwas Besonderes. Mystik, Transzendenz, Entpersonalisierung, metaphysische Erotik, Religionsersatz und orgasmusähnliche Ichvergessenheit sind nur ihr eigen.

Die Menschen jeder Epoche befinden sich auf der Höhe ihrer Zeit, aus ihrem Blickwinkel ist alles Zukunft, was noch nicht vergangen ist. Schon in der Mitte des 19. Jahrhunderts wurde die »Zukunftsmusik«, die Wagner vorgab zu schreiben, heftig diskutiert, wenn auch im Zusammenhang mit den 1848er Unruhen eher aus einer politischen Sicht. Sogar der Begriff ›Postmoderne‹ taucht schon im 19. Jahrhundert auf, obwohl er erst seit den späten 1950er Jahren im heutigen Sinne verwendet wird, und der italienische Futurismus anfangs des 20. Jahrhunderts beschäftigte sich ganz dezidiert mit der Musik, deren Zukunft er in einer »Geräuschkunst« sah. Auch die vom Wort her weniger spektakuläre ›Neue Musik‹ ist als zusammenfassender Begriff für alle Stilrichtungen, die sich im 20. Jahrhundert in der »ernsten« Musik herausbildeten, längst Vergangenheit. Sie umfasst nicht nur radikal-atonale Strömungen wie die Zwölfton-, serielle und aleatorische Musik, sondern auch den tonalen Neoklassizismus, die Neoromantik und den Folklorismus (z. B. Bartók, Kodály). Heute kann im

Grunde niemand sagen, in welcher Kunstepoche wir eigentlich leben, vermutlich in vielen gleichzeitig. Euphemistisch beschreibt man das als ästhetische Diversifikation der pluralistischen Gesellschaft, der Kulturpessimist spricht von Orientierungslosigkeit und Verlorensein. Entwicklung und Fortschritt sind eben nicht dasselbe, und Originalität nur um der Originalität willen befriedigt unsere Wünsche und Sehnsüchte ebenso wenig. In der Tat erscheint die gesamte Musik der zweihundert Jahre von 1750 bis 1950 trotz aller grundverschiedenen Stile im Vergleich zu der Musik danach ja geradezu als Einheit. Mittlerweile im Postfuturismus oder schon darüber hinaus angekommen, brauchen wir weder einen neuen »Ismus« oder eine andere Bezeichnung noch ein Wiederaufwärmen alter Begriffe, vor allem dann nicht, wenn sie nicht mit neuen zündenden Gedanken untermauert werden. So stand das Programm des Bonner Beethovenfestes im Herbst 2011 unter dem Titel »Zukunftsmusik«, gemeint aber waren die Neuerungen von Beethoven und Liszt.

Die grundlegende Frage, warum es offensichtlich keine neue Musik mehr gibt, die unsere Gehirne so beglückt, wie es vor 200 Jahren die Werke der Großen taten und *heute noch tun*, muss unbeantwortet bleiben. Ob die Musik bis zum Äußersten ausgereizt, ihre Klänge und deren Zusammensetzungen erschöpft sind, oder vielleicht doch Harmonien existieren, die noch keiner entdeckt hat, weiß niemand. Werden uns Zufall oder Schöpfung einen neuen Beethoven oder zumindest einen neuen John Lennon schenken, deren Musik in unseren Gehirnen Wahrnehmungen und Empfindungen auslöst, die wir noch nicht kennen, oder wird ein Computer eines Tages für sich in Anspruch nehmen, dieser neue Beethoven oder Lennon zu sein? Es ist doch bemerkenswert und schmerzlich zugleich, dass es zwischen 1750 und 1850 eine so großartige, unerhörte Ballung von musikalischen Genies gegeben hat, während es heute, bei einer vielfach größeren Weltbevölkerung und einem für viele deutlich besseren Zugang zu (Aus-)Bildung niemanden gibt, der diesen Größen der damaligen Zeit das Wasser reichen könnte. Dabei zeigen die bei klassischen Aufführungen ausverkauften Opernhäuser oder Besucherrekorde bei hochkarätigen Kunstausstellungen, wie sehr wir uns nach wirklicher Kunst sehnen und nach Orientierung suchen, ja womöglich in der Hoffnung leben, eines Tages könnte eben doch noch ein neuer Beethoven die Welt betreten, der eine Musik erfindet, die den größten Teil der Menschheit verzaubert, in den Gehirnen der meisten Menschen also Wohlempfinden auslöst.

Die Krise der modernen Kunst wird dadurch gemildert, dass wir von der Größe der Vergangenheit, die sich nicht aufbraucht, unbegrenzt zehren können. Wer in 100 Jahren noch von den heutigen »Megahits« sprechen wird, mögen sie auch millionenfach verkauft oder heruntergeladen werden und innerhalb von Stunden oder gar Minuten eine weltweite Verbreitung erreichen, sei dahingestellt. Vorhersagen darüber sind äußerst spekulativ, was nicht nur an der Musik selbst liegt, sondern auch an der Weiterentwicklung unseres Gehirns, also daran, ob möglicherweise dauerhaft neue, generelle Einstellungen in ihm gefestigt werden wie heute etwa das Wohlbefinden beim Hören von Wiegenliedern oder die Verehrung für Beethovens Neunte. Dabei ist die Evolution eigentlich sehr langsam. Es dauert mindestens 50 000 Jahre entsprechend 2000 Generationen, ehe eine vorteilhafte genetische Mutation sich durch Vererbung im Genom verankert – wobei hier nicht diskutiert werden soll, ob es wirklich von Vorteil wäre, wenn die Einstellung »Beethovens Neunte« durch die Einstellung »Extrem rhythmusorientierter Vier-Minuten-Song aus maximal drei Akkorden« verdrängt würde (gemeint ist hier ja nicht eine individuelle Vorliebe, sondern abstrakt das menschliche Gehirn als solches). Ganz so einfach ist es zwar ohnehin nicht: Es handelt sich um »rollende« (in der Fachsprache auch: »rollierende«) Prozesse, die permanent in Form von kleinen Veränderungen ablaufen. Die 50 000 Jahre bedeuten somit nicht, dass wir *in toto* das Gehirn der Jäger und Sammler haben – doch einige unserer Verhaltensweisen stammen noch aus jener Zeit, wie in diesem Buch auch mehrfach anklang. Warum also sollten wir »schon« in

100 Jahren Musik ganz anders wahrnehmen als heute? Wenn man der Evolution ihren Lauf ließe, wäre das in der Tat eher unwahrscheinlich. Doch der Mensch mischt sich auch in diesem Punkte immer massiver ein. Angesichts der schneckenhaften Geschwindigkeit, mit der entwicklungsgeschichtliche Ereignisse sich vollziehen, setzen immer mehr Neurowissenschaftler längst auf eine von Menschen induzierte Beschleunigung dieser Abläufe durch das Verschmelzen von Biologie (»altmodischen« kohlenwasserstoffbasierten Prozessen) und Technologie (»modernen« elektronischen Prozessen), letztlich also menschlicher und künstlicher Intelligenz. Einige der »In«-Wörter der Hirnforschung in diesem Zusammenhang lauten Intelligenzsteigerung, Gefühlsdesign, Gedankenlesen, Hirn-Doping und Neuroprothesen bzw. Neuroimplantate zur Steigerung von Wahrnehmungs- und Gedächtnisleistungen – mit unabsehbaren und womöglich schon bald auf uns zukommenden Konsequenzen, nicht nur für unser Welt- und Menschenbild in Bezug auf gesellschaftliche, ethische, moralische, religiöse, juristische und viele weitere Fragen, sondern eben auch für unseren Umgang mit Musik.

Manchmal allerdings machen Welt- und Menschheitsgeschichte auch »von sich aus« regelrechte Sprünge oder erleiden Brüche, denen die Evolutionsbiologie ziemlich gleichgültig ist. Möglicherweise hat die Musik im 20. Jahrhundert einen solchen Bruch hinnehmen müssen, den man mit dem Tod von Richard Strauss sogar datieren könnte: Trotz aller Entwicklungen auch der tonalen Musik nach ihm würden wohl nicht wenige Musikliebhaber und -wissenschaftler meinen, dass der klassisch-abendländischen Musik der Faden damit regelrecht abgeschnitten wurde, während exakt zur selben Zeit die Neuordnung der Welt nach dem Ende des Zweiten Weltkrieges begann – eine bemerkenswerte Koinzidenz, die vielleicht erst künftige Generationen verstehen und abschließend bewerten können.

Um die Zukunft der Musik und der Künste allgemein in einem ganz anderen Sinne geht es bei den Debatten um die Finanzierung und Ressourcenallokation im öffentlichen Kulturbetrieb und um Gesellschafts-, Kultur- und Bildungspolitik allgemein. Die Musikindustrie, die sich durch die Download-Möglichkeiten des Internets bedroht fühlt – seit dem Jahr 2000 ist der deutsche Tonträgermarkt um etwa 40 % geschrumpft –, macht sich ebenfalls *ihre* Gedanken um die Zukunft. Auch die Klassik ist davon betroffen: Wer kauft die Einspielung der Mozartsonaten selbst von einem hochgelobten jungen Pianisten, wenn er die komplette Serie von fünf anderen Interpreten schon besitzt? Sogar die klassische Musik ist zu einem Geschäftsbetrieb mutiert, in dem zweifellos immer wieder künstlerische Hochleistungen erbracht werden, aber hinter den Kulissen um Plattenverträge und Konzerteinnahmen gerungen wird und neue Wege zusätzlicher Kommerzialisierung gesucht werden. So wurde das seit dem Jazz und Swing der 1920er Jahre allmählich weg von Melodien und Harmonien hin zu Rhythmus umgepolte Hirn durch Bearbeitungen klassischer Musik schon in den 1960er Jahren befriedigt – damals allerdings auf anspruchsvolle Art wie z. B. durch Jacques Loussier mit seinem »Play Bach Trio« oder die Bearbeitungen von Eugen Cicero. Heute gibt es kaum noch einen Klassiker, dessen Musik nicht mit Schlagzeugunterlegung kommerziell leichtgängiger gemacht wird oder durch Projekte wie »Klassik trifft Breakdance« deformiert wird. Der Kommerz mit der E-Musik ist kaum weniger ausgeprägt als der mit der U-Musik, wenn auch nicht so offensichtlich, weil man vordergründig ja am Bekannten, Tradierten, Wahren und Hehren der Musik festhält.

Vielleicht aber dürfen wir doch optimistisch sein. In einer Zeit, da ein immer größer werdender Teil der siebeneinhalb Milliarden Erdbewohner Zugriff auf das Internet hat, sei es passiv rezipierend, sei es, dass man von sich selbst und seiner Kunst einen kurzen Film auf YouTube einstellt oder für wenige Cent seine eigenen CDs produzieren kann, scheint es unwahrscheinlich, dass ein Talent selbst aus dem entlegensten Teil der Welt verborgen bliebe – es sei denn, auf eigenen Wunsch. Und womöglich werden die Computer uns doch helfen, anstatt uns zu entmündigen. Die Notenschrift, die wohltemperierte Stimmung, die es erst ermöglichte, in allen Tonarten zu spielen, oder die Vervollkommnung des Konzertflügels, die es Beethoven und seinen Nachfolgern erlaubte, dynamisch ausdrucksstarke und unerhört schwierige Stücke zu komponieren, sind Beispiele für die These, dass »Neue Musik« in der Vergangenheit auch mit technischen Innovationen zu tun hatte. In unserer Zeit haben der Synthesizer und die verschiedenen elektronischen Instrumente der Pop- und Rockmusik Schübe verliehen. Was wird als Nächstes kommen? Im Zeitalter von banalen Spektakeln wie dem Eurovision Song Contest oder »Deutschland sucht den Superstar« machen sich die Fans moderner Musik interessanterweise ganz ähnliche Gedanken wie die Liebhaber der Klassik: In Internetforen herrscht die Meinung vor, dass Pop und Rock in den 1970er Jahren ihren Höhepunkt erreicht hätten und seitdem nichts Wesentliches mehr geschehen sei. Es scheint daher nicht abwegig, dass künftige Musik etwas mit Software, sozialen Netzwerken, künstlicher Intelligenz, Diversifizierung in eine Bildersprache und Neuroimplantaten zu tun haben wird, die Erinnerungen und Wahrnehmungen steuern (allerdings auch manipulieren) können und die uns eine ganz neue Art zu staunen und zu erleben vermitteln. Die noch junge Disziplin der Neuroästhetik mag weitere Möglichkeiten öffnen. Zu diskutieren wäre jedoch auch, ob es für jeden Menschen eine besondere und nur ihm gemäße Musik geben könnte, die sich von der unterscheidet, die für die restlichen siebeneinhalb Milliarden Gehirne auf der Welt maßgeschrieben wurde. Eine solche individuelle Musik – »customized« oder »targeted« würde man in der Marketing-Sprache sagen – wäre also das genaue Gegenteil einer neuen Weltmusik für alle und entspräche einer allgemeinen Tendenz. So forschen Pharmafirmen schon heute an für jeden Patienten maßgeschneiderten Medikamenten, und wenn man ein neues Auto bestellt, erreicht die Anzahl der möglichen Varianten bei manchen Herstellern angeblich bereits jetzt eine siebenstellige Zahl. Dies mag auf den ersten Blick im Widerspruch zu der so großen Bedeutung der Musik als Gemeinschaftserlebnis stehen, aber das eine muss das andere ja nicht ausschließen. Vielleicht müsste man dann auch weniger Sorgen haben, dass immer weniger Menschen lernen, ihre Musikalität zu entwickeln, und sich mit dem alltäglichen Gedudel zufriedengeben, das nach Möglichkeit eine Länge von drei oder vier Minuten nicht überschreiten sollte – erst recht, wenn es mehr und besseren Musikunterricht an unseren Schulen gäbe. Diese scheinbar »nur« pädagogische und gesellschaftspolitische Sichtweise hat übrigens auch einen wissenschaftlichen Aspekt: Wenn wir uns für einen Moment daran erinnern, welch massiven Raum unsere Hände in der kortikalen Repräsentation einnehmen, dann darüber nachdenken, dass wir bald alle nicht mehr (mit der Hand) schreiben können, weil mittlerweile auch die Weihnachtsgrüße per E-Mail übermittelt oder direkt in einen sprachverarbeitenden PC diktiert werden, muss man sich der Frage stellen, ob im Verlauf von ein paar Dutzend Generationen die Bedeutung der Hände im Gehirn nicht abnehmen wird. »Use it or lose it!« Stattdessen wird in manchen Bundesländern bereits darüber debattiert, ob anstelle der Schreibschrift nur noch eine schmucklose »Grundschrift« gelernt werden soll. Finnland ist schon einen Schritt weiter: Die Vermittlung selbst einer einfachen Schreibschrift in den Grundschulen wurde 2016 abgeschafft, die Kinder lernen nur noch tippen. Ähnliche Überlegungen und Diskussionen gibt es in einer ganzen Reihe weiterer Länder. Neue Sorgen also: Wird in gar nicht so ferner Zukunft überhaupt noch jemand Klavier spielen können? Oder werden die wenigen Instrumentalisten, die sich ihr »Handwerk« bewahrt haben, bestaunt und als lebende Nationalschätze unter besonderen Schutz gestellt werden wie heute schon herausragende Vertreter seltener Berufe in Japan?

Vieles bleibt offen.

Coda

Vieles bleibt offen. Was wie ein pessimistischer Abschluss klingen könnte, ist in Wahrheit ein Dank an das Gehirn dafür, dass es die Musik nicht ergründen kann, aber auch dafür, dass es uns ermöglicht, von ihr so tief berührt zu werden wie sonst nur noch von der Liebe. Der in der Einführung zitierte Ausschnitt aus dem »Manifest«, in dem es u.a. hieß, dass Hirnforschung und Musikwissenschaft »zu Bachs Fuge einiges zu sagen [haben], zur Erklärung ihrer einzigartigen Schönheit aber schweigen [müssen]«, erscheint nun wie eine Synthese und Conclusio.

Kann man es noch besser ausdrücken? Populärwissenschaftlich vielleicht nicht, aber umgangssprachlich schon: »Nichts ist so schön auf der Welt, wie betrunken traurige Musik zu hören«, sang die Band Tomte 2008. Einen ganz persönlichen Beitrag zum Thema »Musik und Drogen« möchte der Autor leisten, indem er den Leserinnen und Lesern zum Abschluss seine Liste der ihn am meisten berührenden Werke präsentiert, sozusagen die schönsten bewusstseinsverändernden Stoffe der Welt: Schuberts letzte Klaviersonate, Wagners *Tristan und Isolde*, Bruckners 7. Symphonie und Strauss' *Vier letzte Lieder*.

Die für ihn allergrößte Musik jedoch ist die letzte Klaviersonate von Ludwig van Beethoven, die zweiunddreißigste in c-Moll, op. 111. Hier ist jedes weitere Wort überflüssig. Also schweigen wir und hören. Die Seele der Musik fängt dort an, wo das Gehirn zum Verstehen nicht mehr ausreicht.

Literatur

Werke aus den Jahren vor 2000 wurden nur aufgenommen, wenn sie nach Meinung des Autors bis heute nicht überholt sind oder eine besondere historische Bedeutung haben. Das gilt im Allgemeinen für die musikwissenschaftlichen Bücher eher als für die medizinischen.

Lehrbücher

Asendorpf, J. B.: Psychologie der Persönlichkeit. Heidelberg 2007.
Bewermeyer, H. / Fink, G. R. / Limmroth, V.: Neurologische Differenzialdiagnostik. Stuttgart 2011.
Fleischhacker, W. W. / Hinterhuber, H. (Hrsg.): Lehrbuch Psychiatrie. Heidelberg 2012.
Grabner, H.: Allgemeine Musiklehre. Kassel 2011.
Konrad, G.: Harmonielehre. Frankfurt 2003.
Löffler, G. / Petrides, P. E. / Heinrich, P. C. (Hrsg.): Biochemie und Pathobiochemie. Heidelberg 2007.
Motte, D. de la: Harmonielehre. Kassel 2008.
Mumenthaler, M. / Mattle, H.: Neurologie. Stuttgart 2008.
Nowak, Ch.: Elementare Musiklehre und Grundlagen der Harmonielehre. Manching 1999.
Paulsen, F. / Waschke, J. (Hrsg.): Sobotta. Atlas der Anatomie des Menschen. München 2010.
Schmidt, R. F. / Lang, F. / Heckmann, M. (Hrsg.): Physiologie des Menschen mit Pathophysiologie. Heidelberg 2010.
Spahn, C. / Richter, B. / Altenmüller, E.: MusikerMedizin. Diagnostik, Therapie und Prävention von musikerspezifischen Erkrankungen. Stuttgart 2010.
Thews, G. / Mutschler, E. / Vaupel, P.: Anatomie, Physiologie, Pathophysiologie des Menschen. Stuttgart 2007.
Trepel, M.: Neuroanatomie. München 2008.
Wittchen, H.-U. / Hoyer, J.: Klinische Psychologie & Psychotherapie. Heidelberg 2011.

Monographien und Sammelbände

Weiterführende Literaturangaben, insbesondere Hinweise auf Primärquellen – in der Regel wissenschaftliche Originalartikel in Fachzeitschriften – finden sich in diesen Büchern.

Aldridge, D. / Fachner, J. (Hrsg.): Music and Altered States: Consciousness, Transcendence, Therapy and Addictions. London 2006.

Altenmüller, E. / Wiesendanger, M. / Kesselring, J. (Hrsg.): Music, Motor Control and the Brain. Oxford 2006.

– / Rode-Breymann, S. (Hrsg.): Krankheiten großer Musiker und Musikerinnen: Reflexionen am Schnittpunkt von Musikwissenschaft und Medizin. Hildesheim 2011.

– Vom Neandertal in die Philharmonie. Warum der Mensch ohne Musik nicht leben kann. Heidelberg 2017.

Appel, B. R. (Hrsg.): Robert Schumann in Endenich (1854–1856): Krankenakten, Briefzeugnisse und zeitgenössische Berichte. Mainz 2006.

Arbonés, J. / Milrud, P.: Die Mathematik der Musik. Rhythmus, Resonanz und Harmonie. Kerkdriel 2017.

Baron-Cohen, S. / Harrison, J. (Hrsg.): Synaesthesia: Classic and Contemporary Readings. Oxford 1996.

Baumann, M. / Gessner, Ch. (Hrsg.): ZwischenWelten. Musiktherapie bei Patienten mit erworbenen Hirnschädigungen. Wiesbaden 2004.

Beci, V.: Der ewig Moderne. Richard Strauss 1864–1949. Düsseldorf 1998.

Beckh, H.: Die Sprache der Tonart in der Musik von Bach bis Bruckner, mit besonderer Berücksichtigung des Wagnerschen Musikdramas. Stuttgart 1937.

Blanning, T.: Triumph der Musik. München 2010.

Boden, M. A.: The Creative Mind. Myths and Mechanisms. London 2004.

Bolhuis, J. J.: Brain, Perception, Memory. Oxford 2000.

Bonhoeffer, T. / Gruss, P. (Hrsg.): Zukunft Gehirn. Neue Erkenntnisse, neue Herausforderungen. München 2011.

Borchard, B.: Pauline Viardot-Garcia. Fülle des Lebens. Köln/Weimar/Wien 2016.

Bormuth, M. / Podoll, K. / Spitzer, C. (Hrsg.): Kunst und Krankheit. Studien zur Pathografie. Göttingen 2003.

Bostridge, I.: Schuberts Winterreise. Lieder von Liebe und Schmerz. München 2015.

Bowie, A.: Music, Philosophy, and Modernity. New York 2007.
Briner, E.: Reclams Musikinstrumentenführer. Stuttgart 1998.
Brinkmann, R. / Rihm, W.: Musik nachdenken. Regensburg 2001.
Brosche, G. (Hrsg.): Musikerhandschriften. Stuttgart 2002.
Brown, S. / Volgsten, U. (Hrsg.): Music and Manipulation. New York 2005.
Bruhn, H.: Musiktherapie: Geschichte, Theorien, Methoden. Göttingen 2000.
– / Kopiez, R. / Lehmann, A. C. (Hrsg.): Musikpsychologie. Reinbek 2009.
Bullerjahn, C.: Grundlagen der Wirkung von Filmmusik. Augsburg 2012.
Chaffin, R. / Imreh, G. / Crawford, M.: Practicing Perfection: Memory and Piano Performance. New York 2002.
Cignozzo, C.: L'uomo che sussurra alle vigne. Mailand 2010.
Cook, N.: Music, Imagination, and Culture. Oxford 1990.
Dahlhaus, C.: Klassische und romantische Musikästhetik. Laaber 1988.
Deutsch, D. (Hrsg.): The Psychology of Music. San Diego 1999.
Dickreiter, M.: Partiturenlesen. Ein Schlüssel zum Erlebnis Musik. Mainz 1983.
Döpfner, M. O. C.: Erotik in der Musik. Frankfurt a. M. / Berlin 1986.
Dresler, M. (Hrsg.): Neuroästhetik. Kunst – Gehirn – Wissenschaft. Leipzig 2009.
Drösser, Ch.: Der Musikverführer. Warum wir alle musikalisch sind. Reinbek 2011.
Eggebrecht, H. H.: Musik im Abendland. München 1991.
– Die Musik und das Schöne. München 1997.
– Musik verstehen. Wilhelmshaven 1999.
Einstein, A.: Die Romantik in der Musik. Stuttgart 1992.
Ewald, G.: Gehirn, Seele und Computer. Der Mensch im Quantenzeitalter. Darmstadt 2006.
Favaro, R. / Pestalozza, L.: Storia della Musica. Mailand 1999.
Finscher, L. (Hrsg.): Die Musik in Geschichte und Gegenwart. Musikenzyklopädie. Kassel 1994–2008.
Fladt, H.: Der Musikversteher. Was wir fühlen, wenn wir hören. Berlin 2012.
Forstner, D. / Becker, R.: Lexikon christlicher Symbole. Wiesbaden 2007.
Fricke, H.: Jimi Hendrix. Stuttgart 2017.
Geck, M.: Wenn der Buckelwal in die Oper geht. München 2009.

Gefen, G.: Musiker und ihre Häuser. München 1998.
Gembris, H.: Grundlagen musikalischer Begabung und Entwicklung. Augsburg 2009.
Gramann, H.: Die Ästhetisierung des Schreckens in der europäischen Musik des 20. Jahrhunderts. Bonn 1984.
Grammer, K. [u.a.]: Mann, Frau, Gehirn – Geschlechterdifferenz und Neurowissenschaft. 6 Vorträge anlässlich des Symposiums »turmdersinne 2010« in Nürnberg. Müllheim 2011. [DVD.]
Gregor-Dellin, M.: Richard Wagner. München 1989.
Gruhn, W.: Der Musikverstand. Hildesheim 2008.
– / Rauscher, F. H. (Hrsg.): Neurosciences in Music Pedagogy. New York 2008.
Hanslick, E.: Vom Musikalisch-Schönen. Ein Beitrag zur Revision der Ästhetik der Tonkunst. Leipzig 1854. – Nachdr. Darmstadt 2010.
Hardtmuth, Th.: Denkfehler. Das Dilemma der Hirnforschung. Heidenheim 2006.
Harenberg Komponistenlexikon. Dortmund 2001.
Harenberg Opernführer. Dortmund 1997.
Harnoncourt, N.: Töne sind höhere Worte. Gespräche über romantische Musik. St. Pölten / Salzburg 2007.
Heinemann, M.: Kleine Geschichte der Musik. Stuttgart 2004.
Hellbrück, J. / Ellermeier, W.: Hören: Physiologie, Psychologie und Pathologie. Göttingen 2004.
Heller, K. A. / Mönks, F. J. / Sternberg, R. J. / Subotnik, R. F. (Hrsg.): International Handbook of Giftedness and Talent. Oxford 2000.
Helms, D. / Phleps, Th. (Hrsg.): Thema Nr. 1: Sex und populäre Musik. Bielefeld 2011.
Hesse, H.-P.: Musik und Emotion. Wissenschaftliche Grundlagen des Musik-Erlebens. Wien 2003.
Hildebrandt, D.: Piano, piano. Der Roman des Klaviers im 20. Jahrhundert. München 2000.
Hörr, S.: Musik-Rhetorik. Melodiestruktur und Persuasion. Berlin 2009.
Hoffmann-Axthelm, D.: Robert Schumann. Stuttgart 2010.
Hollfelder, P.: Die Klaviermusik. Hamburg 1999.
Jäncke, L.: Macht Musik schlau? Bern 2009.
Jagow, B. von / Steger, F.: Literatur und Medizin. Ein Lexikon. Göttingen 2005.
Jansen, H. H. (Hrsg.): Der Tod in Dichtung, Philosophie und Kunst. Darmstadt 1989.

Jewanski, J. / Sidler, N. (Hrsg.): Farbe, Licht, Musik: Synästhesie und Farblichtmusik. Bern 2006.
Jourdain, R.: Das wohltemperierte Gehirn. Heidelberg 2009.
Juslin, P. / Sloboda, J. A. (Hrsg.): Music and Emotion. Theory and Research. Oxford / New York 2001.
Kaiser, J.: Beethovens 32 Klaviersonaten und ihre Interpreten. Frankfurt a. M. 1975.
Karbusicky, V.: Grundriß der musikalischen Semantik. Darmstadt 1986.
Kast, B.: Revolution im Kopf. Die Zukunft des Gehirns. Berlin 2003.
Kerer, M.: Musik im erkrankten Gehirn. Saarbrücken 2008.
Kivy, P.: Music Alone. Philosophical Reflections on the Purely Musical Experience. Ithaca 1990.
Klein, R. / Kiem, E. / Ette, W. (Hrsg.): Musik in der Zeit – Zeit in der Musik. Weilerswist 2000.
Koelsch, St.: Brain & Music. Oxford 2012.
Koestenbaum, W.: The Queen's Throat. Opera, Homosexuality and the Mystery of Desire. Boston 2001.
Kühl, O.: Musical Semantics. Bern 2007.
Kusek, D. / Leonhard, G.: The Future of Music. Manifesto for the Digital Music Revolution. Boston 2005.
Lange-Eichbaum, W. / Kurth, W.: Genie, Irrsinn und Ruhm. München/ Basel 1979. [Nachdr.]
Lehmann, A. C. / Sloboda, J. A. / Woody, R. H.: Psychology for Musicians. Oxford 2007.
Lehmann, Ch.: Der genetische Notenschlüssel. München 2010.
Levitin, D. J.: Der Musik-Instinkt. Heidelberg 2009.
– Die Welt in sechs Songs. Warum Musik uns zum Menschen macht. München 2011.
Madell, G.: Philosophy, Music and Emotion. Edinburg 2003.
Maur, K. von (Hrsg.): Vom Klang der Bilder. Die Musik in der Kunst des 20. Jahrhunderts. München 1985. Korr. Ausg. 1994/96.
Mithen, S.: The Singing Neanderthals: The Origins of Music, Language, Mind, and Body. London 2005.
Monyer, H. / Gessmann, M.: Das geniale Gedächtnis. Wie das Gehirn aus der Vergangenheit unsere Zukunft macht. München 2015.
Moormann, P. (Hrsg.): Klassiker der Filmmusik. Stuttgart 2009.
Morenga, M.: Take Three – 101 Songs für 3 Akkorde. Berlin 2012.
Motte-Haber, H. de la (Hrsg.): Musik und Religion. Laaber 1995.
– / Rötter, G.: Musikhören beim Autofahren. Frankfurt a. M. 1990.

Motte-Haber, H. de la (Hrsg.): Neuhoff, H. (Hrsg.): Musiksoziologie. Laaber 2007.

Müller, S. O.: Das Publikum macht die Musik. Musikleben in Berlin, London und Wien im 19. Jahrhundert. Göttingen 2014.

Neumann, E.: Künstlermythen. Eine psychohistorische Studie über Kreativität. Frankfurt a. M. / New York 1985.

Nichols, R.: Maurice Ravel im Spiegel seiner Zeit. Zürich / St. Gallen 1990.

Oehlmann, Werner (Hrsg.): Reclams Klaviermusikführer. Bd. 1: Stuttgart 1996. Bd. 2: Stuttgart 2003.

Oerter, R. / Stoffer, Th. H. (Hrsg.): Spezielle Musikpsychologie. Göttingen 2005.

Otte, A. / Wink, K.: Kerners Krankheiten großer Musiker. Stuttgart 2008.

Otten, J.: Die großen Pianisten der Gegenwart. Berlin/Leipzig 2009.

Patel, A.: Music, Language, and the Brain. New York 2008.

Peretz, I. / Zatorre, R. (Hrsg.): The Cognitive Neuroscience of Music. Oxford 2003.

Pils, H. / Ulrich, Chr. (Hrsg.): Liebe ohne Glauben. Thomas Mann und Richard Wagner. Göttingen 2011.

Pleasants, H.: The Agony of Modern Music. New York 1955.

Powell, J.: Was Sie schon immer über Musik wissen wollten: Alles über Harmonien, Rhythmus und das Geheimnis einer guten Melodie. Berlin 2010.

Reinecke, H.-P.: Das musikalisch Neue und die Neue Musik. Mainz 1969.

Rentmeister, U. (Hrsg.): Lärmende Stille im Kopf. Wiesbaden 2006.

Rosen, Ch.: The Classical Style. New York 1971.

Ross, A.: The Rest is Noise. Das 20. Jahrhundert hören. München 2009.

Rummenhöller, P.: Romantik in der Musik. München/Kassel 1989.

Sacks, O.: Der einarmige Pianist. Reinbek 2010.

Schafer, R. M.: Klang und Krach. Eine Kulturgeschichte des Hörens. Frankfurt a. M. 1988.

Schneider, R.: Semiotik der Musik: Darstellung und Kritik. München 1980.

Schoenbaum, D.: Die Violine. Eine Kulturgeschichte des vielseitigsten Instruments der Welt. Stuttgart 2015.

Schonberg, H. C.: Die großen Pianisten. München 1972.

Scruton, R.: The Aesthetics of Music. New York 1997.

Serres, M.: Musik. Berlin 2015.
Sloboda, J. A.: The Musical Mind. The Cognitive Psychology of Music. Oxford 1985.
Snyder, B.: Music and Memory. Boston 2000.
Spahn, C. / Altenmüller, E.: MusikerMedizin: Diagnostik, Therapie und Prävention von musikerspezifischen Erkrankungen. Stuttgart 2010.
– / Richter, B.: Musik mit Leib und Seele. Was wir mit Musik machen und sie mit uns. Stuttgart 2016.
Spitzer, M.: Metaphor and Musical Thought. Chicago 2004.
– Musik im Kopf. Stuttgart 2005.
– Music as Philosophy: Adorno and Beethoven's Late Style. Bloomington 2006.
Stoffer, Th. H. / Oerter, R. (Hrsg.): Allgemeine Musikpsychologie. Göttingen 2005.
Stuckenschmidt, H. H.: Maurice Ravel – Variationen über Person und Werk. Frankfurt a. M. 1966.
Thaut, M. H.: Rhythm, Music, and the Brain. Scientific Foundations and Clinical Applications. New York 2005.
Thompson, W. F.: Music, Thought, and Feeling. Understanding the Psychology of Music. Oxford / New York 2009.
Umbach, K.: Geldschein-Sonate. Das Millionenspiel mit der Klassik. Frankfurt a. M. / Berlin 1990.
Unseld, M. (Hrsg.): Reclams Komponistenlexikon. Stuttgart 2009.
Vaas, R.: Schöne neue Neuro-Welt. Die Zukunft des Gehirns. Eingriffe, Erklärungen und Ethik. Stuttgart 2007.
Vaget, H. R.: Seelenzauber: Thomas Mann und die Musik. Frankfurt a. M. 2006.
Wagner, Ch.: Hand und Instrument: Musikphysiologische Grundlagen, praktische Konsequenzen. Wiesbaden 2005.
Waid, A.: Nichts als Musik im Kopf? Saarbrücken 2010.
Wallin, N. L. / Merker, B. / Brown, S. (Hrsg.): The Origins of Music. Cambridge 2000.
Westerman, G. von: Knaurs Opernführer. München 1952.
Wilson, F. R.: Die Hand – Geniestreich der Evolution. Stuttgart 2000.
Wörner, K. H.: Die Musik in der Geistesgeschichte. Bonn 1970.
Zatorre, R. J. / Peretz, I. (Hrsg.): The Biological Foundations of Music. New York 2001.
Zeki, S.: Glanz und Elend des Gehirns. München 2010.
Zender, H.: Waches Hören. Über Musik. München 2014.

Namenregister

Abbado, Claudio 171
Adorno, Theodor W. 24
Alkan, Charles-Valentin 102
Allegri, Gregorio 96
Alsop, Marin 158
Altenmüller, Eckart 170, 206
Amann-Weinlich, Josephine 156
Arezzo, Guido von 30, 55
Argerich, Martha 100
Arnim, Bettina von 23

Bacewicz, Grażyna 150
Bach, Johann Sebastian 8, 23, 25, 30 f., 36 f., 42, 44, 50, 74, 78, 86 f., 89, 116, 171, 181, 185 f., 195, 205
Bach, Wilhelm Friedemann 137
Bachmann, Ingeborg 92
Balakirew, Mili Alexejewitsch 100
Balzac, Honoré de 91
Baranow-Rossiné, Wladimir 178
Barenboim, Daniel 26, 124
Barry, John 135
Barthes, Roland 92
Bartók, Béla 198
Baudelaire, Charles 140
Beach, Amy Marcy 150
Beethoven, Ludwig van 23, 25, 29, 36, 42, 44 f., 47, 58, 64 f., 69, 71, 77 f., 86, 87–89, 92, 95, 101, 103, 106, 119, 124, 127 f., 136–138, 153, 160, 162, 166, 185, 190, 199 f., 203, 205
Benn, Gottfried 59
Benz, Richard 92

Berg, Alban 48, 190, 192
Berlioz, Hector 128 f., 150, 160
Bizet, Georges 188
Bleuler, Eugen 159
Bloch, Ernst 92
Boëthius 22
Böttger, Adolf 128
Bonis, Mel (Mélanie) 150
Bono 175
Borchard, Beatrice 150
Bordoni, Faustina 144
Boulanger, Lili 150
Brahms, Johannes 7, 53, 144, 160, 185, 190
Brendel, Alfred 92, 110
Brentano, Clemens 178
Britten, Benjamin 185
Broca, Paul 18, 59, 62
Brodmann, Korbinian 18
Brubeck, Dave 79
Bruckner, Anton 56, 67, 79, 84, 123, 159, 186, 191, 205
Bülow, Hans von 36, 114
Burgess, Anthony 176
Byron, George Gordon, bekannt als Lord Byron 34

Caduff, Sylvia 157
Cage, John 25
Carpentier, Alejo 91
Castel, Louis-Bertrand 178
Catoire, Georgy Lvovich 102
Celibidache, Sergiu 156
Chaminade, Cécile 150
Cher 175
Chin, Un-suk 155
Chopin, Frédéric 36, 38, 42, 78,

98, 100–102, 145, 147 f., 150, 153, 160, 166, 174, 190
Cicero, Eugen 202
Clapton, Eric 141, 175
Claudius, Matthias 184
Cobain, Kurt 136
Coetzee, J. M. 148
Collins, Phil 175
Conant, Abbie 156
Copland, Aaron 129

D'Annunzio, Gabriele 92
Darwin, Charles 31
Debussy, Claude 9, 38, 67, 79, 129, 147, 184, 188
Deledda, Grazia 9
Dietrich, Marlene 145
Dönitz, Karl 186
Doldinger, Klaus 130
Donizetti, Gaetano 188
Dreyschock, Alexander 100
Dukas, Paul 184
Dylan, Bob 181, 192

Eichendorff, Joseph von 191
Escher, Maurits Cornelis 132

Faithfull, Marianne 136
Falco, eigentl. Johann Hölzel 136
Falla, Manuel de 189
Farrenc, Jeanne-Louise 150
Fauré, Gabriel 65
Firsova, Elena 155
Freud, Sigmund 159 f.
Fricken, Ernestine von 163
Furtwängler, Wilhelm 148
Gershwin, George 79, 160, 192
Gide, André 92
Gluck, Christoph Willibald 23
Godowsky, Leopold 102, 118

Goethe, Johann Wolfgang von 58, 136, 138
Goodwin, Donald 138
Gordon, Edwin 55
Gould, Glenn 111
Graham, Martha 129
Grieg, Edvard 73
Grillparzer, Franz 155
Grimaud, Hélène 181
Gropius, Walter 190
Günther, Egon 92

Händel, Georg Friedrich 23, 25, 42, 116, 120, 144
Härtling, Peter 92
Hamelin, Marc-André 102
Harnoncourt, Nikolaus 45, 53
Harvey, William 159
Hasse, Johann Adolf 144
Haydn, Joseph 42, 58, 74, 77 f., 116
Heine, Heinrich 23
Helfgott, David 168
Hendrix, Jimi 117, 136, 181
Hensel, Fanny 150
Henselt, Adolf 100, 111
Herrman, Bernard 134
Hesse, Hermann 92, 191
Hoffmann, E. T. A. 92, 162, 179
Honegger, Arthur 185
Horner, James 134
Horowitz, Vladimir 109
Hugo, Victor 23

Ishiguro, Kazuo 92

Jagger, Mick 136
Jahnn, Hans Henny 91
Janáček, Leoš 185
Jarre, Maurice 134

Jean Paul 23
Johnson, Brian 175
Jones, Brian 136
Joplin, Janis 136
Joyce, James 91

Kandinsky, Wassily 177
Karajan, Herbert von 114, 157
Karas, Anton 79
Kasack, Hermann 24
Keilberth, Joseph 188
Kodály, Zoltán 198
Koestenbaum, Wayne 146
Korngold, Erich Wolfgang 134
Kraepelin, Emil 159
Kupka, Frank 177
Kurth, Ernst 24

Lange, Hartmut 92
Lange-Eichbaum, Wilhelm 58, 210
László, Alexander 178
Leibniz, Gottfried Wilhelm 23
Lemke, Leslie 167
Lennon, John 140, 192, 199
Leonhard, Rudolf 149
Levit, Igor 106
Ligeti, György 87
Lindenberg, Udo 58
Liszt, Franz 47, 78, 84, 100 f., 103, 108, 111, 113, 145, 180, 199
Lombroso, Cesare 58
Loussier, Jacques 202
Ludwig II. von Bayern 119
Lutosławski, Witold 87
Macke, August 177
Mälkki, Susanna 158
Mahler, Gustav 74, 114, 119, 123, 159, 160, 184, 190

Mahler-Werfel, Alma 190
Mancini, Henry 135
Mann, Josef 188
Mann, Klaus 92
Mann, Thomas 48, 91, 168
Massenet, Jules 189
Mattheson, Johann 23
McCartney, Paul 136
Mendelssohn Bartholdy, Felix 128, 150
Mercury, Freddie 145
Messiaen, Olivier 180
Metallica 80
Meyerbeer, Giacomo 150
Monroe, Marilyn 147
Monteverdi, Claudio 159, 188
Montparnasse, Kiki de 155
Morricone, Ennio 79, 134
Morrison, Jim 136, 145
Mottl, Felix 188
Mozart, Wolfgang Amadeus 7, 42, 58–60, 69, 74, 77, 84, 86 f., 89, 95–97, 116, 137, 159, 167, 171, 183, 191, 202
Mussorgski, Modest 67, 80, 137, 180, 184

Neidhardt, Johann Georg 36
Nicolai, Otto 160
Nietzsche, Friedrich 27, 32, 91 f.
Nitzberg, Alexander 179
Novalis 170

Ortheil, Hermann-Josef 92

Paganini, Niccolò 100, 108, 145
Pagh-Paan, Younghi 155
Pape, René 53
Parker, Charlie 141
Peek, Kim 167 f.

Péladan, Joséphin 92
Penninger, Josef 180
Presley, Elvis 145
Prokofjew, Sergei 80, 100
Proust, Marcel 90 f.
Puccini, Giacomo 84, 188–190
Purcell, Henry 120, 190
Pythagoras 22, 35, 39

Quigley, Sarah 92

Rachmaninow, Sergei Wassiljewitsch 101, 111, 147
Rameau, Jean-Philippe 120
Ramone, Dee Dee 136
Ramsauer, Peter 60
Ravel, Maurice 38, 42, 67, 100, 147, 161, 164–166, 184
Ray, Man 155
Reed, Lou 136
Reger, Max 137
Repin, Ilja 137
Richter, Swjatoslaw 100, 107
Riemann, Hugo 24
Rihm, Wolfgang 49, 196
Rilke, Rainer Maria 9, 59
Rimski-Korsakow, Nikolai 180
Rolland, Romain 91
Rubinstein, Arthur 109, 111
Russel, Kevin 136
Rzewski, Frederic 102

Sacks, Oliver 174, 185
Saint-Saëns, Camille 79, 150, 184
Sand, George 36
Saul 170
Savage, Matt 167
Sax, Adolphe 29

Schelling, Friedrich Wilhelm Joseph von 194
Schiff, András 110
Schiller, Friedrich 58, 136
Schneider, Robert 91
Schnorr von Carolsfeld, Ludwig 188
Schönberg, Arnold 24, 47 f., 51, 74, 87, 177
Schopenhauer, Arthur 23
Schostakowitsch, Dmitri 70, 185
Schubert, Franz 78, 85, 101, 109 f., 137, 144, 164, 166, 184, 191, 205
Schütz, Heinrich 185
Schumann, Clara 101, 150 f.
Schumann, Robert 23, 42, 45, 101, 110, 128, 137, 144, 150, 161–164, 166
Scott, Ronald (»Bon«) 136
Seither, Charlotte 155
Shore, Howard 134
Sibelius, Jean 119, 180
Sinkel, Bernhard 92
Sinopoli, Giuseppe 188
Skrjabin, Alexander Nikolajewitsch 179–181
Smetana, Friedrich 9, 65, 160
Sorabji, Kaikhosru Shapurji 102
Sting 175
Stockhausen, Karl-Heinz 48, 65
Strauss, Johann 171
Strauss, Richard 9, 49, 52, 127, 134, 184, 188, 190–192, 201
Strawinsky, Igor 24
Sulzer, Johann Georg 23
Summer, Donna 146
Suter, Martin 179

Taylor, Roger   175
Teie, David   10
Telemann, Georg Friedrich   120, 144
Thalberg, Sigismund   100
Tieck, Ludwig   92
Tolstoi, Leo   23
Toscanini, Arturo   114
Tschaikowsky, Peter   79, 160

Ullén, Fredrik   102
Ullmann, Viktor   48, 185

Verdi, Giuseppe   58, 79, 120, 160, 184, 188 f.
Viardet, Pauline   150
Vicious, Sid   136
Vivaldi, Antonio   120
Vulpian, Alfred   178

Wackenroder, Wilhelm Heinrich   92
Wagner, Richard   30, 42, 46 f., 52, 60, 67 f., 74, 83, 87, 92, 96, 103, 116, 119 f., 123, 132 f., 147, 159, 161, 184, 186, 188 f., 198, 205
Wagner von Jauregg, Julius   159
Walser, Martin   92
Warren, Leonard   188
Waxman, Franz   134
Webern, Anton   48, 192
Weir, Judith   155
Werckmeister, Andreas   36
Werfel, Franz   92
Wernicke, Carl   18
Wesendonck, Mathilde   161
Williams, Robbie   145
Winehouse, Amy   136
Winslow, Forbes   58
Wolf, Hugo   144

Yinon, Israel   188
Young, Neil   175
Young, Simone   157

Zarlino, Gioseffo   36
Zechlin, Ruth   150
Zimmer, Hans   135
Zimmermann, Bernd Alois   87

Zum Autor

THOMAS RICHTER, Jahrgang 1957, schaffte es mit Beethovens Waldsteinsonate zwar immerhin bis in den Landeswettbewerb von »Jugend musiziert«, sah aber rechtzeitig ein, dass es für eine Pianistenlaufbahn nicht reichen würde. Stattdessen studierte er Medizin, Anglistik und Romanistik in Düsseldorf und Santiago de Chile, später ergänzt durch ein Postgraduiertenprogramm an der Harvard Business School. Schon als Student schrieb er für den Band »Mensch und Gesundheit« der Bertelsmann Lexikothek und promovierte über ein Thema aus der Geschichte der spanischen Schifffahrtsmedizin. Entgegen der ursprünglichen Planung führte ihn sein Weg nach dem Studium aber nicht in die Facharztausbildung zum Neurologen und Psychiater, sondern in das Marketing und den Vertrieb bei Unternehmen der Pharmazeutischen Industrie etwa in Tokyo, Johannesburg, Mailand und im Rheinland. Seit 2008 ist Richter selbständig und berät mittelständische Pharma-Unternehmen. Seine Leidenschaft gilt noch immer dem Klavierspiel und dem Schreiben über Musik (ein bisher unveröffentlichter Roman), und er hofft, die Geheimnisse der Harmonielehre irgendwann doch noch zu durchdringen. Er lebt mit Frau und Tochter im Rheinland.